LEGAL SOCIOLOGY

Classical Theory Basis & Empirical Research

法律社会学

经典理论与经验研究

周立民 著

同济大学出版社
TONGJI UNIVERSITY PRESS
·上海·

目 录 | Contents

序 言

过去几十年间，法律社会学作为一个重要的法学流派越来越为人们所熟知，由此也涌现出不少相关著作和教材，从而极大地促进了该领域的教学及科研工作。而从现实来看，全面依法治国战略的提出，为我国法律社会学的研究提供了广阔的空间。作为一个实践关怀密切的跨学科研究门类，它将在探寻法治的中国道路、推进社会治理的法治化及构建法治的中国话语等方面扮演越来越重要的角色。然而，何为法律社会学？当我们回答该问题时，可能习惯于将其表达为“引用社会学的理论概念和研究方法来研究法律现象的学科分支”。但问题是，什么是“引用社会学的理论和方法”呢？没有受过社会学和法学双学科系统训练的学者或学生，或许并不能马上理解该问题的真正含义。一个有益的做法是，用书籍的形式直观地提供一些法律社会学的经典案例来呈现该领域的独特思维方式。经典案例至少有两个来源：一是法律社会学代表人物的经典著作解读；二是规范的法律社会学实证研究范例。遗憾的是，目前国内该领域大部分教材主要是简单介绍相关概念和理论观点，较少系统地解读相关代表人物或经典著作中所隐含的法律社会学思想，也缺乏结合实证研究案例来阐述何为法律社会学的专题成果。有鉴于此，本书尝试在这两方面有所突破，希望能为相关专业的读者提供一份高效理解法律社会学的参考资料。

本书的主旨是提供法律社会学的学习案例，而不打算包罗万象地介绍相关知识。在选择理论案例时，笔者主要依据如下几个标准：第一，具备学界公认的代表性。也就是说，选择的理论案例要求是法学特别是法律社会学领域的著名人物的代表作品。第二，具有内容的系统性和丰富性。毫无疑问，法律社会学领域产生的著作多如牛毛，我们难以也没必要全部囊括。因而笔者增加了一个内容标准，即大部分入选案例所呈现的思想都兼具社会学和法学内容，而且其社会学思想在整本书中具有统摄引领作用。第三，属于作者阅读过的书籍。由于阅读经历，作者对这些书中所体现的法律社会学洞见有些许感悟，可以享之于众。需要补充说明的是，为了更好地探讨如何从内容上判断一种学说是否属法律社会学范畴的问题，本书还提供了一个边缘案例，即哈特的法律规则说理论建构中的社会学因素探讨。

相对于传统的法律社会学教材而言，本书的创新性主要体现在两方面。一是编撰体例以案例为导向，包含著作中的理论案例和实证研究案例，而非对相关概念或理论的简单罗列介绍。二是在实证案例部分，大部分篇章借鉴了社会学中严谨的“洋八股”写作方式，呈现了如何借鉴社会学研究方法来研究法律现象，为读者提供了直观的经验参考。通过阅读本书，相信读者能够快速理解何为法律社会学以及如何开展法律社会学研究等基本问题。当然，由于时间、精力等方面的限制，本书在写作过程中难免存在疏漏之处，恳请诸位师友批评指正。

周立民

2021 年 5 月于奉贤海湾

上　篇

经典著作中的法律社会学

第 1 章

涂尔干：社会团结与法律表征[1]

生平简介与学术旨趣

涂尔干（Emile Durkheim，1858—1917 年），又称迪尔凯姆、杜尔凯姆等，生于法国埃皮纳勒的一个犹太教教士家庭。涂尔干生活的时代正是欧洲社会的转型时期。在近代西方的社会变革史上，发生在 18—19 世纪的两次大革命，可以说是影响整个欧洲发展趋势的大事：一是以 1789 年的法国大革命为标志的政治大革命，这是文艺复兴和启蒙运动带来思想解放的后果，过程中也反过来极大地促进了欧洲的思想解放；二是 18 世纪始于英国、19 世纪扩展到整个西欧和美国的产业大革命。这两次大革命对西方社会的发展进程和转型影响深远，主要体现在两个方面：一方面，欧洲社会从传统的封建

1 本章大部分内容摘录自作者的硕士学位论文《涂尔干的法社会学思想研究》。

社会转型为现代的资本主义社会。工业革命极大地提升了生产力水平，如马克思所说："资产阶级在它的不到一百年的阶级统治中所创造的生产力，比过去一切世代创造的全部生产力还要多，还要大。"伴随着生产力发展的是生产关系和思想文化的极大改变。然而，另一方面，资本主义制度的确立，并没有建立起资产阶级启蒙思想家所预言的理性王国，并没有普遍实现其口号中所倡导的"自由、平等、博爱"，相反，却暴露出这一社会的很多弊端。比如，经济危机周期性爆发，贫富分化明显，劳资矛盾引发大量的罢工，犯罪率攀升，等等。种种社会现象所带来的负面影响，暴露出资本主义社会运行和发展中的种种障碍和不协调。因此，资本主义社会能否良性运行和协调发展的问题，摆到了西方学者的日程上来。对这个问题的不同回答，就会导向不同的道路。如果回答能，那么就应该在维持资本主义制度的前提下去改良社会；如果回答不能，就意味着否定资本主义的合法性，从而走向革命的道路。社会学正是在这样的实践需求中诞生的。

涂氏于1879—1882年的三年时间，在巴黎高等师范学院深造，师从罗马法学家菲斯特·德·古朗治（Fustel de Coulanqes，1830—1889年）等学者。毕业后他在桑斯、圣康坦等地的中学任教，利用假期在巴黎潜心研究社会科学。后赴德国，跟随实验心理学的创始人威廉·冯特（Wilhelm Wundt，1832—1920年）学习，得到冯特的赞赏。1886年回到法国，在《哲学杂志》上发表了《社会科学最新研究状况》《德国道德实证科学》《德国大学中的哲学》三篇文章。1887年被教育部长委任为波尔多大学文学院教育和社会科学教授，在法国大学中首次开设社会学专业课程，这是涂尔干人生中的重要转折点。次年，他发表了《自杀与出生率》。其间，他为了课程需要，专门研讨亚里士多德、孟德斯鸠、孔德和斯宾塞等人的社会哲学和社会学思想，这对他社会学思想的形成打下了基础。他的很多思想正是在批判孔德、斯宾塞等人的基础上建立的。1893 年，涂尔干提交博士论文《社会分工论》，书中详细论述了“社会团结”“功能”“集体意识”等概念，奠定了他社会学思想的基础，成为其思想理路的开山之作。也正是在这本书中，他明显显示了他的法律社会学思想。两年后，涂尔干又发表了《社会学方法的准则》，书中确立了“社会事实”的研究对象和研究社会事实的一般方法论原则。1896 年，他创办《社会学年鉴》，并在上面发表了《乱伦禁忌及其起源》《宗教现象的定义》等重要理论文章。随着《社会学年鉴》的创办，社会学课程成为极具权威和影响的社会理论阵地，社会学首次获得了学科地位。之后的几年成为涂尔干的学术多产期和重要活动期。到 1912 年，涂尔干发表了《宗教生活的基本形式》，再次提升了自己的社会学学术地位。可惜，独子于 1915 年在萨洛尼卡前线阵亡的消息，给他的精神造成极大打击，加之岁月流逝，这位作为古典三大社会学家之一的学术巨子，于 1917 年在巴黎与世长辞。涂尔干死后，他的《社会学与哲学》、《社会学教程》（1957 年英译本改称《职业伦理与公民道德》）和《实用主义与社会学》等遗著相继出版。综合来看，涂尔干的学术旨趣在于用实证主义思想和功能主义来分析社会现象，其社会学思想成为人类的一笔巨大的思想财富，影响深远。

然而，正是强大的社会学光环掩盖了涂尔干同样杰出的法律社会学家身份。实际上，其学说中蕴含着丰富的法律社会学思想。

社会团结与法律演化：基础与表征

目前学界有不少关于涂尔干社会学思想的研究，但是专题总结其法律社会学思想的成果较少。除了在社会学理论介绍中有所涉及外，涂尔干的法律社会学思想还散见于一些学者的法律社会学教材中。如德国学者托马斯·莱赛尔（Thomas Raiser）所著的《法社会学导论》提出："在迪尔凯姆的学说中，法的价值对于法社会学具有特别重要的意义。"[1] 进而引出了对法律遇到的关系，及涂尔干契约理论等法学思想的介绍。美国学者布赖恩·塔玛纳哈（Brian Z. Tamanaha）在《一般法理学：以法律与社会的关系为视角》中把涂尔干作为一个法理学巨人来介绍。他认为，在涂尔干的理论中，"法律不仅仅是社会的有机组成部分，而且也是现代社会正常运行的一个基本条件，在维持社会秩序方面发挥着核心作用"[2]。但总体上，这些阐述达不到涂氏相关著作阐述的系统性。

涂尔干认为，劳动分工的发展，将社会导向一个与分工程度低的社会完全不同的形态。但是，在任何社会中，道德都是必不可少的。与艺术等不同，"道德却是一种必不可少的最低限度，它是人们所必需的，就像是一块面包，每天少了它，社会也会活不下去的"[3]。在分工导向的社会里，道德也发生了根本的变化。劳动分工的作用不仅在于创造文明，还在于满足社会的特定需要，否则，它就不具有道德属性。涂尔干阐述道，不同性和相似性都能产生相互吸引，但是，并非所有不同都能带来这种后果，比如，"浪荡子并不找吝啬鬼当伙伴，正直坦率的人也不会与虚伪狡诈的人同伍"。因此，只有特定的不同才能产生相互吸引的效果，这就是能够满足人们相互需要的不同。因为"我们即使很有天赋，也不免有所缺陷，就连我们当中最杰出的人也能意识到自己的不足。因此，我们常常在朋友身上寻找自己所缺乏的品质，在团结中分享他们的秉性，从而感受到自己日臻完善"[4]。因此，劳动分工的真正功能在于创造一种人与人之

1 托马斯·莱赛尔：《法社会学导论》，高旭军等译，上海人民出版社 2011 年版，第 59 页。

2 布赖恩·塔玛纳哈：《一般法理学：以法律与社会关系为视角》，郑海平译，中国政法大学出版社 2012 年版，第 41 页。

3 涂尔干：《社会分工论》，渠东译，生活·读书·新知三联书店 2000 年版，第 15 页。

4 同上，第 19 页。

间的团结纽带，它所产生的道德影响要远胜于其所具有的经济功能。

涂尔干指出，把分工构建起来的社会关系仅仅归于交换领域，是没有认清交换的特定内涵及其结果的表现。交换产生的原因在于两个人所形成的相互依赖的关系，交换只是这种依赖关系的外在阐释。因此，这种机制与以由相似性产生的同情心为基础的机制不同。人与人之间形成一种团结，有赖于两者意象的切合，这种切合来源于相似性，就称为“粘合”。但是，劳动分工带来的情况却截然不同。人们结合在一起，是因为相互有别、相互独立，因此，劳动分工不仅为经济带来影响，更是社会存在的一个条件。此时，社会的凝聚性是完全依靠劳动分工来维持的。为了证实社会团结是否是劳动分工带来的结果，它所产生的社会团结在何种程度上带来了社会整合，从而了解劳动分工到底有多重要，它是否是社会凝聚的主要因素而非次要条件，就必须对这种社会纽带与其他纽带进行比较，然后衡量其在整个社会影响中所占的比重。为此，首先必须对不同种类的社会团结进行分类。

1. 社会团结的两种类型：机械团结与有机团结

涂尔干认为，社会团结得益于劳动分工的产生和发展，劳动分工程度的不同，形成了不同的社会团结。社会团结有两种类型：机械团结和有机团结。在劳动分工不发达之前，人们彼此过着相似的生活，这时的社会为机械团结，涂尔干又将其称作是相似性所致的团结。在这种条件下，所有群体成员因为个人的相似而相互吸引，人与人之间的差异很小，有相同的情感、爱好、信仰、价值观，这就剥夺了个人意识发展的余地，所有社会成员都受到共同意识的强烈制约。社会成员具有的信仰和感情的总和，构成了他们自身明确的生活体系，可称为集体意识或共同意识。全部社会成员受到共同意识的影响，一旦有人偏离，就会受到社会舆论的强烈谴责。因此，这种团结需要达到这样的程度：所有社会成员的共同观念、共同爱好等在数量上和强度上都要超过成员自身的观念和特定倾向。这一矛盾的主要方面决定了社会的“同质性”。但称为“机械”的团结，并非说它是通过机械手段或人工手段生产出来的，而是指这种社会集体意识过于强烈，社会成员要想与其他人保持一致活动，就要失掉自己的运动，像无机物中的分子一样。尽管如此，个人的个性是存在的。每个人都有两种意识：一种是与集体共同的；一种却把各自的人格和特征表现出来，使其变成独特的个人。这两种意识使社会总是存在两种力量——向心力和离心力。两种力量此消彼长，而不可能在人的身上同时发展。因此，当集体意识占主导时，它就覆盖了整个意识，使从相似性产生出来的团结发展到极至状态，而个性却丧失殆尽了。这就是机械团结社会的特征和运作方式。但是，分工发展到一定程度，社会整合不能再依靠一致性，而是转向了有机的团结。与机械团结建立在个人相似性的基础上不同，有机团结是以个人的相互差别为基础的，即社会呈现出“异质性”的特征。这种社会中，每个成员都有自己的行动范围与自己的人格，因此，集体意识为个人意识发展留出了空间。正如前文所述，社会有离心力和向心力，个人意识发展的空间越大，团结产生的凝聚力就越强。“一方面，劳动越加分化，个人就越贴近社会；另一方面，个人的活动越加专门化，他就越会成为个人。”虽然个人仍需遵守社会共同的惯例和程序，但是远没有机械团结社会那么强烈了。集体意识的弱化，导致社会给个人留下了更多的自由活动空间。涂尔干认为，有机团结比机械团结具有更强的约束力，因为它是建立在人们彼此需要以弥补自身不足的基础上。在这个社会里，共同意识渐渐弱化了，集体主义被个人主义所取代。涂尔干认为社会正是一个从机械团结发展到有机团结的过程。

涂尔干对法律的研究与其社会类型思想相联系。社会团结是一种宏观上或整体上的道德现象，很难对它进行精细的观察和测量，要真正做到分类和对比，可行的办法就是借助能够作为内在事实标志的外在事实来进行研究。因为，社会团结尽管是非物质的，仍可通过可感的形式表现出来，即肯定有某些作为社会事实地位的符号将其内在特征呈现出来。这种外在符号就是法律。涂尔干认为，法律是一个能持续存在的社会中最稳固的限制形式或组织形式。社会生活的不断变化，必然同时伴随着法律活动相应的增加。因此，我们肯定会发现所有社会团结反映在法律中的主要变化。“事实上，任何持续存在的社会生活都不可避免地会形成一种限制形式和组织形式。法律就是这些组织中最稳固、最明确的形式。”[1] 可见，法律可以反映社会团结的状态。因此，通过区分法律类型就能研究社会团结的类型。这就导向了涂尔干的法律类型思想。他认为，任何法律戒规都可以定义能够进行制裁的行为规范，制裁性是法律现象的本质特征。因此，应从制裁的种类来划分法规。制裁有两大类：一类是压制性制裁，它建立在痛苦之上，或至少给犯人带来一定的损失，其目的在于损害犯人的财产、名誉、生命和自由等，或剥夺犯人所享有之物。另一类是恢复性制裁。这种形式不一定会给犯人带来痛苦，而是以“拨乱反正”为目的，即把被破坏的关系恢复到正常状态，比如民法、诉讼法、宪法等。以这两种制裁作为分类的标准，法律可以分为两种：压制性法和恢复性法。对于涂尔干的法律类型思想，需从其方法论入手来理解。社会团结本身是一种整体上“得到”的现象，很难对它进行精确的观察和测量。因此，要想使得团结具有一种可以把握的形式，就要在社会中找到它的表征，从而把它当做物来观察和解释。因为法律表现了社会团结的主要形式，所以欲找到与之相对应的社会团结类型，就要将不同的法律类型区分开来。

---

1 涂尔干：《社会分工论》，渠东译，生活·读书·新知三联书店 2000 年版，第 28 页。

2. 法律演化逻辑：从“压制型法”到“恢复型法”

首先是压制型法。前文说到，压制型法的特征在于其相对严厉性，即损害触犯者的财产、名誉、生命、自由或其他拥有的事物，使其精神上感受到痛苦。然而，法律为什么倾向于压制呢？换言之，压制型法是怎样产生的？为了论述这个问题，涂尔干从犯罪的构成本质入手。在涂尔干看来，犯罪的形式是多样的，但本质上它们有其相似之处，即一个共同的基础——犯罪的本质构成。他注意到，与民法等法规不同，刑法常常只规定制裁，而不提及相应的义务。比如，它不规定必须去尊重他人的生命，但对杀人凶手却处以极刑；它不像民法一样提“责任”，而是急不可耐地宣告“这就是惩罚”。造成这些情况的唯一原因就是：人们已经普遍理解和接受规范本身了。为什么会这样呢？原来，每个社会的成员都有一种“集体意识”或“共同意识”，即社会成员平均具有的信仰和感情的总和，它们构成了社会成员自身明确的生活体系，生活其中的成员多少共享着这一集体意识的内容。这种共同意识是社会团结的纽带，更是社会得以存在的前提。对它的触犯可能导致社会的解体，因而会受到所有人的谴责。所以，可以得出结论：如果一种行为触犯了强烈而又明确的集体意识，那么这种行为就是犯罪。尽管很难用一种单一的模式来说明什么是集体意识，但在任何意识里都会发现某些感情，当这种感情强烈到一定程度，任何触犯它的行为都会被当成犯罪而受到谴责和制裁。综上所述，压制性制裁是社会相似性最本质的体现。只有在以相似性为基础的机械团结社会中，才会存在强烈的集体情感。因而，刑法是与机械团结社会相适应的。

在机械团结社会中，同一性是社会生活的基调，人们的集体意识或共同意识十分强烈。“在这种条件下，所有群体成员不仅因为个人的相似而相互吸引，而且因为他们具有了集体类型的生活条件，换句话说，他们已经相互结合成了社会。”[1] 这样，就产生了一种固有的团结，它来源于相似性，任何一种违反这种相似性的行为就是对集体意识的侵犯，破坏了社会团结，这时社会规范就会对它进行压制，刑法就是主要的压制工具。“刑法始终坚持维护所有人之间相似性的最低限度，使个人无法威胁到社会整体的安全；此外，刑法还迫使我们去尊重那些能够展现和体现这些相似性的符号，以此来保护相似性本身。”[2] 因此，在机械团结社会，压制型法是主要的法律形式。但在有机团结社会则是另外一种情况。由于劳动分工的发展，社会个体的差异不可避免，但这种差异不仅没有使社会分崩离析，而且使其走向新的团结，这种团结是以相互差异为基础的。集体意识为个人意识留下了空间，自由得到很大的发展。这样，个人人格受到尊重，社会不再把同一的生活方式强加给个人，法律也没有必要以压制为主，而是更多地以“恢复原貌”来进行社会整合。因此，在有机团结的社会里，恢复型法占主导地位。恢复型法并不具有刑罚和报复的性质，而只是将事物恢复原貌，将纷乱的社会关系重建到正常的状态。损害一旦发生，法律制裁的目的在于补偿损害或恢复损害发生前的状态。从表现形式上来看，恢复型法包括民法、商法、诉讼法、行政法、宪法以及各种形式的诉讼法等。其次，涂尔干认为，强烈的共同意识是压制型法的基础，这是机械团结社会的特征之一，但这无法解释恢复性制裁法的存在及其在发展中的增加趋势，因此，社会必定还有另外一种形式。为了验证别种团结形式的存在，就要考察恢复型法律。恢复性制裁的特征在于它并不具有抵偿性，而只是将事物回复原貌，换言之，违反这种法律的人不会遭受与其所犯罪行相当的痛苦，他只是被要求恢复原来的关系或状

1 涂尔干：《社会分工论》，渠东译，生活·读书·新知三联书店 2004 年版，第67 页。
2 同上，第 69 页。

态。这就与压制型法形成了巨大的差别。为何会产生这种差别呢？涂尔干认为关键还在于集体意识。违反恢复型法之所以不会遭到追求增加痛苦的制裁，原因在于其所违反的信仰和感情等不完全属于集体意识的范围，或者说集体意识只处于非常微弱的状态。所以，经常会有这种现象：大众一想到杀人凶手被赦免就会愤愤不平，而对于继承法的修改却显得十分宽容。其根源就在于杀人仍然是对集体意识的触犯，而继承法在现代社会已经不属于共同感情的范畴了。这就又遇到一个难题——在机械社会，人类的意识几乎无所逃脱集体意识的控制，而上述例子却证明，现在集体意识的范围确实大大缩小了。其中缘由何在？对这个问题的回答，真正切入了《社会分工论》的主题。

涂尔干认为，造成集体意识减弱的根源在于社会劳动分工的发展。分工带来专职工作的增加，而专职工作的特性就在于它摆脱了集体意识的影响。因为某个事物要想成为共同情感的对象，其首要条件就是所有人对它有单独而一致的印象。但是随着职能趋向于专门化，能够了解所有职能的人越来越少，因而它们会越来越游离于共同意识之外，从而使共同意识的范围也日渐减小。因此，恢复型法所体现的社会不再是具有同质性的机械团结社会，而是建立在相异基础上的团结类型，也就是有机团结社会。这种社会团结的纽带不再是共同意识，而是分工基础上的相互依赖。因此，恢复型法与有机团结社会是相互一致的。

综上，压制型法与机械团结相适应，而恢复型法则与有机团结相一致。涂尔干的法律类型思想正是建立在社会团结分类的基础之上，从而与其社会学主义的立场保持一致：任何制度都根源于社会。

道德观与法律的关系：精神与符号

法律与道德的关系是法律哲学的永恒话题，涂尔干的论著中也有很多关于法律与道德之关系的精彩论述。首先来回顾一下有关法律与道德关系的一般观点，以提供与涂尔干观点比较的参照。

从柏拉图时代起，人们就开始了对这一关系的探寻。在自然法学派看来，法律受道德决定，它必须符合理性和正义。因此，罗尔斯认为："一种理论，无论它多么精致和简洁，只要它不真实，就必须加以拒绝或修正；同样，某些法律和制度，不管它们如何有效率和有条理，只要它们不正义，就必须加以改造或废除。"[1] 而富勒在《法律的道德性》中则认为，没有道德性的法律都不配称为法律，因此他提出了"实体自然法"和"程序自然法"作为现实法律制度的衡量标尺。而依照德沃金的观点，"法理学问题的核心是道德原则问题，而不是法律事实或战术问题"[2]。以上这些学说都强调法律与道德的密切关联。但是，在实证主义法学看来，法律与道德完全是两回事。奥斯丁认为，"法律就是命令"，它与道德无关，"恶法亦法"。凯尔森的纯粹法学也直接排除了法学对道德价值的研究。虽然哈特的最低限度的自然法理论显示出向自然法学派靠拢的特征，但是其基本立场仍然没有超出实证主义的观点。由此可能会产生一种误解——作为实证主义研究者的涂尔干，在其思想体系中法律与道德也是没有关联的。事实上，恰好相反，在涂尔干的学说中，法律与道德始终表现出一种很强烈的"亲和力"，甚至可以说法律和道德是同一种社会事实。在《社会分工论》中，涂尔干提出了他对法律与道德关系的基本论点，可以简要概括为：道德是法律的精神，法律是道德的外在符号。在涂尔干看来，法律是考察社会道德的"看得见"的标志，因此不同的社会道德就会有不同的法律类型与之相

1 罗尔斯：《正义论》，何怀宏、何包钢、廖申白译，中国社会科学出版社 2009 年版，第 4 页。

2 德沃金：《认真对待权利》，信春鹰、吴玉章译，中国大百科全书出版社 1998 年版，第 20 页；刘晓梅：《迪尔凯姆社会道德视野中的法律观》，载《道德与文明》2004 年第 1 期。

适应。集体意识是压制型法的道德意旨，社会分工则是恢复型法的道德基础。“迪尔凯姆在《社会分工论》中十分清楚地表述了作为道德范畴的‘社会团结’和法律的同一关系：法律作为维系社会秩序的强制性手段，是体现社会道德的重要载体。”[1] 在涂尔干的理论中，道德与法律的同一性至少表现在三个方面：第一，都是以制裁为后盾的社会规范。“既然道德和法律事实——还是让我们言简意赅地把它称为道德事实吧——是由具有制裁作用的行为规范构成的，那么制裁就应该是所有这类事实的共同特征。”正是因为道德与法律的这个相同特征使得通过法律来研究道德成为可能。涂尔干由此提出了他的“制裁理论”，认为制裁具有两种基本形式：一种建立在痛苦之上，或至少给违反者带来一定的损失；另一种则致力于“拨乱反正”，恢复原先的关系，而不是追求带来痛苦。这两种制裁对应了两种不同的法律，而这两种法律又对应了不同的两种社会道德状态。正是通过这样的分析，涂尔干构建起自己的法律社会学理论。第二，两者有共同的目的。涂尔干认为，不管是道德还是法律，其目的都在于维持社会秩序。在《社会分工论》中涂尔干自始至终都关心的问题是：“社会凝聚力”是如何保持的？道德是会变化的，由于劳动分工的发展，社会联系的纽带也发生了变化，这时就需要不同的法律来维持与从前不同的社会关系。“倘若没有相应的道德纪律，任何社会活动形式都不会存在。”人类社会用道德规范来约束人们的自由，其目的就在于使社会秩序成为可能。第三，两者具有相同的社会基础。道德和法律的最终决定因素都是社会条件的变迁。依照这样一种方法论——通过法律来研究道德，通过道德来研究社会状态——他发现在机械团结的社会中，社会是“同质性”的，共同的集体意

1 涂尔干：《职业伦理与公民道德》，渠东、付德根译，上海人民出版社2000年版，第16页。

识是维持人们关系的基础。而在有机团结的社会中，社会却表现为“异质性”，但正是这种相互不同，使得人们彼此依赖，社会密度、物质密度等都不同于之前的社会。由于社会条件的变迁，社会确立起不同于之前的道德和法律。简言之，道德和法律的变迁是由社会条件的变化决定的，两者的“共变性”就是它们具有相同社会基础的体现。它们的关系可以用图 1 表示。

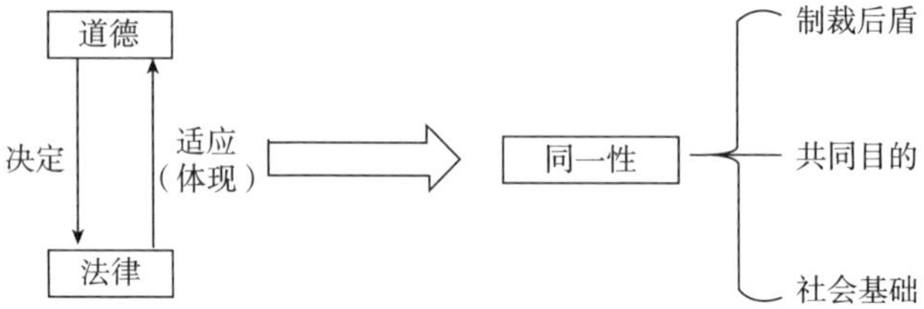

图 1　涂尔干理论中的法律与道德关系

权利义务的社会基础

1. 禁止性行为与集体意识

涂尔干将义务分为特殊性义务和普遍性义务。特殊性义务的承担者是属于某个明确社会群体的成员，比如家庭、法团或国家。而普遍性义务则是没有群界的，是人类共有的义务。但是，不管哪种义务，它们的起源是涂尔干关心的主题。对义务的起源问题，可以从涂尔干对杀人和禁止侵犯财产权的说明中去总结。本节主要考察涂尔干对杀人限制的论述。

在今天的社会，世界范围内的各个国家都在法律中对禁止杀人有明文规定。它是否贯穿于整个人类的历史呢？涂尔干对此做了详细的探讨。他认为，在最低级的社会，杀人是一种很低级的义务，甚至有时是法律允许的行为。“在原始社会中，甚至是城邦国家体制中，我们正在考察的义务并不是所有道德的最高点，只是伦理的入口。这些义务，或其中的某些义务，并不是至高无上的，而是具有一种随意性。”[1] 在血亲复仇社会中，杀人在某种情况下就是社会鼓励的行为。在希腊，杀人犯只有在受害者或其家人要求时才会受到惩罚。很多时候，只要犯人愿意交出一大笔赎金就可以免于刑罚。但是在现代社会，杀人是必须课以刑罚的，是国家主动追诉的犯罪。很明显，在杀人可以协商解决的社会，国家并没有感到杀人是对其自身的触犯和威胁。而当杀人成为一种严重犯罪时，国家感到要维持自身的存在，就必须有所作为。真正意义上的犯罪，是那些与宗教、家庭或政治秩序作对的行为，而且这些行为常常受到严刑酷罚。在中国的封建社会，很多肉刑的承受者都是这种反抗政治秩序的人，故有“十恶不赦”的规定。但是，是什么原因促使国家把杀人作为一种威胁自身存在的行为呢？涂尔干认为，关键因素在“集体意志”或“集体情感”。在低级社会，集体情感十分强烈，个人无所逃脱其控制，因此杀人动机是与集体情感一致的，个人常常为了集体去杀人。如果个人的杀人行为不符合集体情感，犯罪者就会遭到社会的排挤而无法继续生存下去，所以国家不会感到杀人是对政治秩序的威胁。但是，现在社会不同了。集体情感已经逐渐衰落，个人的同情感和怜悯感增加了。实际上，这又回到了涂尔干的社会形态学思想，即机械团结和有机团结。在有机团结的社会，分工的发展是社会不再以“同质性”为特征，相反更多地体现为“异质性”，个人开始摆脱集体的控制，成为一个独立的主体，其行为有了更多的自由，因而杀人的动机也多样化了，集体情感无法左右其选择。这样杀人的利益就与集体的利益相悖了。如果国家不对这些行为加以限

1 涂尔干：《职业伦理与公民道德》，渠东、付德根译，上海人民出版社 2000 年版，第 116 页。

制，那么团结将无法维持，社会就会分崩离析。所以，杀人成为威胁政治秩序的行为之一。

涂尔干进一步探讨了禁止杀人的规则在今天社会如何运行的问题，探讨的依据就是从统计学上获得的资料。依照其方法论，杀人不是一种社会事实，而杀人率则是。故研究杀人规则在社会中的体现，就要研究杀人率的变化。涂尔干调查了法国1826—1880年间杀人率的变化，结果表明，在这55年间，杀人率降低了62%。[1] 因此，他认为，随着文明的进步，杀人率呈现降低的趋势。相反，国家的文明水平越低，杀人率就越高。这样，依照涂尔干前面的分析，人们就有一种推论：某个国家在不同程度上禁止杀人的原因，在于人格观念的发展；对人越尊重的国家，杀人率就越低。但涂尔干通过社会调查否认了这种解释。他认为，如果个人主义的增长是杀人率降低的原因，那么相似地，随着个人主义的发展，其他有损于个人的犯罪也应当减少，比如盗窃、诈骗等。但事实上，历史表明，这些行为随着文明的发展而不断地增加了。因此，应该重新寻找杀人率减少的根源。这个原因只能抑制杀人，而无法控制侵犯人格的其他形式的犯罪。

涂尔干认为这个原因就是以群体崇拜为基础的集体情感的衰落。涂尔干说道："当问题变成了捍卫父辈或为上帝复仇时，人的生命还算得了什么呢？实际上，比较一下这些事物的价值和重要性，人真是一文不值。所以说，政治信念、家族名誉感、阶级情感和宗教信仰本身就经常是滋生杀人行为的种子。"[2] 他还从反证的角度去论述这一观点。比如天主教国家比新教主义国家的杀人率更高；当社会发生政治危机时杀人率都有令人难以置信的增长。综上所述，涂尔

1 涂尔干：《职业伦理与公民道德》，渠东、付德根译，上海人民出版社2000年版，第119页。

2 同上，第121页。

干认为“禁止杀人”的义务产生和发展是由集体情感决定的。相似地，涂尔干也用这个原因去分析禁止侵犯财产的规范，即所有权的起源也在于人们对集体意志的如对神明般的崇拜。

2. 财产权的起源与宗教信仰

涂尔干从社会学的角度去论证财产权的起源问题。他要解释的问题是人们为什么要去尊重他人的财产。他对这个问题的论述总体思路是批判和构建。首先，他批判了劳动价值观。这种观点认为，所有作为财产的物都是人类活动的结晶化形式。也就是说，人们可以排他性地占有物是因为付出了劳动。付出劳动的多寡就是占有物多少的合法性来源。但涂尔干认为，财产不一定是劳动所得，还有其他取得方式：首先是交换的方式，交换并不是劳动。事实上，如果按照严格意义上的等价方式进行交换，那么交换就没有发生任何增值。因为交换双方是等价的。而劳动的观念认为占有只能是属于劳动带来的价值。因劳动而占有的观点无法解释交换后的占有。再者是继承的方式。生活中我们常看到因继承而获得物权的现象。但是继承者却不是这些财产的创造者，他只是依靠某支亲属关系而取得所有权。劳动理论也无法解释这个现象。而康德则从意志论的角度去论证所有权的合法性。他认为，意志是一种本体的能力，它不受时空的约束。人的意志具有受到尊重的权利，只要自我意志合乎法律地宣布某物为我所有，就能在物和自我人格之间确立起一种约束关系，而不需要真正地持有该物。在康德看来，占有等同于“意志的宣布”，但这个宣布应该具有时间上的优先性。涂尔干认为这一理论虽然比劳动理论有所进步，但是依然存在明显的缺陷。因为认为占有的优先性本身就足以为这种占有提供法律和道德上的证据，与“竞争的理论原则”相悖。此外，个人的意志是自由的，那么将如何为其占有设置限制？难道他可以拥有一切尚未被宣布为己有的东西吗？事实上很多物体是不能被占有的。这些解释的失败证明："我们企图以人为起点对财产进行推断的所有尝试都是徒劳的。"这与涂尔干的社会整体观一致，即分析任何社会现象都要从社会本身去寻找原因。因此，必须重新寻找财产权的定义。在这个过程中，首先要区分财产权与物的观念。人们通常认为财产权的对象是客观存在的物体，但这并没有准确地表达财产权的对象范围，有些物是不可以被占有的，比如被罗马人称为"res-sacrae"或"religiosae"的圣物就不能被占有，罗马法中的"共有物"也不能被个人占有。因此，财产权的对象不能等同于物的观念。换言之，财产权的客体具有可变性和多样性的特征。其次，还要区分财产权的本质和内容。涂尔干认为在法律历史上，对于财产的权力可归纳为三种：财产使用权、收益权以及处置权。但三种权力合并起来就是财产权吗？当然不是。使用物的权力并不是财产权的性质。因为很多时候我们看到对一个物即使不占有，却可以使用，比如空气、公路等。同理，享有收益权和处置权也不能证明对物享有所有权。最后，涂尔干总结了财产权的定义："财产权是既定个体不让其他个体或集体使用既存物的权利。"[1] 也就是说，排他性的占有才是财产权的特质。从这个定义出发，他用社会学的视角去探讨所有权得以确立的根源。涂尔干举在波利尼西亚等地出现的"塔布"为例来阐释这一问题。"塔布"简言之就是一种具有神圣性质的物，任何人要占有它就会被视为对神的亵渎，甚至不能触摸。类似地，禁止侵犯财产权的规定就起源于这种禁忌。在涂尔干看来，在任何地方都可以观察到被占有物观念和圣物观念的类比关系。财产的起源是以某些宗教信仰本性为基础的。"财产之所以能够成为财产，是因为财产有一个神圣的基础。"人的财产权仅仅是神的财产权的替代物而已。有了神圣的概念，这

1 涂尔干：《职业伦理与公民道德》，渠东、付德根译，上海人民出版社 2000 年版，第 148 页。

些物本身才会神圣不可侵犯，而这种派生出来的神圣不可侵犯性，经过漫长的弱化、调和以及归纳的过程，才转移到人的手中。因此，如果想知道财产是怎样来的，就必须搞清楚物和人是怎样获得神圣性的。

但是被占有物的神圣性来源于何处呢？他通过土地财产这种最古老的财产形式来探讨答案。最后他发现，财产权的产生都具有宗教信仰的基础。地产是通过土地的标界和特殊的仪式获得这种神圣性的。但是，这还不是最终答案。涂尔干认为在宗教信仰后面都有一个社会现实，宗教信仰只是为了掩盖这个社会现实而采用隐喻的形式来表达它。因此，只要找到这个现实的基础，就可以发现财产权的最终根源。他认为这个社会根源就是“集体力”。社会为了将集体力凌驾于成员之上，采取了神化的方式。比如在图腾社会，就用图腾来代替社会的集体力对个人的约束。因此，所有私人占有的前提，都是最初的集体占有。但是这又带来一个问题：集体占有如何变成个体占有呢？很明显，只要表现集体里的物仍然凌驾于人之上，个体就很难成为物的所有权人。这一演变是一个漫长的过程。但总结起来，集体所有物转化为个人所有物的基本原因有两个：第一，父权制的出现。在社会生活中，由于特殊的天赋或在战争中的特出贡献等原因，家庭群体中的某个成员获得了较高的地位，伴随这一地位而来的是极高的声望和权威，他甚至成为整个家族唯一的代表。父权制权力的出现就是这种演变的证据。在这种体系中，家长的权威是至高无上的，他的人格成为道德和神圣权力的代表。这样，他获得了对集体财产的支配权。公共财物第一次蜕变成可以个人占有的财产形式。在发展历史中，随着世袭制的普及和家长制的衰落，人们发现物的个人占有形式了。第二，动产领域的发展。在低级社会，只有土地才具有神圣的性质，一切生活的核心都是地产。因此，在农业社会，不动产是最主要的财产形式，而动产只能产生附属或次要的作用。但是，随着工业和商业的发展，人们逐渐摆脱了土地的束缚，私有财产显得重要起来。两者地位的变化正好反映了法律演化的不同阶段。与不动产相适应的法律是禁止性和束缚性的，是神圣性的标志；而后者则更加自由和灵活，可以随意处置。但是，财产权的这种“双重性质”也使人们明白：“财产的一种类型是从另一种类型发展而来的。”

总之，财产权的起源与劳动的概念无关，与个人的意志宣布无关，而与宗教信仰有着很大的关联。当然，财产的起源及演变牵涉到契约权的概念，这将在下文讨论。

3. 契约权：公平契约与继承制度

涂尔干指出，获得财产的两个主要手段是契约和继承。继承是集体财产的延续，来源于继承的财产是从他人那里得来的，用不着他的参与就能够形成，也不是他的创造，所以，他只能与这种财产建立非常外在的联系。而个人财产的起源是个体所有。因此，集体财产与个人财产存在冲突。家庭共同的所有权依然对立于能够通过遗赠、遗嘱或其他方式处置其财产的真正所有者。在前者中，个人只有一种享有生活兴趣的权利，惟有家庭才是所有者。但是家庭解体了，它就不能以集体的形式实施这种权利，而死者最近的亲属获得了这种权利。所以说，继承所维系的是已经没有伦理基础的古老概念和仪轨。涂尔干认为，在获得财产的两个主要过程中，继承已经丧失了它的重要性，而契约才是未来财产制度赖以存在的原则。“契约”指的是一种由一定方式形成的约束关系，也就是：只要有意愿或者意志的状态，就足以带来义务和相应的权利。因此，血缘契约和无权契约都不是确切意义上的契约，“因为就这两种情况来说，义务并非来源于达成共识的意志的有效性。其本身并不具有任何约束力。它们必须在此之上，涵盖人和物的某种状态和条件，实际上，正是这种状态而不是缔约意志，才是造就这种约束关系的主要原因”[1]。

接下来，涂尔干分析了这两种契约发生效力的状态或条件，从而指出真正契约的含义。真正意义上的契约是只有契约双方参与的自愿过程，而没有任何的中介存在。这与哈贝马斯的“沟通的对话”理论有异曲同工之妙。

那么，真正意义上的契约是如何产生的呢？涂尔干进行了详细的分析。他首先探讨意志的宣布如何获得约束力。他认为这是一个缓慢的过程。因为只有通过非常缓慢的过程，各民族人民才能达到这一阶段，即：为这样的意志宣布赋予道德力和法律力。只有财产的交换和转让越来越频繁，人们开始觉得有必要建立契约关系时，才会采取各种办法来满足这一需要。由于现实的需要，人们会借助两个过程来达到意志共识。其一，人们借助法定的权利达成共识，就会产生物或人的状态或条件，并随后履行各种义务，即义务来源于这种物或人的状态。例如，卖方交付了物，仅是这个物就会转化成买方的世袭财产，这便会强迫他去履行他的义务，因为，依据原则，任何人都不能损人利己。其二，一旦共识的条款确立，契约当事人就会让自身遵循一种过程，在他们之间确立一种自成一类的关系，然后，靠这种关系为两者带来一整套权利和义务体系。

通过在法定权利中引入一种变化，由此产生的约束关系也就具有了契约的性质。但这仍然不是真正意义上的契约，因为这一合约本身并不具有强制性权利，还需要借助中介来形成权利。

人们还有另一种接近契约权利的途径，即把意志根据某种仪式形式宣布出来。这种宣布是靠言辞来实现的，言辞中有一些活生生

1 涂尔干：《职业伦理与公民道德》，渠东、付德根译，上海人民出版社 2000 年版，第 187 页。

的东西，可以被赋予某些神圣的力，一旦被宣布出来，就会对宣布它的人产生强制力和约束力。最典型的就是誓言或对神圣存在的乞灵。通过这种方式，这一存在变成了人们诺言的保护者，谁不遵守，就会遭到神的报复。因此，契约的约束力来源于某种约定的程式。司法形式主义不过是神圣形式和仪式的替代物。因此，这种契约是由两类要素组成：语言内核，即程式；外部仪式。这种类型的契约更接近真正意义上的契约了。

具有庄严仪式的誓言很容易适应随时间推移而形成的进步。随着历史的发展，这种能够掩蔽自身的外部仪式逐渐淡化和消失了。这种进步，在罗马表现为口头合同的出现。这种合同的效力不再源自严格的仪式，而是依据宗教细节宣布的神圣不可侵犯的程式。教会越来越使誓言成为契约必要和明确的条件，而不需要更多的形式性。这样，意志达成的共识与能够把这种共识转化为事实的义务之间的中介过程便日渐衰落了。当这种中介濒临消失时，就不再有像上述契约所采用的语言形式那样的持续规定，确切意义上的契约，即合意契约便产生了。

促成契约达到这一阶段的因素有两种：第一，贸易中交换的数量和种类骤然增加，人们很难在契约缔结过程中贯彻其空洞的形式性；第二，公共精神的变化。开始人们有一种与合意契约格格不入的观念：法律规定的任何义务都只能来源于物或人的存在状态。但是，后来人们发现意志只要以一种不可撤销的方式表达出来，也可以取得约束力。这就是在契约过程中采取庄严的形式。随着生活的发展，繁忙的生活越来越减弱了仪式形式性的重要性，同时，信仰的弱化也减少了这种形式性自身的价值。这样，通过一种双重的作用，庄严仪式失去了其基础。双重作用就是：经济生活的新需求，以及以这些庄严仪式为基础的概念的逐渐模糊的趋势。

在这个渐进的过程中，新的规范冲破笼罩它的形式屏障，真正意义上的契约——合意契约——产生了。合意契约是物权契约和仪式性口头契约（要式契约）在发展过程中的聚焦点和顶点。一方面，在促使交换过程变得越来越快的社会需求的压力下，由于其内部的衰落，口头或其他仪式性仪典逐渐衰败了；另一方面，人们通过不同于这些仪典的手段，也能够产生要式契约所能产生的实际效果；用法律来达成的意志的宣布是不可撤销的。这种简化越来越容易得到认可，仪轨已经丧失了其大部分意义和权威性。这样，物权契约已经没有存在的理由，只留下了要式契约和合意契约两种形式。这带来了巨大的变化。在物权契约和要式契约相适应的社会演进阶段中，个人权利只在很小程度上能得到尊重。但合意契约则发生了很大的变化。合意契约最重要的特征就是合意性。这一合意是双方在完全自愿的情况下达成的。因此，只要有压制的成分，契约就会失效。这并不全是因为义务的决定性根源外在于能够对自身起到约束作用的个体，而是因为他受到了某种不公正的伤害，简言之，这种契约是不公正的。所以，才会出现通过彼此达成合意而确立的契约，以及不断增加的人类同情心，所有这些都会使人们接受这样的观念："只有当契约不仅仅是利用契约当事人一方的手段，也就是说，只有当契约是公正的时候，契约才是道德的，才能得到社会的认可和维护。"

合意不仅是义务的充分条件，而且是必要条件。光靠合意来达成契约是不够的，契约还必须是公正的。换个角度看，就像合意契约从形式契约产生出来一样，新的契约也会从合意契约中产生出来，这就是公平契约。公平契约是客观而公平的，因为它有一个客观的合理价格作为衡量的标准。当事人一方只因为受制于显而易见的压制作用才表示同意，契约就会变得徒有虚名。今天，单靠强迫作用来宣布意志，这种做法已经越来越难以让社会接受，因此，公平契约成为人们"愿望的道德"。但是，现实中，很多情况下，我们能够达成合意，是因为各种环境把我们联系在一起，我们受环境所迫，别无选择。比如，受疾病所迫，我们不得不接受高昂的医药费，我们必须接受这个数额，好像我们被逼迫一样。还有很多例子，见证了我们所做的行为和所表达的合意经常存在压制作用，因为它们从来不能完全符合我们的意愿。受压力所迫达成的契约备受指责的原因在于它们会对备受压制之苦的当事人造成伤害。

涂尔干认为，压制只是造成契约不公正的原因之一，还有流氓、欺诈，或知道怎样巧妙利用另一方的背运时刻来让他同意一次绝对不公平的交换；就是说，同意以低于其价值的金额提供他拥有的服务或物。虽然这一价值在不同的社会都很难确定，但是，在每个社会群体中都存在一种舆论状态，可以粗略地确定它的一般价值。而这一价值就是客观、实际的标准，可以检验交换是否公平。严重偏离这个一般价值的价值，都是反常的，会激起人们的不满和抱怨。一个人若以比价值还要低的价格进行交换，肯定会遭受不合理的损失；相反，若交换价格高于真实价格，也有同样的效果，因为买方就会受到剥夺。契约当事人很难不反抗这种强加给他的间接的压制作用，更难以自愿地接受它。因此，压制的观念受到越来越多的反抗，公平契约日得人心。公平契约不仅仅是没有受到明显压制，可以自由达成合意，同时也是以真实和正常价格，即公平价格来交换物或服务。因此，它是客观而公平的。但有很多不惜以一方利益为代价谋求另一方利益的契约，即留有“最大一份”的契约。而我们完全反对的只有高利贷契约，这种不公平的特殊剥削形式很快刺痛了我们，使良知深恶痛绝。而实际上，很多这样的契约值得反对。总之，要努力去实现公平的契约。比如，除了高利贷契约外，产业法中引入的所有规定都可以证明它有着同样的需要。之所以设计这些规定，是为了防止雇主滥用职权，根据与其真实价值不符的条款，从工人那里剥削劳动。所以，我们建议无论公平与否，都要确定固定的最低工资。欧洲的很多国家，还要求雇主为工人提供治病、养老和事故方面的保障，这些手段都是为使劳动契约更加公平。涂尔干承认契约不可能获得绝对的公平，但是，更加公平始终是我们的梦想，任何人都不能限制这样的发展。

然而，这种发展还有一个根本的障碍，即继承制度。“很明显，继承制度从人们诞生之日起就在人们之间构成了各种不平等，它与功德或服务无关，从而在根本上使整个契约体系失效。”[1]

涂尔干认为，保证契约服务的交互性的根本条件是：双方交换的物不仅要完全维持平衡，在价值上也要平等。当事人一方的所得必须与他的付出相等，反之亦然。享有特权的当事人会利用他所掌握的优势坚持把他的意志强加给另一方，强迫另一方以低于其真实价值的价格提供物或服务。而继承制度的存在，可造成人生而贵贱有别的结果。也就是说，社会中存在着两大阶级，其间有各种类型的中间阶级相连：以生存为目的的阶级会不惜代价，使自己的服务可以让另一方接受；而另一个阶级可以没有这些服务，因为他可以依赖某些特有的资源，不过，这种资源与拥有并出售服务的人所做的服务并不相等。所以，只要社会存在如此强烈的阶级差别，就会造成严重的不公平，只有通过有效的解决办法才能减轻这种不公平。可是，继承体系得以运行的条件，并不允许公正。因为，它不仅具有“最大一份”契约所具有的特点，而且，只要牵涉到两大阶级的关系，它就表现为“最大一份”的契约体系。被继承的财产会引入各种等级比如“官二代”“富二代”等，打乱平衡。而那些没有财产的人所提供的服务，却因为各种条件无法按照真实的社会价值来估算它们。这种不公已经与深藏于我们道德之中的态度发生了冲突。

---

1 涂尔干：《职业伦理与公民道德》，渠东、付德根译，上海人民出版社 2000 年版，第 221 页。

在涂尔干看来，公平契约的概念提出是重要的标志性事件，整个财产制度将发生改变。财产来源中的主要来源之一——继承制度——已经受到这一概念的驳斥。公平要求我们不能以低于其价值的方式去估价人们所提供或交换的服务。这又引申出另一条原则：人们所得到的任何价值都必须等于他所提供的服务。当两种价值不相符时，拥有特权的人就会动用特权去维护他以他人为代价而拥有的超额价值。他所收益的超额部分必定是他人的劳动，而不是他自己的劳动，是他人被非法剥夺了这一部分。显然，特权者得到的多于他有资格得到的，那么他人所得就会相应减少。因此，我们就得到这样一个原则："只有当个人之间物的分配相应于每个人的社会应得时，这种分配才是公平的。"涂尔干认为，这种作为符合平等准则的契约基础的原则，已经超出了契约权的范围，逐渐成为财产权的基础。因为，最初的财产分配和物一样，根据出身来进行，但是，现在更多地是根据契约来交换。但是，由于继承制度存在，导致这种契约天生带有不公正的特点，这是契约当事人固有的不平等状态所带来的结果，而继承制度是造成这种不平等的重要原因。

所以，契约权的发展需要我们重塑财产道德。这一共识性的原则已经在文明民族的良知中留下了深刻的印象，但是，依然没有得到法律的正式认可。因此，这也提出一个实际问题：通过什么样的改革，能够在法律中实现这一原则？涂尔干认为，一种首要的改革就是：终止通过继承权或后代等办法实现的继承。因为，通过继承权实现的继承，作为一种家族共同占有制中陈旧的权利存续，目前已经成为一种古老的残余，与我们的伦理产生了冲突，侵犯了公平的精神，不再有存在的理由。"今天，我们不再会允许一个人通过遗嘱遗留下他已经得到的职位和头衔，或者他毕生已有的官爵。为什么财产就可以让渡呢？我们已经获得的社会地位至少也应该像财产那样是我们自身的创造。”[1]

但是，每一代人留下的财产应该给谁呢？应该给各个个人。但是，国家与各种物和各种人离得太远，很难完成如此庞大而复杂的任务。这就必须有一种次级群体来行使这样的职能，惟有职业群体才能胜任这一工作。过去家庭曾履行这样的职能，但是现在家庭解体了，不能有足够的能力把各代人联系在一起，所以，职业群体代替行使这一职能。

对犯罪的社会学解读

1. 对犯罪的独特理解

涂尔干将压制型法主要归为刑法这一种形式。但是刑法所惩罚的对象有什么共同特征呢？换言之，犯罪的构成本质是什么？他首先指出，所有的犯罪最明显的特征都是受到惩罚。而这种制裁的一致性必然反映了起因的一致性。也就是说，犯罪之所以都受到惩罚，是因为它们都触犯了一个共同的东西。“单个社会法制所认定的犯罪在本质上总归有相似之处的，同样，不同社会形式所认定和惩戒的所有犯罪也都是有相似之处的。”[2] 因此，涂尔干探讨犯罪构成的方法就是观察不同社会形态的犯罪现象，然后从中归纳出它们共同的特征。如果真能成功寻找到这种共性，就可以知道犯罪最本质的构成。

但是，单从刑法禁止的行为本身，由于其种类繁多、复杂，故无法找到这个共同的基础。这又符合涂尔干的方法论——任何社会现象之因都应到社会中去寻找。有观点认为，一种行为被当做犯罪，

---

1 涂尔干：《职业伦理与公民道德》，渠东、付德根译，上海人民出版社 2000 年版，第 225 页。

2 涂尔干：《社会分工论》，渠东译，生活・读书・新知三联书店 2004 年版，第 33 页。

是因为它与社会主要利益相冲突，但涂尔干反对此说。一方面，很多触犯法律的行为不见得侵犯了社会的主要利益，比如触犯了禁忌而吃了某种动物、触犯了某种圣物等。另一方面，即使某些行为严重侵犯了社会利益，但其所造成的破坏和其所受到的惩罚强度不相称。在文明社会中，有时候经济危机所造成的公司倒闭等比杀人造成的危害更大，但是杀人依然被当成最严重的罪行。因此，这个定义并不科学。

在观察后，涂尔干发现，与民法等规范不同，刑法往往不提及应遵守的义务，而仅仅规定了制裁。比如刑法并不明文规定“禁止杀人”，但是在大部分的社会里，杀人者常被处以极刑。这种现象只有一种解释：人们理解并接受该规范。但是，在压制型法中，法律的运作常常显得分散，甚至在一些社会中不需要设置专职官员来施行，相反，是由整个社会来承担法的实施。没有明文规定，又不需要官员来实行，但这些规范仍然被社会成员严格遵守，违反者都受到惩罚，这是如何实现的呢？涂尔干认为，其中的原由就是这些规范反映了集体情感。集体情感就是某个社会的成员平均具有的信仰和感情的总和。

然而，这还不是犯罪的定义。因为一些行为虽触犯了集体情感，但是在现代社会里已经不是犯罪，比如乱伦、婚外情等。因此，一旦触犯就被认定为犯罪的集体情感必须达到一种强烈而明确的程度。因此，犯罪的真正含义就是：一种触犯强烈而又明确的集体意识的行为。涂尔干进而检验了这一结论，其方法就是看这一定义是否能将所有惩罚的特征都表现出来。他认为，在集体意识强的社会，惩罚往往十分残酷，因为只有这样才能平息人们心中的愤怒。为了达到这一目的，人们创造了株连九族、割鼻挖眼等酷刑。但在现代社会，这些惩罚减少了，这是因为社会的发展导致共同意识的衰落，刑法惩罚的范围和程度都减少了，社会更多的是依靠恢复型法来调节人们之间的关系。所以，刑法标志的是社会的相似性。

这样，通过对犯罪定义的研究，又回到涂尔干的法律类型与社会形态相对应的思想了。

2. 刑罚演变的规律

在理解了什么是犯罪之后，涂尔干还从社会学的角度去研究对犯罪进行压制的措施的演变规律。在这一研究中，除了社会学的理论运用外，还可以看到马克思主义辩证法的影子——联系的观点和量变引起质变的规律。首先，涂尔干从联系的思维出发，认为引起刑罚演变的原因存在于社会环境之中；其次，社会条件的变化引起了刑罚的量变和质变。也就是说刑罚演变的规律可以归纳为两条：量的变化和质的变化。简单地说，量的变化就是刑罚的残酷程度的弱化；质的变化则是惩罚类型的变化。

关于刑罚的量变人们常将其与政府的性质联系起来思考，认为在专制政府中，刑罚必然严酷，而开明社会的刑罚必然趋于轻化。这种观点表面看起来很有道理，因为现在的社会和奴隶社会及封建社会比起来，刑罚确实是有一种轻刑化的趋势。但是，涂尔干反对这种观点。在斯宾塞看来，政府专制主义是根据政府职能的数量和重要性来决定。而涂尔干认为，这种定义不符合实际，只要政府不是集中在一个人的手里，它就不会是专制的。比如，与路易十四统治下的法国相比，当前的法国国家的领域得到了很大的扩展，但是国家最高职能是被分派给许多相对自治的机构来履行的，因此不能说国家更加专制了。而相反，职能有限并不能成为国家专制的障碍。所以说，“政府专制并不是任何既定社会类型的内在特征”。也就是说，任何社会都有可能是专制，并不能将低级社会和专制国家联系起来。“因此，这种特殊的政治组织形式，即政府专制主义，并非来源于社会的先天情况，而是来源于个别的、暂时的和偶然的状况。

所以说，刑法演化的这两种因素，即社会类型的性质和政府机构的性质，必须细致地加以区分。”[1]

可见，刑罚的量变原因不是政府的性质决定的。但是，涂尔干并没有接着这个讨论而直接去说明刑罚量变的真正原因，而是转向了对“刑罚的质变”的讨论，试图通过对刑罚质变的解释来阐述刑罚量变的最终根源。涂尔干将质变的规律概括如下：“惩罚就是剥夺自由（仅仅是自由），其时间的长短要根据罪行的轻重而定，这种惩罚逐渐变成了正常的压制类型。”[2] 在低级社会，人们无法理解对自由的剥夺构成一种惩罚。他举监狱为例。在低级社会，监禁只是为了顺利实行惩罚的必要条件，但是并不构成惩罚本身。这种惩罚开始于城邦国家。苏格拉底就曾认为永久拘押是一种惩罚，而他本身也受到过这样的惩罚。柏拉图在《论法律》中也曾把监禁作为镇压违反者的惩罚措施之一。但是，当时监禁也主要是作为防止犯罪人逃跑的措施，或者作为辅助性惩罚手段。这种状况一直持续到 18 世纪，一些犯罪学家才最终承认监禁的惩罚性质。随着这种趋势的继续发展，不仅剥夺自由成为一种刑法，而且逐渐占据了刑法的主要领域。

但涂尔干真正关心的问题是：这种变化是如何产生的呢？由这个问题开始，他对刑罚的质变规律进行了深入的探讨和研究。涂尔干认为，在初等社会，不存在这种防范性监禁是很容易理解的，因为在当时的社会中不存在任何与之相适应的社会需求。当社会处于初等状态时，个人和集体是密不可分的，个人的责任往往就是集体的责任。因此，个人犯罪就会导致其所属集体的株连受罚。因此，为了惩罚行为者，没有必要只监禁他一个人，而是可以通过监禁与

---

1 涂尔干：《乱伦禁忌及其起源》，汲喆等译，上海人民出版社 2003 年版，第 430 页。
2 同上，第 43 页。

他有关系的其他人达到一定的目的。但是，随着社会越来越集中，原来独立的群体逐渐失去其自主性，不同的群体被整合为一个大的社会，代表个人责任的群体已经不存在，这样责任就演变成带有个人色彩的东西。从此以后，个人如果逃避责任，就很难找到责任承担者。这样，社会就产生了监禁行为者以防范其逃避责任的需求了。于是，监狱开始普及。在雅典、罗马以及希伯来人的社会中都可以看到监狱的大量使用。但是，“一种需要，哪怕是极其强烈的需要，根本不可能无中生有地创造满足它的手段”，监狱的形成和适用还需要具体的社会条件支撑。涂尔干认为，这种条件就是社会上一种“分界线”观念的产生。监狱意味着公共机构的存在，这些机构不仅规模宏大而且带有强烈的军事色彩。这些公共机构之所以产生，原因在于集体生活改变了原来分散在各处的特点，变得更加紧凑而集中在有限的地点。因而统治者需要固定的住所作为履行相关持久职能的组织所在地。这些住所产生出来后，越来越有别于其他住所，并获得了庄严的气氛。它们常常用高大的城墙和深沟围起来，用意在于在掌权者和被统治者之间划出一条清晰可见的界线。这样监狱出现的社会条件就产生了，它常常伴随着皇宫、寺庙等建筑物的阴影。剥夺自由也就演变成为一种新的惩罚措施，其程度的大小以监禁的时间长短来衡量。

通过这样的分析，就可以解释刑罚的量变规律了。这里，涂尔干又再次体现了他的类型思维。他将犯罪分为“宗教犯罪行为”和“个体犯罪行为”。前者是指触犯的对象是集体的事物，如民德、传统和宗教等；后者则指冒犯个人的行为。两种类型的犯罪有很大的区别。低级社会中存在强烈的集体情感并主导着社会的各项事务，因此，犯罪不是侵犯了个人而是触犯了集体的情感。这样，对犯罪的惩罚必然倾向于残酷，只有这样才能平息人们心中的怨恨和愤怒。然而，随着社会的发展，集体感情逐渐淡化，并在很多领域消失，代之而起的是个体意识的增长。这时犯罪侵犯的就仅仅是个人，而不再是那个高高在上的集体情感了。因此，刑罚的程度就越来越轻了。正因为犯罪行为进一步还原为对人的侵犯，因而不会激起如人对神的攻击所激起的那种愤怒，也就是说犯罪的宗教形式弱化了，随之而来的就是惩罚的平均水平的降低。因此，刑罚量变的真正原因在于：集体情感弱化后对社会的影响减少了，把犯罪当做同情对象的作法，不再受到这种感情的打压。

社会失范与法律改革

正如生命体都会生病一样，社会有机体也会表现出很多病态的形式。如果不及时修复存在的缺陷，社会就会陷入恶性运行。涂尔干生活的时代，欧洲社会正处于转型时期，在这个过程中，社会表现出很多混乱和矛盾。旧有的道德、伦理和法律已经衰落，而新的规范体系又未形成，使得社会中的诸多领域陷入无政府状态。涂尔干正是看到这点，故在其理论中研究了社会的反常状态。涂尔干对“失范状态”的研究是与劳动分工联系在一起的。换言之，他是通过研究劳动分工的反常状态来考察社会病态的。因为在其理论中，现代社会的团结纽带就是分工，因此分工不正常，社会就会滋生矛盾。分工原则上是可以产生社会团结的，但是也会偏离正常轨道，带来负面的影响。

涂尔干得出这一结论也是遵循其方法论即观察和归纳的结果。首先，工商业危机和破产。在社会的转型时期，包括法国在内的欧洲社会在市场领域很多工商业受到经济危机的影响并大量破产。统计学资料显示，从 1845—1869 年，破产现象增加了 70%，这使社会秩序遭到极大的破坏，很多矛盾激化。具有敏感学术眼光的涂尔干见微知著，预见到社会的反常运行，并开始探寻解决之方。其次，劳资冲突越演越烈。随着分工的发展，社会中劳动与资本的对抗急剧上升，由此产生了很多诸如罢工等群体冲突事件。在19世纪，工人的斗争此起彼伏，对社会的团结构成巨大威胁。在这种现象面前，马克思从批判主义的立场出发，试图通过暴力革命来谋求工人阶级的解放。而涂尔干则将这种现象视为社会有机体的疾病，希望纠正这种反常状态，维持社会秩序。再次，精神危机。正因为信仰等积极精神的衰落，社会产生了很多精神危机影响下的消极后果。“其重要表现之一是自杀率的上升，从19世纪初到19世纪中后期不到50年的时间内，自杀率在西方几个主要的发达国家里增长了3倍、4倍甚至5倍。”[1]

我们已经看到，在涂尔干生活的时代，一方面劳动分工在不断发展，另一方面社会危机却更加频发了。这在当时给人们带来了忧虑：分工的继续发展是否会成为瓦解社会的根源？孔德就是忧虑者之一，他认为：每一种分解作用都必然会带来相应的分散作用，人类的劳动分工不可避免地会引起个人之间的分歧。埃斯皮纳更是直言不讳：“分工就是分散。”诚然，功能的分化有利于效率，但统一性也不可或缺。从物理学上讲，只有分解的力而没有向心力，物体就会离散。故而要维护社会的分化过程，就需要有一个整合器官。认为分工会瓦解社会的观点就是没有看到分工的统一性功能。但涂尔干自始至终都是分工的忠实维护者，他不赞成孔德等把分工当作一种威胁社会凝聚力的因素，相反，他认为分工是现代社会团结的纽带和基础。但是，如何解释分工带来的失范状态呢？涂尔干首先分析了失范状态产生的原因。依照他的分析，失范的原因在于现存的规范或法律无法在权利和义务之间划出一条明确的界限。以前有

1 谢立中：《现代性的问题及处方：涂尔干主义的历史效果》，载《社会学研究》2003年第5期。

序的社会是以道德和法律的有效运行为条件的。但是随着分工的发展，社会的道德基础已经发生变化，而法律却没有跟随这个基础的脚步，换言之，法律和道德脱节了。因此，失范状态不是没有规范恪守，而毋宁说是现在的规范无法有效地发生作用。那么，法律有效发挥作用的基础是什么呢？或换言之正常的劳动分工产生的条件是什么？涂尔干认为，只有在社会不平等能够表现出自然不平等的情况下，劳动分工才能自然而然地产生出来。也就是说，社会的不同职能承担着的依据只能是自然的不平等。“决定分工形式的唯一因素就是人们的能力差异。”[1] 因此，分工要产生团结的作用，不能仅依靠人们各行其责，更重要的是这些责任还必须和人的天赋资质相适应。因此，法律就要保障分工产生社会凝聚的条件，否则，法律就会带来负面作用。

涂尔干在观察中发现，有时法律可能会成为阻碍社会团结的祸根。比如说种姓制度和等级制度。虽然它们具有十分严密的规定，但是这些规定造成了强制的不平等，人们不会心甘情愿地接受这种差异，因而常常引发内战。反思中国封建社会的“怪圈”循环现象，这种分析很有道理。因此，在涂尔干看来，“强制的分工”是分工的病态类型。它不仅不能带来社会团结，反而会成为瓦解社会的因素。

总之，法律分配的工作只有符合上述基础，才能产生一种和谐状态。而如果规范不再体现自身的这个基础，就只能依靠暴力来维持强制作用，这为社会冲突埋下祸根。在涂尔干看来，当前的社会结构已经发生了深刻的变化，使得与机械团结相适应的道德丧失了其影响；但是与新型社会结构相适应的道德却没有产生出来，使得社会出现了“道德真空”，人们的信仰陷入混乱或缺失，并感到无所适从。要想医治这一社会疾病，就要致力于构建新的道德规范。“我

---

1 涂尔干：《社会分工论》，渠东译，生活·读书·新知三联书店2004年版，第335页。

们的任务就是要为我们自己确立一种道德。”这就是涂尔干的法律改革思想。总结起来，主要涉及以下三个方面的内容。

第一，法律改革不能寄希望于复活传统习俗。在法律的社会学研究中，有人提倡尊重民间习俗，重视本土资源的作用。埃利希的“活法”理论就是这一思潮的代表。埃利希认为，法律有两种，其一是国家制定的法律，称为“国家法”，主要体现为法条；其二即所谓的“社会秩序”本身，为“活法”。“法的发展重心自古以来就不在于国家活动，而在于社会本身，这个重心在当代也必须到那里去追寻。”[1] 但是，涂尔干却告诫人们，社会团结已从机械团结转向有机团结，法律的道德基础和社会条件已然变化，因此，法律的改革只能致力于发展一种新的道德，而不是继续使用传统习俗。

第二，法律保障平等的外在竞争条件。涂尔干认为，在低级社会，团结依靠信仰和共同感情来维持。当时分工水平较低，因此由分工带来的矛盾不足以威胁社会凝聚力。虽然人们有时也会对现存的秩序感到不满，但是他们必须依附于这个秩序。集体意识所包含的信仰和惯例在成员心目中有着神明般的地位。因此，只要符合社会成员共守的价值观，不平等的状态就是可以忍受的，而且是很自然的。但当社会转变成有机团结时，共同感情衰落了，代之而起的是个人人格意识的增长。不平等与人类的公平需要相违背，因而会威胁社会的团结。社会不对个人追求与天生能力相适应的职业设置障碍，就会促使分工符合自然的不平等，从而法律才能维持社会秩序。

第三，法律要维持契约团结。涂尔干认为，分工的发展必然伴随着契约关系的发展。换言之，在有机团结社会中，以法律形式出现的契约是分工合法性的本源之一。在分工发达的社会，个人意识

1 埃利希：《法社会学原理》，舒国滢译，中国大百科全书出版社 2009 年版，第 429 页。

希望自己作为一个独立而平等的主题而存在。因此，在文明社会里，有关契约的法律必然增多，也就是恢复型法增加、压制型法减少。这时法律只有一个目的，“就是要保证各种功能进行有规律的协作，并以此方式联系”。然而，要实现这个结果，不能只依靠公共权威强迫人们遵守契约，而是要让人们自愿去履行应尽的义务。“如果人们只是迫于强力，或者是迫于对强力的恐惧去遵守契约，那么契约团结必将会陷入一种险恶的处境之中。”[1] 因此，法律的目的就是要消除这些强制作用，为人们自愿履行契约创造有利条件。这就涉及涂尔干“社会价值”的概念。他认为，在一个既定的社会中，任意一个交换对象都有一个相对稳定的价值，即包含着相似的有效工作量。它包含两个部分：一是该对象消耗的全部劳动；二是能产生与正常需要相应的社会效益。法律要保障交换尽可能符合社会价值。因为如果交换的所得和所失不符合这个价值，那么交换就是不合理的，这样契约就不可能自愿被遵守。社会价值成为涂尔干衡量公平契约的重要标准。

总之，现代社会团结的纽带是分工，但是依照涂尔干的方法论，分工也分为正常和反常的形式。强制的分工就是一种病态现象。因此，法律要维持社会秩序，就要致力于为正常的分工提供保障。只有这样，才能克服社会失范状态，社会才能获得和谐与秩序。

简短的评论

涂尔干作为社会学的奠基者之一，最为人们重视的是他的社会学理论。但是通过前文的分析可见，涂尔干的法律思想实际上也是极为丰富的。只是其法律理论受到的关注度远没有其社会学理论及

---

1 涂尔干：《社会分工论》，渠东译，生活·读书·新知三联书店2004年版，第340页。

同时期的社会学家如韦伯等人的法律理论高。“尽管迪尔凯姆在其研究中像韦伯一样给予法律以特殊的关照，相比韦伯，迪尔凯姆在现代法社会学中的重要性要逊色得多。”[1] 实际上涂尔干从社会学角度对法律的理解对后世的法律社会学理论产生了深远的影响。这些影响很难一一列举，毕竟一笔学术财富的价值是无法准确估量的。笔者认为，这种影响至少体现在以下三个方面。

第一，对法律现象的社会学思考。涂尔干对法律现象进行社会学解读的足迹，成为很多学者跟随的对象。狄骥的连带关系法学的很多内容，都可以在涂尔干的思想中找到根据。社会学法学派的集大成者庞德的理论也受到涂尔干的启发。美国的法律社会学家布莱克更是将对法律的社会学研究称为“法律的第三维度”。总的来说，基本上所有的法律社会学家多少都受到涂尔干学术的影响。

第二，类型思维的影响。涂尔干在解释法律的演变时，先是将社会形态分为机械团结和有机团结两种，在此基础上再将法律分为压制型法和恢复型法两个类别。这种分析体现了一种类型思维在法学中的运用。在当代，庞德于20世纪早期提出并发展了社会学法学学派，他将法律分为“行动中的法律”和“书本中的法律”，主张重视法律的实际运行和社会效果。此外，伯克利学派的领军人物塞尔兹尼克也受到这种启发，将法律分为三种基本类型：压制型法、自治型法与回应型法。这些都体现了类型思维的深刻影响。

第三，方法论的影响。涂尔干将法律作为一种“物”来考察，主张用实证的方法来研究法律现象。这使得法学研究最终得以摆脱形而上学一统天下的局面。事实上，在孔德提倡实证主义开始，西方学界就逐渐不满于形而上学的研究方法，试图通过一种新途径来

---

1 马修·戴弗雷姆：《法社会学讲义：学术脉络与理论体系》，郭星华等译，北京大学出版社2010年版，第67页。

超越这种先验的方法论。但是，这一学术企图直到涂尔干以后才得到根本的改观。因为他不仅提出了法律这种社会事实是一种物，而且提出了一套行之有效的研究准则，使得实证研究方法一度取代了形而上学的霸主地位。

当然，涂尔干的法律社会学思想在产生深远影响的同时，也受到很多批评。首先是对其社会唯实论立场的批判。涂尔干认为社会是一个客观存在的独立体，因此研究社会现象只能从社会有机体出发，而不能寻找其他方面的原因。但是，社会唯名论的代表就反对这种立场。在社会学的心理还原论者看来，社会是由个人组成的，社会上只存在独立的个体，而不存在什么"社会体"，因此，研究法律不是从社会本身出发，而应该研究个人心理对法律的影响。法律的经济学解释也是这种观点。比如在波斯纳看来，法律行为的动因在于行为者对成本和收益的衡量，而不是其他的原因，因此，"利益最大化的理性个人"是理论的起点。

其次是对其实证主义方法论的批判。涂尔干的"社会学主义"立场将实证主义的研究推向极端，这遭到来自德国的历史主义和人文主义哲学思潮的批判。这场批判运动在社会学史上被称为"反实证主义的突破"。历史精神在德国只是传统中最基本和深刻的要素，将自然和历史看成截然不同的世界，是从康德和黑格尔时代继承下来的传家宝。历史主义学派反对实证主义的世界统一性原则和科学统一性原则。就是说，社会和自然科学是不同的世界，不能将自然科学的方法照搬到社会科学上来。涂尔干在对法律的研究中，其方法论基本上是自然科学性质的。此外，涂尔干对法律的解释，也遭到其他一些社会学家的批评。比如，默顿认为，涂尔干的法律理论，基本上是依靠一些有所欠缺的民族志资料来归纳的结果。因此，其结论必然是局部的。

对涂尔干的法律社会学思想，除了批判外，很多学者也注重对其思想的批判性发展。在这个过程中，涂尔干的思想得到了极大的传承。涂尔干在法律等社会现象的分析中体现出一种功能主义雏形，这后来被帕森斯发展为结构功能主义，一度统领美国社会学研究30余年。继帕森斯之后，默顿发展出“社会功能主义分析范式”，区分了“正功能”与“反功能”、“显性功能”与“潜性功能”，从而使人们对法律的分析多了一种视角。在涂尔干的社会失范理论的基础上，默顿发展出自己的犯罪学思想：他将社会结构分为目标和手段两类，当社会失范时，目标和手段就会矛盾，从而产生越轨行为。[1] 同时，涂尔干研究民族志资料所用的比较的方法虽然存在一些局限，但是这种方法得到很多学者的应用，例如，温伯利考虑到涂尔干在社会分工论中没有涉及社会自治系统这一政治因素对法律的影响，故在对法律进行比较研究的基础上，提出了社会自治系统的力量对法律发展的影响。巴克斯则认为涂尔干的研究可以进一步细化。例如社会中政治的缺失预示着社会中可能还存在其他的强制系统。同时，他还为涂尔干的理论辩护：涂尔干并没有说恢复型法在低级社会中完全不存在，只是不占主导地位罢了。[2]类似的例子不胜枚举。

总之，涂尔干的法律社会学思想在当代社会得到极大的传承，近年来对涂尔干的研究呈现出上升的趋势。

---

1 韩笑莲、王广郊：《社会失范理论——浅析迪尔凯姆与默顿的犯罪学思想》，载《法制与经济》2008年第1期。

2 马修·戴弗雷姆：《法社会学讲义：学术脉络与理论体系》，郭星华等译，北京大学出版社2010年版，第63页。

第2章

韦伯：法律的理想类型与理性化

生平简介与学术旨趣

关于韦伯（Max Weber，1864—1920年）的学术背景与时代意义，克斯勒有一本《马克斯·韦伯的生平、著述及影响》，对之作了详细介绍，感兴趣者可以参阅，此处不再赘述。韦伯的学术主旨是对当时流行的涂尔干的实证主义方法和狄尔泰的人文主义方法进行综合，试图超越两者之对立。

西方历史上注重形而上学的思辨研究，在思辨时代，一切都隶属于哲学，社会学很难成为独立的学科。工业革命后，首先是自然主义或实证主义兴起，继而是人文主义，即主张研究社会本身，社会学是一门区别于思辨性学科的独立学科。因而社会科学的方法论是这两者斗争的历史。到韦伯时，两种方法论的弊端都显现出来，需要一种综合，韦伯的学说就是在这个背景下产生的。

因此，韦伯的学说是一个复杂的矛盾综合体。一方面有思辨性质的“理想类型”，另一方面又探索因果关系或规律。为了实现这两者的综合，他提出了价值中立的学说。研究的起点是社会行动，这是人文主义立场；最终又从社会行动去探索社会变迁的规律，这是实证主义立场。实际上，任何东西都是在对立双方的矛盾斗争下发展的，最终可能走向综合。因此，看到一面则思考其矛盾的对立面，并比别人更早看到综合的图景，是一种符合发展观的思维方式。

行动意义与理解社会学

1. 社会学与社会行动的定义

“社会学是一门致力于解释性地理解社会行动并因而对原因和结果作出因果说明的科学。”显然，社会行动是韦伯社会学的重点关注对象。不过韦伯所称的社会行动具有特殊涵义。社会行动是就“行动着的主体把主观意义附着在他的行为之上的意义上讲的”。在韦伯看来，社会行动必须指向他人，指向非生命对象的行为不是社会行动；不是所有人与人之间的接触都是社会行动，必须要有一定的目的性，比如简单的两人相撞就不是社会行动；社会行动也不同于许多人的类似活动，比如很多人下雨时打雨伞就不是，因为没有指向性。显然，此处韦伯强调的社会行动必须具有目的或意义牵引性。众多行动者相互指向的行为就构成了社会关系。

社会学的研究对象不是单一的个体，这是心理学所追求的分析单位。相反，社会学强调“经验的统一性”，即所有活动者不断重复的活动过程，或由于主观意义相同而在许多活动者中间出现的活动过程。社会学所关心的正是这些典型的活动方式，而不仅仅研究一个人的活动。如果一种社会活动的指向有规律地出现，就可以称之为“习惯”。如果习惯是基于长期的时间而形成的，则可称之为“风俗”。在社会行动过程中，很多统一的行为不是由规范决定的，也不是建立在风俗之上，而是产生于行动者自身的正当利益。但不可否认，大部分个体可能因为价值观而具有相似的利益计算导向。举个简单的现实例子，当一个社会当中 GDP 主义盛行时，可能个体就侧重用自己能够获得多少金钱来衡量是否值得为某个事件付出精力。

2. 社会行动的意义

在韦伯看来，社会行动的本质特征是“意义”，因为没有“意义”的行动就不是社会行动。对于“意义”的理解至少需要把握以下几个方面。

第一，“意义”有两种含义。一方面，它是指给定的特殊行动者在具体情形中的意义，或者是指分布在给定的多数行动者之中的平均意义或一般意义。如此看来，意义虽然难免具有主观性特征，但是社会学中研究的意义却更应该是客观的，可以依据情景理解的。另一方面，它指理论上被设想出来的主观意义的纯粹类型（理想类型），这个意义在任何情况下都不是客观上的真实意义，而是一种假设。第二，有意义的行动和没有任何主观意义的纯反应行为之间的界限，很难在经验上划分出来，需要社会学家去积极探索。第三，所有关于人类行动的科学，都试图说明那些作为诱因、结果和在有利环境或不利环境中无主观意义的过程和现象。而一个东西只有根据其具有的意义或被认为具有的意义才能被理解。第四，“理解”亦具有两个方面的含义，即：可观察性的理解，直接观察就能理解的情形；解释性的理解，即依照行动的时空及其意义来理解。第五，理解牵涉到在以下几种情况下意义的把握：历史研究中的情形，即对具体的个体行动的实际预期的意义；社会学的大众现象，极限是预期意义的平均值或相似性；适合于科学阐述的理想类型的普通想象的意义，比如经济行为中的理性假设就是这类。最后，主观上可理解的行动，只是作为一个人或更多个体的人类的行为而存在，因此要采取不同于自然科学的研究方法。

理解社会学的研究对象是社会行动及其所隐含的意义。其所欲探讨的，乃是在“社会行动”的领域内，对参与主体的行动中所包含的“主观性意义”应当怎样进行诠释性的“理解”并且给予因果性的“阐释”。

3. 价值中立与“理想类型”

韦伯对恪守社会科学研究中的客观性或他所言的“价值中立”原则的阐述，被认为是他的社会学方法论中最引人注目之处。在评价韦伯方法论的《价值中立和客观性》一文中，帕森斯曾说：“价值中立的概念可以说是他的立场的基础。”[1]

韦伯认为，知识可以分为两类：“‘既存知识’，即关于实然（what‘is’）的知识；规范知识，即关于应然（what‘should be’）的知识”，而“一门经验科学不能告诉他人他应该做什么，而只能告诉人们他能够做什么，以及在特定的情况下，他希望去做什么。”[2] 既然社会科学是一门关于具体现实的经验科学，它当然只能以研究现象的“实然”为任务，而不应涉入“应然”或规范知识与价值判断的领域。价值判断应理解为对易受我们影响的那些令人满意或者不满意的现象的性质所做的实际评价。韦伯认为在课堂上不应该有自己的价值判断，否则就会影响教学的严肃性、严格性和实事求是性。他批判了一些虚假的道德中立立场，因为他们的判断中还是包含着个人的判断。大学应该是学习技术的地方，否则就会成为神学院。韦伯也反对中间道路，即通过对彼此冲突的各种评价进行权衡，在

1 Parsons, T., *Value-Freedom and Objectivity*, *in Stammer*, O. ed., *Max Weber and Sociology Today*, New York: Harper & Row, Publishers, 1971, p34.

2 Weber, M., *The Methodology of the Social Sciences*, New York: The Free Press, 1949, pp. 51, 54.

这些评价之间作“政治家式”的妥协。这不应该是大学教育的内容，而是政治纲领和议会的手段。

当然，价值之于社会科学并非毫无意义。尽管经验科学中的问题应该不加评价地解决，但是社会科学中的问题是根据所讨论的现象的价值关联而选择出来的。也就是说，什么样的问题值得研究，通常需要价值的介入。无论如何，价值判断是应然领域，常带有“应该怎样”的表达，而事实判断则为“是什么”的表述。价值中立只是为其方法论摆脱价值的影响做铺垫，为证明其方法的合法性而努力。“专业化时代中文化科学的所有研究，一旦通过特殊的问题背景而定向于给定的论题并确定它的方法论原则，就将把资料分析作为目的本身。”

韦伯既反对“学究式的评价”，即照本宣科的、不与实践相结合的，亦批评“堂吉诃德式的东西”，即充满理想、只按照理想而不顾现实的行事方式——脱离现实，有点类似于乌托邦。社会现象纷繁复杂，因果关系错综复杂，为了理解社会现象而不导致某种单一形式的决定论，就有必要构建某些社会概念框架，这就是“理想类型”。“这些理想类型的绝对纯粹形式，就像那基于绝对真空的前提所计算出来的物理反应一般，不太可能会在现实中存在。”但是“参照一种理想类型，我们可以使这种关系的特征实际地变成清晰的和可理解的。对于启发的和说明的目的来说，这一程序可能是必不可少的。理想类型的概念将有助于提高我们在研究中推断原因的能力：它不是‘假设’，但它为‘假设’的构造提供指导；它不是对现实的描述，但它旨在为这种描述提供明确的表达手段。”[1]

正因如此，有学者认为，韦伯的理想类型至少包含如下理解：(1)“理想类型”是一种“片面的深刻”，它是撷取社会生活中的某

1 韦伯：《社会科学方法论》，杨富斌译，华夏出版社 1999 年版，第 185 - 186 页。

一个最足以代表事物本质与特征的内容来作为对整个事物进行分析的框架。(2) 对于它源于研究者根据经验获致的解决相关问题的基本思路，并在这些相关的经验中获得一种规律性的理解，最后将其确立为解决相关问题的一种通则性的方法。(3) 是一把能够通过比较分析而理解现实的尺子，可用来衡量典型情况下人的典型行为，同时也用来确定具体情况与现实生活的同一或者差异。[1]

最典型的理性类型运用是韦伯的行动分类理论。韦伯在《经济与社会》中总结了四种行动类型，即工具理性行为、价值理性行为、情感行为和习惯行为。以下是他的详细论述：

> 如同任何社会行动一样，社会行动也可以由下列情况来决定：(1) 目的合乎理性的，即通过对外界事物的情况和其他人的举止的期待，并利用这种期待作为“条件”或者作为“手段”，以期实现自己合乎理性所争取和考虑的作为成果的目的；(2) 价值合乎理性的，即通过有意识地对一个特定举止的——伦理的、美学的、宗教的或做任何其他阐释——无条件的固有价值的纯粹信仰，不管是否取得成就；(3) 情绪的，尤其是感情的，即现时的情绪或感情状况；(4) 传统的，约定俗成的习惯。[2]

这些类型思维不仅始终贯彻在韦伯的社会学理论之中，比如将支配秩序分为传统权威性、卡里斯玛型和法理权威型等，而且对后世法律社会学研究产生了深远影响。无论是埃利希的“活法”理论，塞尔兹尼克的“法律三类型说”，都受到韦伯影响，并极大促进了法律社会学的研究重心回归到社会秩序本身。在当代，庞德于 20 世纪

1 胡玉鸿：《韦伯的“理想类型”及其法学方法论意义——兼论法学中“类型”的建构》，载《广西师范大学学报（哲学社会科学版）》2003 年第 2 期，第 33 – 34 页。

2 韦伯：《经济与社会》，林荣远译，商务印书馆 2004 年版，第 56 页。

早期提出并发展了社会学法学学派，他将法律分为“行动中的法律”和“书本中的法律”，主张重视法律的实际运行和社会效果。另一个重视通过法律类型来构建理论的法学家是卢埃林，他将法律明确地分为“纸面规则”和“现实规则”。前者是指关于法律的书面表述，后者则是指法官在“特定案件中将做的那些东西”，是法院、行政机构和官员的具体行动和真实实践。这些受韦伯启发发展而成的法律类型思想将在后文中详述。

法律的四种理想类型

“理性化”是韦伯理论的核心概念和研究主题，与“理想类型”的概念结合起来，构成了他法律社会学的研究路径和方向。韦伯认为，在法律领域有两个基本活动：制定法律和适用法律。这两种活动可能是合理的或不合理的，而且相应存在形式和实质的标准。因而，他把法律分成四个理想类型：形式合理、形式不合理、实质合理和实质不合理。一方面，如果在超出理性控制的方法指导下，法律的制定者和适用者就会以神谕、先知预言和神明裁判等形式不合理的方式操作；而若法律不根据一般规范行事，而是在具体问题上感情用事，就会产生实质不合理。另一方面，合理性是法律制定者和适用者的活动都普遍遵循的理性。合理性分为两种类型：一是实质合理性（价值理性），二是形式合理性（工具理性）。实质合理性是指法律制定和适用者自觉地遵循某种一般的原则，这种原则可能是宗教原则、伦理思想体系或清晰的政策等。它具有价值的性质，它对目的、意识和价值意识是否合理尤为关心。相应地，形式合理性是指实体法和程序法的运作不是逐案处理，而是根据一般决定的方法。用韦伯的说法，是“逻辑形成的合理性”，科学、资本主义、现代法律、官僚体制等都体现了这种纯粹形式的合理性。韦伯不仅构筑了法律的四种理想类型，而且指明了法律理性化的两大方向，即形式理性化和实质理性化。他以合理性理论开了解构和诊疗西方现代性的先河，将西方的现代性问题转化为理性批判和理性重建问题。韦伯认为，现代社会法治的最大特征也是法律的形式理性，传统社会向现代社会的跃进过程就是一个不断合理化的过程。形式理性与实质理性的划分成为法理学的基本分类，影响深远。

"实质合理性"是一种同样具备规则导向乃至一定程度体系性的法律思维类型。不过在这种法律中，"合理化"的规则体系来自法律之外的社会因素，比如宗教、伦理和政治理想等。这种法律也具有合理性特征，不过这种合理性根源于社会文化，而非可计算和可客观评判的形式标准。相比较而言，构成一种"形式理性"的法律所必须具备的要素主要有：第一是"通则化"，即重视逻辑的推演，任何具体的法律判决都是把一条抽象的法的原则"应用"到一个具体的"事实"上，用韦伯的话就是"法命题"的应用。第二是"体系化"，即适用的、客观的法是法律原则的一种"完美无缺"的体系，或者本身潜在地包含着这样一种体系，或者它本身必须被看成是为了应用法的目的的这样一种体系。第三，法学上不能理性地"构想"的东西，在法律上也是无关紧要的，即法学体系比实在法体系更重要，因为其逻辑性更强。正是借由逻辑手段，"一个个被承认有效的法律规则统合起来，理性化成为一个毫无内在矛盾的、抽象法命题的综合体"[1]。第四，人的共同体行为必须完全作为"应用"或者"实行"法的原则来解释，或者反之，作为"违反"法的原则来解释，因为与法的体系的"完美无缺"相适应，"法律上的井然有序"也是整个社会行为的一个基本范畴。[2] 下面这段话可以很清楚地帮助

1 韦伯：《法律社会学》，康乐、简惠美译，广西师范大学出版社 2005 年版，第 29 页。
2 韦伯：《经济与社会（下册）》，林荣远译，商务印书馆 1997 年版，第 18 页。

理解韦伯意义上的形式理性或实质理性。

法创制和法发现可能为理性或非理性的。在形式上，其为非理性的情况是：为了顺当处理法创制与法发现的问题而使用理智所能控制之外的手段，譬如诉诸神谕或类似的方式。在实质上，其为非理性的情形是：全然以个案的具体评价——无论其为伦理的、感情的或政治的价值判断——来作为决定的基准，而非一般的规范。同样的，'理性的'的法创制或法发现也可能在形式上或在实质上。所有的形式的法，至少在形式上，相对而言是理性的。法律之为'形式的'，是指无论是在实体法上或诉讼上，唯有真确无疑的一般性的实施特征才会被计入考量。[1]

法律演变的社会动因

1. 法律与经济的相互塑造关系

法律分化不是由经济因素决定的，而是更根本地受到法律的技术和政治团体的机构影响。“如前所述，法律领域里为我们所熟知的各种基本概念，在分化的方式上高度取决于法律的技术及政治团体的结构，因此，经济的因素仅占间接的地位。”[2] 按照韦伯的说法，这种间接的影响主要表现在：一方面，市场经济的利益追逐动机催生了人们的计算意识，而基于利益共同体的需求催生了自由契约。另一方面，随着经济发展的复杂化，出现了各种形形色色的利益冲突，这就需要创制或发现新法律来调整它们。这一切都“强烈地激

1 韦伯：《法律社会学》，康乐、简惠美译，广西师范大学出版社 2005 年版，第 28 页。
2 同上，第 26 页。

发法律分门别类地理性化发展，并且促进政治团体往组织化机构的方向发展”[1]。总而言之，就是经济理性化导致法律理性化。

此外，韦伯并未坚持经济决定论，相反他认为法律形式会强烈反作用于经济秩序。“法律毋宁更可发挥出下述功能——依社会学的说法即：强制机构的行动借着经验妥当的秩序而达成如此成果。亦即：在法律的强制作用下，一定的经济关系，诸如经济处分力的秩序、基于协议的经济期待的秩序等，方得以成立。”[2] 实际上，正是保障经济的目的导致法律总是被政治团体理性化地制造出来。

2. 习惯法的产生过程及其非理性化特征

除了常规的法律制定之外，韦伯重点解释了习惯法的形成问题。他说：“现今，通常是透过制定法，亦即认为的法律制定，程序是将某个团体的宪法（无论其为习惯的或为强制的）当作是为了法律制定的正当形式。很明显地，这绝非原始的情况。即使在经济和社会有了长足分化的状态下，这也不是通常的情况。”[3] 比如，英国的普通法表明制定法并非法律的唯一主要形式。

关于习惯法的起源可以采取心理学解释，即一种因社会成员的习惯而形成的共识，正是这些共识让人在有意无意之中越来越“期待”他人也做出符合预期的行为，而强制机构正是认识到这些共同期待，才愿意为其赋予强制特征，使之成为习惯法。也可以像历史法学家一样解释为“民族精神”，即存在一种超越个人的稳定的精神性约束。但韦伯认为这无法理解习惯法的发展问题，即习惯法应该都是固守传统，那么它很难会更新出新的内容。“而正是因为这些习

---

1 韦伯：《法律社会学》，康乐、简惠美译，广西师范大学出版社 2005 年版，第 26 页。
2 同上，第 31 页。
3 同上，第 142 页。

惯是具有‘拘束性的’，这样的集合似乎怎么也没办法从内部产生出新的东西。”[1] 所以，韦伯认为新型的社会行为及其社会化扩散过程才是法律得以创新的源泉。“具决定性的毋宁总是新的行为，由新的行为促成妥当法律的意义转换或导致新法的创造”。[2] 其具体逻辑主要表现为：首先是某些共同体行动中各利益相关者为了在新的外部条件中确保自己的利益，他必须改变自己的行为模式。其次，当这样的人增加之后，他们会变成利益共同体，一起参与谋求改变现有规则。换言之，个人“发明”的行为经由模仿和淘汰来加以扩散，逐渐形成一种被广为认知的规则。最后，当这些规则引起了强制机器的重视并赋予其强制力之后，此类规则就获得了法律属性或意义。正所谓：

> 法强制的可能性本身，当然会因为一定类型的共识和理性的协议之普遍散布的事实，而受到最强烈的影响。因为在正常的情况下，光是单一回合的现象通常不会得到强制机器所给予的保障。反之，广泛存在的惯行与共识并不会长期为强制机器所忽略，除非有绝对必须考虑到某些形式的理由或者有权威性权力的介入。[3]

但是原始纠纷解决规则具有明显的非理性特征。比如，这类规则的不稳定性，即它没有自成体系的成文规定，也可能因案件特征而得出不同结果，更可能随时会被修改废弃。其次，裁判结果很大程度上取决于法官本身，一千个人可能得出一千个存在明显差异之结果。更重要的是，法律与情感没法分离。“‘感情’毋宁是极为情绪性的，相当不宜于支撑安定自持的规范，反倒是非理性的法发现

1 韦伯：《法律社会学》，康乐、简惠美译，广西师范大学出版社 2005 年版，第 145 页。

2 同上，第 146 页。

3 同上，第 147 页。

的诸多来源之一。”[1]

3. 法律理性化的社会演进历程

韦伯还基于丰富的史料分析了法律理性化特征得以形成的社会进程，至少包含三个方面。

首先是卡里斯玛法制定的出现及其革命性意义。在传统法中，诸多规则被认为具有不证自明的效力，而靠个人的力量是难以改变的。但是，当社会上出现一种由某些具有卡里斯玛特质人所制定的指令性规则后，习惯法所依赖的固守逻辑就被打破了。即使在外部环境没有任何变化的情况，具有卡里斯玛特质者可以完全不经意地揭示新的规范。这种法制定的最重要启示在于，人们逐渐认识到法律是可以有意识地制定出来的。韦伯说道："对于传统的安定性，此种形式的法启示乃是原始的革命性因素，并且是一切的法律'订定'之母。"[2]

其次是法官独立地位的增加及"法曹法"的出现。实际上韦伯所说的理性形式，实际上就是独立的、成文的、条理化的、分类化的；而政治权力结构中，司法和行政越混同，法的非理性特征就越突出。但他注意到，在古罗马时期行政长官对司法裁判的直接干预就变得越来越少，法官在案件处理中获得了相对较大的自由裁量。正是这种社会变化，使法发现或法官结论逐渐获得了"结论性"地位，即有定纷止争之效。由此，韦伯认为法官应该是新法成立的第二个独立担纲者。

第三，法学教育的发展与法律名家阶层的形成。韦伯指出，"经验的法教育"和"理性的法教育"形成两种不同的法律思维，尤其是后者在近代获得快速发展，即由大学来训练法学人才。具有法律

---

1 韦伯：《法律社会学》，康乐、简惠美译，广西师范大学出版社 2005 年版，第 154 页。
2 同上，第 155 页。

思维的社会成员在某些外部条件促成下，产生了一个法学名家阶层，从而对法的理性化带来深远影响。“罗马法的承袭创造了法律名家的一个新阶层，亦即法学者，他们以法律文献教育为基础，从大学毕业并获得博士文凭。就社会学的观点来看，此一新阶层正是罗马法势力的根源。这对法的形式性质有着深远的影响。”[1]

简短的评论

与涂尔干相比，韦伯的法律社会学思想体系性较弱，这主要由于韦伯的著作大部分是后人整理而成，较少针对法律社会学的系统论述，因而我们似乎看到，韦伯的理解社会学并未在法律社会学领域有深刻运用。不过，韦伯相对“零散化”的法律社会学思想确实有其深远的方法论意义。比如，理想类型视域下的法律分类思想对后世法学家有直接影响，比如庞德“行动中的法律”与“书本中的法律”的法律分类及塞尔兹尼克的“法律三类型说”等都受韦伯影响。具体影响在本书第八章有详细论述。此外，价值中立及形式理性思想对现代法社会学实证研究及现代法治理论中的程序正义观也有启发意义。

1 韦伯：《法律社会学》，康乐、简惠美译，广西师范大学出版社 2005 年版，第 195 页。

第 3 章

埃利希：法的社会本质与“活法”

“任何一个独立的研究者都必须像任何一个原创性艺术家创造其技巧一样来创造自己的研究方法。使用别人的方法的人，就像使用别人的技巧的人一样，可能是一个伟大的徒弟，但也仅仅是一个徒弟而已，他将继续做他师傅的工作，却不会从头开始。”[1] ——埃利希

生平简介与学术旨趣

1862 年，欧根·埃利希（Eugen Ehrlich，1862—1922 年）出生于奥地利科维纳省省会切尔诺维茨的一个犹太人律师家庭。成年后，他到维也纳大学就读，1886 年在该大学获得法学博士学位，之后在维也纳大学和切尔诺维茨大学担任罗马法教授，兼任律师。特殊的

1 埃利希：《法社会学原理》，舒国滢译，中国大百科全书出版社 2009 年版，第 522 页。

社会经历使其始终对日常生活中的法律保持亲近接触。19 世纪中叶以后，资本主义开始从自由主义转向帝国主义，作为法学对社会的适应调整，法社会学也逐渐流行起来。埃利希作为该潮流的倡导者，以《法律的自由发现与自由法学》《法社会学原理》等著作享誉学界。尤其是《法社会学原理》被公认为现代法社会学的第一部系统作品，他也因此被称为“欧洲法社会学之父”。

由于强调对国家权力的限制，因而传统法治理论试图将法律塑造为一个独立于社会的系统，诺内特和塞尔兹尼克等将此类法治称为“自治型法”。埃利希当时敏锐地觉察到这样一种趋势：在实证主义法学流行后，世人对法律的认知常识是，将其当作具有强制力的命令，并试图通过形式逻辑而将法律剥离道德及社会环境。但长期教授罗马法的他，发现历史上存在“没有法律的良好秩序”，而现实生活诸多规则也难以称为“国法”，但其维持秩序的社会功能却没有因此而弱化。基于这些事实，埃氏极力主张“国法”并非法律的全貌，提倡应该坚持社会大于法律的立场，走出实证主义法学窠臼，建立一门新的法律社会学。这也是埃氏终生追求的学术旨趣。

何为法？国法 vs 活法

埃利希在《法社会学原理》一书中，开篇即表明自己对自然科学“科学性”的赞许。比如对机械工程师而言，他不仅要学希机械构造和技艺，也要学习物理学中关于机械的科学原理。相反，只有经验技艺的工程师对规律的认知将是低级的。埃氏引用上述例子，是为了说明当时的主流法学几乎成为了仅关注法条和法律技能的“实用法学”。在实用法学看来，法律就是由国家机构制定的形形色色的法条，因而其主要的研究工作就是解读或比较法条。由于法条之目的在于运用，因而法学就可能沦为了“训练法官应如何履行职责的实践指导”。[1] 相应地，法学院也成了法官和行政官员的技术训练机构。他惊省地指出，这种法学导向将会带来“片面的损害”。

为了纠正当时法学研究的偏潮，埃利希先从法律的概念分析开始，提出了“国法”和“活法”这一对经典的类型学概念。埃氏所谓的“国法”，主要是指国家制定的法律。但埃氏认为，国家制定法绝不是法律的全部，而仅是一个小的组成部分。他通过对古代法、采邑法及当代法等多样化法类型的分析后，提出法的本质是“团体的内部秩序”；而国家制定、国家强制性和可诉性皆不是法的本质特征。为了维持团体秩序，人们可能并不需要制定出成文法律，比如伦理规则、宗教规则、习俗规则、荣誉规则甚至是游戏规则等都可以实现同等功能。人类发展史中，“无国家强制秩序的社会”不胜枚举，比如原始时期、没有法律制约的波兰共和国联盟及黑手党等。正因如此，更重要的法律“活”在社会中，是“活法”。

这种对法的概念的修正有何好处呢？我们可以从埃氏对契约法的分析中试寻答案。首先，契约法具有“组织性质”。“家庭内部的家庭法，工厂、工场、商业公司、银行内部的服务、工资与雇佣契约在这里所做的事情与在法人社团那里通过章程所做的事情，以及在国家、公社和教会那里通过公法上的服务关系所做的事情相同，即：他们形成在这种经济团体中被聚集在一起的人群组织的内部秩序。”[2] 埃氏认为，我们不应该仅关注签订某个契约的两个当事人，而是要看到具有相似行为的一群人，他们折射出群体之间的上下的顺位及各自的职责。其次，契约的形式与内容都受到社会环境的制约。他举了一个简单的例子：在一个偏远的小山村中没有可出租的房子，因而人们不可能在那里承租房子，也就不会出现房租赁契约。

1 埃利希：《法社会学原理》，舒国滢译，中国大百科全书出版社 2009 年版，第 6 页。
2 同上，第 49 页。

最后，契约的出现是为了实现一定的社会任务——维持秩序。比如劳动契约把雇主和雇员组合成为一个阵营。正是各种契约存在，每个人才能像“一个小发条、一个小轮子或一颗螺丝”一样有序运转。[1]

可以看到，埃氏从重新认识法的概念入手，其目的是调整法学的研究对象和方法，从而服务于其法律社会学构想。

法律社会学的研究对象

埃利希认为，社会学家的研究对象是社会事实，相似地，法律社会学家（区别于法学家）必须重点关注法的事实本身及其所赖以生成的“社会之力”。比如在团体中决定个人地位和职责的惯习、继承的顺序等。在这里，法条也被当作是一个事实，但是也仅仅应该关注它们的事实性质。“也就是说，只是从法条的起源和其效果来考虑，而不涉及其实际的应用和解释。[2]”显然，埃氏所侧重的方法和传统的实用法学存在根本区别，即他关注影响着法律规范的社会条件或者法律实施的社会效果，这正是社会学家孜孜不倦地追求的理论目标。当确定了研究对象后，埃氏认为法律社会学家的重要任务就是去搜集产生法的事实的社会现象，并作出合理的解释。

埃氏批评了“实用法学”所使用的纯粹的法律史方法。这里其意是，传统的法律史仅仅关注法律文件本身，而忽视了法律条文的社会背景。但问题在于，即使法律文件也不能帮助我们得到一幅过去之法的完整图景。

---

1 埃利希：《法社会学原理》，舒国滢译，中国大百科全书出版社 2009 年版，第 54 页。
2 同上，第 524 页。

法律史最主要的使命还必然在于表明法条和法律制度是从整体的民族生活、从整个社会体制和经济体制中成长而来的。对法社会学而言，法律史之所以有价值，乃因为它成功地做到了这一点；使法律制度与其先决条件相分离的各种法条本身对法社会学并没有什么价值。如果说在法律生活现象中存在着一种社会学必须去揭示和呈现的规律性的话，那么这种规律性仅仅在于法律生活受社会体制和经济体制的制约；如果说有一种符合规律的法律发展的话，那么它只能在整个社会发展和经济发展的背景里去认识和描述。故此，法社会学不会是从法律的故纸堆、而是从社会史和经济史中获取它的资料。[1]

埃氏也批评了奥斯丁的法理学，认为这种形式主义忽视了“充满活力的创造物”，而仅关注逻辑的抽象。

活法及其探究方法

埃氏提出活法理论，其根本目的在于纠正以下错误的认知：法条就是全部的法，法条就是法学的唯一研究对象。所谓活法，就是支配生活本身的法，但它并不一定会被法条所表述出来，也与在法院和其他国家机关中所实施的法律存在差异。

在活法理论中，法律文件被认为是活法的组成部分，就是指通过对历史法律文件的社会学考察，法律社会学家可以揭示出隐藏在法律条文之后的社会生活秩序。比如，同样是一份法律文件，却可能因它所处的地域、基层、种族或信仰不同而呈现出巨大差异。埃氏甚至高兴地宣称：“如果法学家成果地揭示了这些差别的历史前

1 埃利希：《法社会学原理》，舒国滢译，中国大百科全书出版社 2009 年版，第 256 页。

提、经济前提会者社会前提，那么在这种情形下，多么美好的成果正在向法学家招手啊。”[1]

此外，对于法条之外的活法，埃氏认为最重要的探究方法就是睁开双眼去观察和用心感受，采取访谈法然后记录下活法秩序下的民众的自我表述。他甚至超前地主张应用实验方法来研究法律现象。这些都是典型的社会学研究方法，由此可以看到，埃氏是一个十足的法律社会学家。

简短的评论

1. 活法理论的启示

第一，借鉴法律研究的类型思维。埃氏将法律分为“国法”和“活法”两种基本类型，体现了一种对类型思维的应用。实际上，从韦伯提出“理想类型”之后，不少学者都将类型学作为理论建构的基本工具。但是作为法律社会学的早期先驱，埃利希的分类学说无疑对后续同类学者具有深远影响。比如庞德将法律分为“文本中的法”“行动中的法”，塞尔兹尼克将法治的形态分为“压制型法”“自治型法”“回应型法”等，都体现了一种类型思维的应用。

第二，拓宽法律研究的理论视角。活法论批判了对法律成文规则的过度关注，将法律研究的重点引向了更广阔的社会生活领域。其主张法学的研究对象不是法律文献和法律命题，而是法律所赖以存在的社会环境和经济条件等。在当时提出这样的观点不仅是超前的，其理论启示意义也颇为值得深思。即使在当下的中国，法学研究仍然是概念法学或法教义学占主流，而真正去观察生活并从经验

1 埃利希：《法社会学原理》，舒国滢译，中国大百科全书出版社 2009 年版，第 549 页。

资料中揭示法律规律者仍属于少数派。可喜的是，近年来国内社科法学越来越受重视，法律社会学前景可期。

第三，重视法治建设的本土资源。国家法在维持社会秩序中扮演着至关重要角色，但是活法理论启示我们，也不能忽视民间法或者说德治在国家治理中的意义。尤其是在民众的法治意识总体仍有较大提升空间的特殊背景下，过于强制色彩的法律或许不一定有利于维护法律秩序。这就需要重视法律对社会文化的尊重和吸纳。一方面需要在立法过程中加强社会调查，保证立法科学性；另一方面，还可以强化立法、司法的公众参与度，将民意作为法治建设的一个参考依据。

2. 活法理论的局限

第一，理论的科学性不足。埃氏的活法理论主要存在两方面的科学性缺失。一方面是活法的标准问题。埃氏强调活法的本质是团体秩序，然而是否一切有利于维护秩序的规则都是活法呢？如果不是，活法需要符合什么标准？这些是埃氏在其理论建构中未能充分阐述的问题。另一方面，理论的论证存在不足之处。埃氏批评了规则论法学对法律史的肤浅应用，并强调法律社会学的方法应该是观察、访谈和实验等。然而，通读《法社会学原理》一书，埃氏的论证素材基本来源于文献资料，而缺少对田野笔记和访谈资料的应用。当然，在那个时代这样的要求或许过高，但是对活法理论本身的效度而言，这显然是一个局限。

第二，混淆法律与法律秩序。活法理论强调法律的本质就是团队内部秩序，即把法律和秩序等同起来了。实际上，法律是实现秩序的手段，而秩序理应是法律的目的。如果说活法就是秩序，那么国家制定法也可以实现秩序。如此一来，两者的区分似乎不是那么明显了。按照埃氏的论述，恰恰是强制手段的不一致，导致了活法和国法存在差异。因此，未能明确区分法律和法律秩序不得不说是活法理论的遗憾之一。

第三，忽视国家法的意义。埃利希强调："法律发展的重心自古以来就不在国家活动，而在社会本身。"[1] 由于埃氏构建活法理论的一个重要目的在于批判当时盛行的规则论法学，因而较容易理解他何以否定过于强调国家制定法的局限性。但在分工细化和风险增加的现代社会，国家法无疑发挥着重要作用，甚至成为法治的核心。正如有学者所指出的，如果埃利希所设想的法律可离开国家独立发展，可不顾国家之立法、司法活动，甚至与其对立，那么法律之重心在社会本身显然错误。[2]

1 埃利希：《法社会学原理》，舒国滢译，中国大百科全书出版社2009年版，第300页。
2 沈宗灵：《现代西方法理学》，北京大学出版社2006年版，第214页。

第4章

布莱克：司法案件的社会学解读

“如果不进行法制改革，法律的普适将是一个遥不可及的梦想。”[1] ——布莱克

生平简介与学术旨趣

唐纳德·布莱克（Donald Black），1941年生于美国纽约州纽约市附近的弗农山，是东欧和犹太移民的后裔。他早年在印第安纳州州立大学学习社会学，1968年毕业于密执安大学法学院，获社会学博士学位。1970年起，在耶鲁大学执教，1979年之后，在哈佛大学任教。他在这两所大学担任社会学系和法学院联聘教授。1985年之

1 布莱克：《社会学视野中的司法》，郭星华等译，法律出版社2002年版，第63页。

后，受聘为弗吉尼亚大学社会科学大学教授。这些经历对他法律社会学思想的形成有重要影响。主要的代表作有《法律的社会组织》（1973 年）、《法律的运作行为》（1976 年）、《警察的行为方式和习惯》（1980 年）、《通往社会控制的一般理论》（1984 年）、《社会学视野中的司法》（1989 年）、《正义的纯粹社会学》（1998 年）等。本章主要解读《社会学视野中的司法》一书中所隐含的法律社会学思想。在这本篇幅不大的著作中，布莱克从社会学的视角，以大量的案例材料为依据，得出了诸多与众不同的法律观点，充分体现了如何应用社会学理论解读法律现象，是法律社会学的经典读物。

布莱克认为，法律是科学的一个学科，主张建立一种纯粹法律社会学，其核心是案件的几何排列，或者说案件的社会结构。任何法律都受到社会空间的结构影响，遵循关系距离和垂直方向原则。正是法律听命于科学的立场，映射出布氏是一个实证主义者。

案件社会学与法律新模式

布莱克将其法律社会学理论称为案件社会学、微观社会学。司法案件裁判作为一种法律现象，或者可考察其法律条文应用是否合法，或者可关注其推理过程是否一致等。但类似思考都是用“法律”解释“法律”，然而法之理可能在法外。布莱克正是尝试跳出法律来寻求其解释变量。他找到一个不错的切入点——社会结构。因此，所谓案件社会学，就是致力于用社会结构变量来解释案件中所体现出来的“法律量”问题。主要特点包括：第一，研究对象上仅关注案件及其处理过程。换言之，案件社会学重点考察对象是司法案件及其裁判行为的差异性，而非其他的法律事实。为此，布莱克还提出了微观法律社会学和宏观法律社会学的区别。案件社会学专注于研究司法案件的社会结构或社会变量，因而是一种微观社会学。但这并非法律社会学的全部，相反宏观法律社会学也独具意义。所谓宏观的法律社会学是“对法律原则及其制度是如何反映其所处的社会和文化的更为广泛的研究”[1]，它曾经是诸多经典研究的常用方法。第二，研究内容上关注案件的社会结构及其影响效应，这就意味着需要不少概念化和操作化工作，从而具有量化分析的鲜明特色。案件社会学核心观点认为，每一个案件都是社会地位和关系的复杂结构。案件的社会结构具有重大的作用，因为它对理解相似案件却不同处理是关键的。为此，布莱克提出了“法律量”、“案件的强度”、社会距离等概念界定及其测量方法，积极谋求一种纯粹的法律社会学。

布莱克提倡纯粹法律社会学是基于对传统法理学的批判性反思。他把古今法学分为“法理学模式”和“法律的社会学模式”，并详细对比了两种模式的差异（表1）。首先，布莱克认为传统法理学模式的核心关注点是法律条文如何适用的问题，而法律的社会学模式侧重案件裁判行为或案件结果的社会结构。其次，法理学模式所依赖的工具是逻辑推理，“法律条文+逻辑”，试图去建构一种普适的模型；而法律的社会学模式依据具体裁判行为中所表现出来的客观事实观察，事实不同则结果是可变化的。再次，法理学模式通常从法条适用的参与者角度出发去探究法律问题，具有明显的实用目的，但法律的社会学模式则以解释规律或提供解释为己任，它甚至与适用无关。正如他所说：“法社会学可以在性质上和方法上成为真正的科学，不涉及政策，不为应用方面的考虑所扰。法律可以作为一种自然现象来研究……可以为理论而理论，不及其余。成为一门纯粹的科学。”[2]

---

1 布莱克：《社会学视野中的司法》，郭星华等译，法律出版社2002年版，第2页。
2 同上，第2页。

表1　法律两种模式的差异

	法理学模式	法律的社会学模式
焦点	法律条文	社会结构
过程	逻辑	行为
范围	普适的	可变的
视角	参与者	观察者
目的	实践	科学
目标	做出决定	提供解释

资料来源：布莱克：《社会学视野中的司法》，郭星华等译，法律出版社 2002 年版，第 17 页。

社会结构对法律量的影响

1. 社会结构概念与操作化

社会结构是一个典型的社会学术语，通常是指一个国家、部落或地区占有一定资源、机会的社会成员的组成方式及其关系格局，包含人口结构、家庭结构、社会组织结构、城乡结构、区域结构、就业或分工结构、收入分配结构、消费结构、社会阶层结构等。而布莱克对社会结构有独特理解，可以从以下文字窥其大意。

> 每个案件还有其社会特征：谁控告谁？谁处理这一案件？还有谁与案件有关？每一案件至少包括对立的双方（原告或受害人，以及被告），并且可能还包括一方或双方的支持者（如律师和友好的证人）以及第三方（如法官或陪审团）。这些人的社会性质构成了案件的社会结构。[1]

1　布莱克：《社会学视野中的司法》，郭星华等译，法律出版社 2002 年版，第 5 页。

可以看到，案件所涉及的人的社会性质是布莱克社会结构概念的本质。这些人的性质具体包含什么呢？从书中论述来看，主要有几个方面：（1）相关者的社会地位。“长期以来社会地位就被普遍认为是法律生活差异的来源——常被称为差别待遇，尽管其他观察者对此持有异议。”[1] 不过，布氏强调要同时考虑原被告双方的社会地位，并对比其高低情况，才能更好理解案件的处理结果。比如，一个地位较高的白人对一个地位较低的黑人犯罪时，其处理结果可能轻判，反过来则可能重判。（2）各方当事人的关系距离。所谓关系距离，就是涉事者之间关系的亲疏远近，亲属朋友的关系距离近，而陌生人的关系距离则较远。布莱克甚至认为这是迄今为止对法律行为最有预测力之变量。（3）当事人的组织属性。组织结构也是一种社会结构体现，布氏认为，一般而言，组织对个人的诉讼中，组织更容易胜诉；而组织对组织案件中，优势组织比弱势组织胜算更大。（4）种族属性。种族歧视是布莱克关注的影响法律量的重要变量，这里社会结构被理解为种族属性。种族属性和社会地位有所差别，比如作为黑人原告可能比白人被告具有更高的社会地位，但种族属性可能导致其难以获得优势效果。此外，布氏还提出了对手之间的文化距离等概念，尽管书中并未详细阐述，但是为后续量化法律社会学研究提供了宝贵的理论启发。

2. 法律量概念与操作化

“法律量，是指施加于个人或群体的政府权威的数量。针对被告的每一项法律行动都是案件所引起的法律总量的一个增量。”[2] 可以看到，布莱克所说的法律量，可以简单理解为国家机构尤其

---

1 布莱克：《社会学视野中的司法》，郭星华等译，法律出版社 2002 年版，第 7 页。

2 同上，第 6 页。

是司法机关对诉讼当事人所施加的法律强制之多寡。法律量较常见的表现有是否起诉、罪或非罪、刑罚轻重、赔偿数额、法官行为选择、案件强度等。比如，逮捕比不逮捕的法律量更大，而重刑判决的法律量比轻判裁判更大。其中，布莱克对“案件的强度”做出了特殊界定，即专指原告胜诉的可能性。之所以称为案件的强度，主要是因为它意味着原告可能会获得更宽松的处理，即法律量降低了。

3. 社会结构与法律量的相关性

布莱克在书中的核心观点是：社会结构和案件的法律量具有直接的相关性。不过，可能由于研究方法的局限性，布莱克并未使用任何统计分析技术，而是主要运用案例分析的方法来阐述两者之间的关系，比如“对手效应”“律师效应”“第三方效应”“讲话方式”等。例如，所谓“对手效应”，是指原被告双方的社会地位对比所产生的案件处理结果差异效应。布莱克总结道，当双方的社会地位相似时，所有法律体系都一致地给出较为宽大的处理；“但当人们冒犯了比自己社会地位高或低的人时，将明显地表现出另一种模式”。[1]布莱克通过现实归纳出结论——那些侵害了社会地位高的人的被告将可能受到更严厉的处罚，反之亦相反。理解见图 2。

又比如“律师效应”。在律师效应中，布莱克试图揭示除了案件双方当事人，案件之外的支持者（律师、证人、感兴趣的旁观者或干预案件者等）的社会特征也对案件处理具有重要影响。其中，他重点解释了律师如何影响到案件的强度。首先，律师的社会地位有高有低，而地位高者将使当事人受益更大，原因在于该群体能够提高当事人的社会地位。正因如此，布莱克对律师的社会功能有明显

---

1 布莱克：《社会学视野中的司法》，郭星华等译，法律出版社 2002 年版，第 8 页。

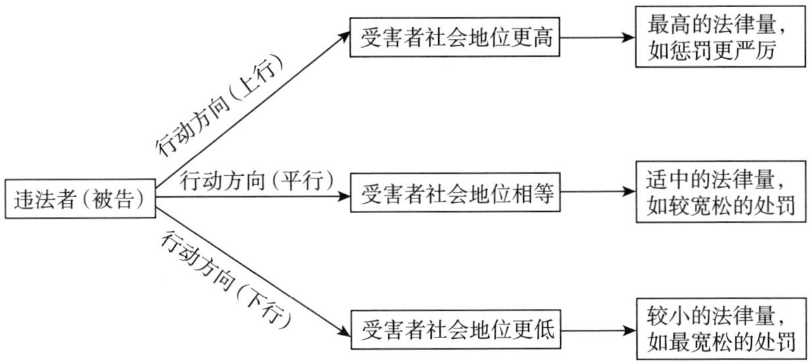

图 2　“对手效应”表现

的正倾向。他说：“尽管律师不能消除与社会地位优越者对抗的全部不利因素，但通过提高地位较低一方的社会地位，律师使得司法机构对案件的处理均质化和平等化。”[1] 其次，律师还可以改变案件的关系结构。一方面，尽管案件当事人并不认识，但是律师可能认识，且他们有共同的职业纽带，因而可能减小案件的关系距离；另一方面，律师的加入也可能会增加原被告的矛盾，增加其关系距离。无论如何，律师对法律量的影响是显而易见的，但其发生作用的条件是案件的社会结构。

法律的歧视性及社会条件

布莱克主张法律社会学的一个核心使命是解释案件处理的差异性是如何产生的，而差异化处理的本质是存在不平等对待或歧视。为此，布莱克提出了“歧视的量”概念，并通过探究其产生的社会根源而提出法律改革的思路和策略。在此可以看到，布莱克致力于从法律之外寻求其解释变量，是典型的法律社会学思维。

1　布莱克：《社会学视野中的司法》，郭星华等译，法律出版社 2002 年版，第 11 页。

所谓“歧视的量”是指相似案件处理差异化的程度及其增加或降低状况。相似案件的处理结果存在差异，但是在不同的社会中其差异大小有不同，亦随其所在社会、社区、案件和法庭的变化而变化。在量变思维指引下，布氏进一步从社会异质性、种族相关性等方面解释歧视的社会根源。

1. 社会异质性的正效应

“当案件的社会结构预示着该案件处理方式的时候，案件之间社会结构的差异的异质性程度将决定案件处理的法律差异程度……换句话说：法律差异是社会异质性的功能之一。”[1] 显然，这里的社会异质性主要是指案件相关者的社会结构的差异化程度。异质性高意味着差异程度大，反之亦然。布莱克对比了美国和欧洲的情况，发现同是谋杀案件，美国的处理差异程度较高，而欧洲却截然相反。布氏认为，重要原因之一在于美国社会谋杀案件中的“上行”特征仍较明显，而欧洲的社会均质化程度更高，因此发生跨阶层的谋杀已经较少。也就是说，社会异质性将能够增加案件处理过程中的歧视量。

2. 种族观念的相关性

众所周知，即使是当代美国，种族观念仍然盛行，白人警察因种族歧视而枪杀黑人民众的事件时有发生。布莱克在观察生活的基础上，敏锐地意识到，种族歧视是导致法律差异的重要方式。他仍然应用谋杀案例来论述其观点，即列举了白人和黑人之间的集中法律组合。“黑人杀死白人”将可能被处以极刑，因为白人总体上社会地位高于黑人；法律量其次者是“白人杀死白人”；再其次是“黑人

1 布莱克：《社会学视野中的司法》，郭星华等译，法律出版社 2002 年版，第 65 页。

杀死黑人”；而处罚最宽松者是“白人杀死黑人”。

3. 社会信息的调节效应

无论是社会结构还是种族歧视，其发生作用的前提是案件当事人的相关信息被裁判者或决策者所感知。因此，布莱克提出了“社会信息的调节效应”机制，即歧视量是否受到社会异质性和种族观念的影响，取决于当事人的信息是否以及多少会被案件处理者所感知。书中提出了一个非常经典的案例——“泊车罚单的法理学”。在泊车罚单中存在一个与法律差异背道而驰的奇怪现象，所有交警对形形色色的车一致地贴出相似的罚单，这里面歧视现象几乎不存在。原因何在？布莱克认为关键在于泊车者“极少出现在法律处理过程现场”的共同特征。正因如此，在交警处理案件时，被罚对象的社会结构是隐性的。基于类案观察，布氏提出“任何一种法律歧视，无论是种族的、经济的、文化的还是组织的都取决于法律环境中社会信息量的多少。”[1]

法律改良的理念与策略

从上文解读中可以看到，布莱克提出了两个预测案件处理差异的基本原理：一是社会结构与法律量（或歧视量）直接相关；二是社会结构对法律量的影响取决于社会信息量。基于两个原则启示，布莱克提出了自己对法律改良的思考。

第一，以法律合作社团来抵消个人地位差异引起的歧视效应。布莱克认为，组织相对个人来说，在诉讼对抗中具有绝对优势。但是当时美国法律却具有鲜明的个人特点，即个人缺乏组织支持。他

1 布莱克：《社会学视野中的司法》，郭星华等译，法律出版社 2002 年版，第 70 页。

从家族瓦解和家庭个体化来解释这种“法律个人主义”现象。“在美国这样的现代社会中，绝大多数遇到法律纠纷的人都是完全孤立的，没有归属的，如同部落中的私生子一样。”[1] 然而，个人在诉讼中无论是遇到社会阶层优势者还是组织团体，都将面临被歧视的风险。因此，布氏从传统社会的法律合作主义中提出建构法律合作社团用于专门处理冲突的设想，认为当每个人都有社团支撑时，社会结构对法律量的影响将大为减弱。

第二，强调增加法律的非社会特征化。所谓法律的非社会化特征，按布莱克在书中的阐述，主要是指案件当事人的身份地位、性别、种族等信息的隐匿化。布氏之所以强调法律的社会化特征，是因为他坚信社会异质性、种族相关性等社会结构因素对案件的公正处理具有决定性影响，而非法律规则本身。因此，当案件当事人的社会信息没有或较少被案件处理者感知时，歧视的量就会大幅度减少。他还提出，非社会特征化已成为各行各业的发展趋势，但在法律案件裁判中，这种特征却仍不明显。“法律处理过程中仍然充满了有关诉讼当事人与该法律事务有关的个人社会信息。[2] 某些案件，如导致重罪的审判，已经被证明是各种社会信息综合作用的结果。”基于上述原理，布莱克还讨论了电子司法在促进公正司法方面所扮演的积极角色。

第三，社会的非法律化。和埃利希的活法理论立场相似，布莱克也有弱化法律地位的观念，指出人类历史表明，许多无政府、无法律状态的社会，不仅存在而且运行良好，因而减少法律数量或增加非法律化纠纷处理是减少法律歧视的重要途径。为此，他阐述了对法律过分依赖的消极后果。首先是基蒂·基诺维斯综合征。即随

1 布莱克：《社会学视野中的司法》，郭星华等译，法律出版社 2002 年版，第 46 页。
2 同上，第 72 页。

着我们对司法部门或律师等法律力量的依赖，自己处理问题的能力退化了。他用发生在1964年的一起案件来说明此意。当时年轻的基诺维斯小姐被强奸后杀死，在过程中有38位邻居听到呼救声，甚至有很多人打开窗目睹了案件发生的全过程，但是无一人采取救援行动。事后邻居解释说，以为有人报警了，实际上警方接到报案已经太晚了，使得罪犯逃之夭夭。基诺维斯就是过分依赖法律的受害者。第二个后果是出现了导致犯罪和冲突的法律。对法律的过分依赖可能会增加不法行为发生的可能性。公民放弃他们维持社会秩序的责任而将其完全交给法律官员管理，这给很多不法行为创造了有利条件。比如由于以上这些原因，监督机制失效；追捕罪犯变得更加难，因为一般民众已经不参与协助追捕，同时惩罚的力度却降低了，因为法律的惩罚要比公众仁慈得多。综上，对法律的过分依赖会减少对犯罪的威慑力。当然，布莱克并未否定法律的作用，而是主张"法律的最小化"，积极寻求自我帮助、协商、第三方调节及忍让等替代性手段，历史证明这些手段亦可获得良好的社会秩序。不得不说，这些理念对当下我国的多元纠纷解决体系等司法治理方法具有重要启示意义。

简短的评论

从"纯粹的法律社会学"这个表述可以看到，布莱克是一个法律社会学的极端推崇者。在其理论中，我们看到诸多经典的社会学概念应用，如社会阶层、社会距离、社会网络等。这种理论建构路径利弊各半。好处主要表现在：一方面，较系统地实现了社会学和法学的有机结合，使得一些经典社会学理论能够及时引入法律现象的理解之中，极大地促进了法律社会学的理论发展；另一方面，对量化实证法律社会学研究具有直接的推动意义。正如上文所述，布莱克在书中大量运用量化思维，比如法律量、歧视量等。尤其是注重对法律概念的社会学概念化和操作化，可谓已经非常接近现代实证研究范式。

当然，“纯粹的法律社会学”也存在局限。首先，“纯粹”两字有排除传统法律理论的倾向，这就导致其理论的法学深度略有欠缺。布莱克在理论建构中，主要关注到社会学自变量，而对法律系统内的因素重视不够，比如制度绩效和程序正义等，而这些正是当代法学的重要理论维度。其次，布莱克的量化思维能力值得肯定，但其论证中却较少运用经验调查资料，而主要以历史资料和案例来佐证观点。这就使得其理论的外部效度受到极大限制。无论如何，布莱克的法律社会学理论对该领域后续研究都产生了深远影响。

第 5 章

卢曼：意义沟通系统与法律进化

生平简介与学术旨趣

尼克拉斯·卢曼（Niklas Luhmann，1927—1998 年）于 1927 年出生在德国吕讷堡的一个中产阶级家庭。1946—1949 年间，卢曼在弗莱堡大学学习法律，并接受了预备行政官员的相关培训。毕业之后，他在汉诺威担任了 10 年的行政律师。特殊的学习和工作经历为卢曼打下了良好的法学理论素养，同时极大地丰富了他的社会阅历。

尽管卢曼仕途十分平坦，但他却对学术研究情有独钟。1960 年 33 岁的卢曼前往美国哈佛大学，并在社会学大师帕森斯门下攻读行政学与社会学，开启了自己新的学术生涯。1962 年，卢曼学成归国，先后在施派尔行政大学和多特蒙德社会调查局担任研究员，开始以社会学家的身份在理论界活跃起来。1968 年，卢曼被新成立的比勒菲尔德大学聘请为社会学教授，并在那里一直工作到退休。1998 年 11 月 6 日，卢曼在比勒菲尔德去世，享年 70 岁。

在 1999 年欧洲报纸和杂志上发表的大量文章和讣告中，卢曼被公认为是20世纪最重要的社会理论家。作为一位高产的学者，卢曼出版了超过14000页的著述，可谓著作等身。根据卢曼的研究兴趣及领域，可以将其著作分为三类：一是基本理论著述，二是关于概念史的研究，三是针对社会现实和政治哲学问题的具体分析。[1] 其中，关于基本理论的核心著述主要是《社会诸系统：一般性理论之纲要》和《社会的社会》，前者可以作为卢曼对其整个研究的引论，后者是他对自己一生研究成果的总结，除此之外还有一些重要相关领域的理论著述，比如《社会的科学》《社会的经济》《社会的宗教》等；关于概念史的研究主要阐释了一些当代社会科学最常用的基本概念，如在《社会结构与语义学》中对法权、国家至上、道德、自我指涉、作为激情的爱等概念分别做了历史语义学的考察；关于社会现实和政治哲学问题的具体分析的主要著作有《风险社会学》《大众媒体的真实性》《生态学的联系》等，这些研究具有较高的现实性和政治性，在卢曼的著作中具有特殊地位。

相对于他的社会学理论而言，卢曼法律社会学思想的知名度要略逊色。而《法社会学》作为卢曼的代表作之一，是卢曼对其法律社会理论研究的系统总结。书中卢曼在批评传统法律社会学经验研究路径的基础上，从社会系统理论的视角，深刻分析了法律与社会的复杂性、偶在性与人的期望之间的关系，为现代社会法律系统的发展提供理论借鉴意义。

何为社会？意义与沟通的关键性

什么是社会？在卢曼看来，社会是“由意义沟通（只有沟通且是所有的沟通）构成的社会系统”，通过持续不断的主体间的意义沟

1 丁东红：《卢曼和他的“社会系统理论”》，载《世界哲学》2005年第5期。

通，社会自己建构了存在其中的物理问题、生物问题和心理问题。[1]可见，“意义”与“沟通”在卢曼的社会学研究占有重要地位。

1. 意义的内涵与分类

“意义”概念作为卢曼社会学的基本范畴，主要受到胡塞尔现象学中的“经验的视域结构”的理论启发。但胡塞尔对意义的理解更多从预设的超验主体的角度出发，从主观意图来定义意义。卢曼采取新的理论策略，用以问题为导向的功能分析工具替代了主体概念，从而突破了超验主体的内在困境。卢曼关于意义的功能分析理论认为，意义是一种既可以指向心理系统又可以指向社会系统的意义综合体。从有意义的体验和行动领域出发，作为心理学研究对象的人格和作为社会学研究对象的社会系统会形成不同的结构化的意义脉络，因此人格和社会系统可以区分为不同的意义体验结构，从而较好区分了心理学和社会学。他认为，在功能分析的意义框架下，存在一个前心理学和前社会学的研究领域，可以把心理学和社会学统一起来。

人类生活在一个意义建构的世界中，人类世界的情境是被有意义地构造的。借助胡塞尔关于现象学的理论，卢曼直面世界的复杂性和偶在性问题。与传统的将世界认为是一个有待于去发现的给定实体的观点不同，卢曼将世界理解成一个充满体验和期望的广泛可能性与复杂性的、有待于化简的综合整体。这意味着，理解卢曼所谓的“意义”需要把握几个相关概念：复杂性、偶在性和期望。“复杂性”的含义是指，“与已经获得了现实化的可能性相比，总是还有其他更多的可能性存在”。[2] 换言之，在复杂性问题中，可能性总是比可实现性要多。比如说，甲和乙约定了碰面，何时何地的可能性

1 宾凯：《法律如何可能：通过“二阶观察”的系统建构——进入卢曼法律社会学的核心》，载《北大法律评论》2006 年第 1 期。

2 尼克拉斯·卢曼：《法社会学》，宾凯、赵春燕译，上海人民出版社 2013 年版，第71 页。

有很多，但最终的现实选择是确定且有限的。从实践层面来看，复杂性通常面临被迫选择。卢曼还区分了三类复杂性：第一类是所有可能性都是随机且均质的、非结构化的复杂性；第二类是可能性数量相对有限、复杂性有限的、结构化小型系统；第三类是可能性数量巨大、高度复杂的结构化巨系统。

复杂性导向的选择将会带来偶在性。“偶在性”是指，“在即将到来的下一步体验中，被指向的可能性总是有可能与期望中的可能性不一致”。[1] 换言之，针对实际体验展开的活动步骤会有可能与期望的结果不一致，对行动者来说，某些事件和关系可能发生也可能不发生。比如，甲和乙约好了在某地碰面，但甲出发的时候乙可能已经走了。从实践层面来看，偶在性会面临失望的风险以及冒险的必然性。“期望”则是“一种定位于未来的体验流中的意向性，这种体验流寻求不断变动的内容并在其变动中体验现实。”[2] 随着期望具有更多的复杂性和交互性，偶在性中出错的风险更大。

卢曼还进一步区分了意义的三个维度：时间维度、社会维度和事实维度。为应对可能面临的失望风险，社会系统在意义的不同维度上发展出多样化的期望机制以实现期望的稳定化。

首先，在意义的时间性维度上，期望的稳定化通过行为期望免于失望的结构分化来实现，即认知期望和规范期望。认知期望是指，在遭遇失望的情境下进行学习和适应现实的体验，以“我正在等候一位新秘书”的情境为例——在未见到真人之前，我期望她年轻漂亮、有金黄色的头发，假如她实际的信息与期望不一致，在这种失望情境下我会对期望进行适应，比如我不再认为她的头发原本就是金黄色而是询问她是否染了头发。另外，规范期望是指遭遇了失望

1 尼克拉斯·卢曼：《法社会学》，宾凯、赵春燕译，上海人民出版社 2013 年版，第 71 页。
2 同上，第 118 页。

但仍然继续坚持原有期望的体验。上例中我对新秘书未来需要完成的份内之事抱有期望，如果她令我感到失望，我并不会认为自己的这种期望是错误的，而是将失望归咎于新秘书自身的行动。简单来说，认知期望是改变原先的期望，规范期望是坚持原先的期望，两者都是在特定的情境下帮助人们处理失望的选择。

其次，在上述时间维度的分析中，行动者要么遵照期望行动要么违反期望行动，此为简单的二元模型。但在意义的社会性维度上，期望者和行动者的关系变得复杂，规范期望不能暴露在失望的任意破坏之下，社会对结构性、持续性生产期望的容忍是有限度的，规范期望需要被大体上掌控，这就需要在“行为期望制度化”机制下假定“第三方的期望的期望”。因为不能和他人直接分享意识，所以只能凭借各种期望共同附着的共同世界的中介，期望的期望才变得可能。卢曼认为，“作为第三方的个人，最初并不是单纯被创造出来位于观察位置的角色，而是他同时从事其他事项，是一个有可能加入共同体验、共同决策、共同谴责和共同行动之中的人。”[1] 这里存在的问题是，应该如何唤起第三方的兴趣以让他成为实际上的共同体验和意见沟通的观察者？因为第三方有自己的事情要做，这就需要激励、引诱、指引他们扮演观察者的角色，在必要的时候还需要请求他们做出判断。因而需要触发机制，比如寻求法院帮助，让全职身份作为无利害关系第三方的法官作判决。

最后，在意义的事实性维度上，期望的稳定化通过“期望脉络的同一化”来实现。意义的同一化脉络处于抽象的高级水平上，“是根据诸多需要而获得现实化和细节化的期望的复合体”，比如一个桌子、一栋房子或是一个熟人、一段旋律等[2]。卢曼认为，意义提供了期望的脉络，它调整着一个期望到下一个期望之间的转换，以及调

1 尼克拉斯·卢曼：《法社会学》，宾凯、赵春燕译，上海人民出版社 2013 年版，第 102 页。
2 同上，第 118 页。

整体验和失望如何融入期望脉络，还有新的期望代替旧的期望的可能性问题在遭遇失望时，它还会调整期望脉络受到贬低的程度，以及因此而进行学习的可能性的类型和时间。下文还将运用意义的三维度理论分析法律的功能。

2. 沟通的内涵与功能

前面已经提到，社会是由沟通构成的，故沟通在卢曼的社会理论中也是不可或缺的存在。卢曼认为，沟通是与互动相区分的一个概念：互动是人与人之间的信息交换，而沟通是信息、传达和理解的综合。与帕森斯以行动为社会系统的基本单位的观点不同，在卢曼看来，沟通才是社会系统的基本单位，每一个沟通都是一个事件，沟通具有事件的方生方死、倏忽而逝的特征，如果前后的沟通无法衔接成功，那么社会系统就会死亡。

通过口头或非口头的沟通方式，信息可以被有效传递。卢曼认为，现代社会的功能分化正是为了在复杂社会条件下提高社会系统各个沟通之间的可连接性。同样，法律系统的生存任务就是保持法律沟通不间断的连接，其中法院作为法律系统的中心枢纽起到至关重要的作用。“法院以合法/非法这个符码不断在各种内含了合法/非法评价但相互之间又充满了竞争性的社会规范之间作出二阶观察式的选择，就是要在既有前提的选择前提（比如法条、先例等）下维持前后法律沟通之间的连续性。即便在法律出现漏洞的时候，法官也必须找到既有法条或案例与诉争案件之间的衔接可能性。”[1]

1 尼克拉斯·卢曼：《法社会学》，宾凯、赵春燕译，上海人民出版社 2013 年版，第 13 页。

法律的概念与功能实现

什么是法律？所有的规范和制度都具有法律性质吗？卢曼认为答案是否定的。前面提到，人们可以通过意义的时间维度、社会维度和事实维度来避免失望，但是，在三个维度上的避免失望的处理之间存在互相干扰性。由此，三个维度的期望结构的兼容性“建构了一个更为狭窄的行为期望选择，这些行为期望在时间性、社会性和事实性维度上被一般化，并因而享有突出的声誉和安定性”。[1]

卢曼认为，法律是“社会的法律”，因此它也可以从这三个维度来考察。法律可以借此被给予更具体的功能性和选择性定义，即法律是“一个社会系统的结构，这个结构依赖于规范行为期望的一致性一般化”。

那么法律是如何实现期望在三个维度的一般化？卢曼发现，尽管上述三个维度的一般化方式不尽相同，但是它们都存在解决问题的多种功能上的等价物。比如说在失望的预防方面，时间维度上可以通过漠视、容忍、抱怨或制裁，社会维度上可以通过旁观者或程序，事实维度上则可以通过价值、程式、角色或人格。卢曼通过多重维度一般化的分析，从中寻求可以兼容的要素，并通过下列表格简化他的思想（表2）。其中，纵列表示的是某个维度上的一般化可能性，横列表示的是与其他维度的一般化可能性进行选择性兼容的相关内容。

---

1 尼克拉斯·卢曼：《法社会学》，宾凯、赵春燕译，上海人民出版社2013年版，第134页。

表2 法律的功能与选择的兼容性

		一般化的诸可能性		
		时间性	社会性	事实性
选择上的兼容性	时间性		旁观者 程序	价值 程式 角色 人格
	社会性	漠视 容忍 抱怨 制裁		价值 程式 角色 人格
	事实性	漠视 容忍 抱怨 制裁	旁观者 程序	

由上表可以看到：（1）在时间性维度上，规范期望的一些策略会在发展中不再适应制度化而淘汰，只有制裁能使规范期望的合法性得到证明，让假定的第三方共识得到有说服力的展示。因此，在时间维度而言，法律的一致性一般化的取向意味着运用制裁来克服失望的偏好。（2）在社会性维度上，我们也无法将所有的制度化可能性都纳入法律的形式中，只有通过特殊程序、制定具有集体约束力的表达才能满足免于失望的需要。（3）在事实性维度上，价值、程式、角色、人格也在期望的脉络中不断分化，因为人格容易被构想为纯粹个人期望的综合，提炼的价值很容易被制度化，因而法律主要建立在角色和程式的层次上。又因为角色过于丰富具体、难以成为可制裁的期望程序的对象，法律从而被化简为一个决定程式结构。

通过上述分析，在化简的“制裁—程序—程式”的结构中，法律把制裁设定为保障机制，把制度化的程序作为期望的整合途径，把程式作为一般化期望的表达方式。通过这些处理，规范性行为期望在三个维度上得以实现一般化，法律的功能由此得以实现。

发展的法律社会学

卢曼指出，法学、社会学、法律社会学并不是同时发展的。早在公元前3世纪末的罗马共和时代，法学这一用语的拉丁文“Jurisprudentia”就出现了。社会学的思想源远流长，但其作为一门学科诞生于19世纪中叶的资本主义阶段；而在社会学出现之后，人们才有可能谈论法律社会学。

卢曼认为，和法学及社会学相比，法律社会学作为一门学科领域似乎不太被社会学家所关注。在当时的大学中，法律社会学很少被设为一门课程，而就算开设了相关课程，也更多是由法学家而不是让社会学家担任老师。但就像他所说的，“人类所有集体生活都直接或间接地为法律所塑造，正如知识一样，法律是存在于社会条件中的基础性的、全方位渗透的事实”。[1] 法律对我们社会生活的指引不可或缺，因而对法律社会学的经验研究具有现实的必要性。

他认为，经典法律社会学的源头可以追溯到马克思、韦伯、涂尔干三位古典大师的理论中，并对三者的法律思想做了评论。比如马克思认为，法律问题是在资本主义制度批判这一主线下的派生论题，社会发展的动力是生产力和生产关系的矛盾运动，在各种把机会不平等地分配给个人所造成的矛盾冲突中，法律起到保护财产权的作用。卢曼认为，马克思观点的局限性在于无法解释“为什么经济过程中的主导性功能可以被家庭所延续，并且必定与追逐跑车、美女、别墅和游艇有关”。[2] 其次，韦伯的法律社会学在于探索法律

1 尼克拉斯·卢曼：《法社会学》，宾凯、赵春燕译，上海人民出版社2013年版，第39页。
2 同上，第53页。

为资本主义秩序平稳运行所提供的保障条件，即法律促进了资本主义市场经济的安全性，为民主政治的发展提供了正当性。韦伯思想的局限性在于缺乏一个能取代个人行动理性的社会理性概念。也就是说，韦伯相对忽视了社会系统或社会结构问题。最后，涂尔干首先关注了系统分化类型，然后才看到法律的形成。涂氏认为法律的作用在于为社会的转变提供测量道德变化的观察指针，当人类社会由机械团结过渡到有机团结时，约束人们欲望的机制从惩罚为主的“压制型法”向以补偿为主的“恢复型法”转变。不过卢曼认为，涂尔干通过社会规范的客观实在性主题来反对功利主义，忽视了规范与利益之间的一般联系。换言之，涂尔干仅看到客观的社会结构，而忽视了社会主体的意义性。

卢曼进一步指出，虽然古典社会学大师们的理论兴趣各异，但他们都有一个深刻的进化论问题视角——都运用进化论的观点看待法律与现代性的关系问题。各种经典法律社会学都有特殊的贡献，但从中可以发现区分经典法（指经典社会学家的法律思想）与自然法的三个共同假设：“（1）作为规范结构的法律与作为实施生活和关联行动的社会并不等同，法律不是社会；（2）法律和社会被构想为两个独立变量，同时，它们便懂得情境被解释为处于进化之中——在19世纪，这主要被理解为有规律的文明进程；（3）在这些前提下，在法律和社会之间建立可被经验验证的关系假设成为可能，通过观察变化的情境，这些假设可以得到证明。”[1]

通过总结以往的法律社会学经验研究，卢曼发现主要有以下三种路径：法律人、小群体行为及法律舆论。第一，研究法律人的路径基于法律职业及其担任的角色，卢曼认为，这种角色理论同样可以被用到医生、企业家、军人等职业身上，因此这种经验研究说起

1　尼克拉斯·卢曼：《法社会学》，宾凯、赵春燕译，上海人民出版社2013年版，第52页。

来和法律社会学没有必然的关联。第二，研究承担法律裁判工作的司法主体的小群体行为，卢曼认为这种路径是对第一种路径的精细化，没有实质性的创新之处。第三，研究法律舆论的路径基于现代传播理论，比如试图澄清公众对法律流行的态度。随后他强调，传统的法律社会学经验研究存在局限性，即三种研究路径都无法处理高度复杂性下的法律系统问题。经验研究中的问卷和访谈之类的研究方法把法律排除在高度复杂的结构化系统之外，而把研究局限在简单的以发现因果关系为主旨的实证研究，但是对于法律实证化方面却没有涉及。所谓法律实证化，是指在现代功能分化的复杂社会中，法律有自己改变自己的自我选择能力，也就是法律的自我指涉和二阶观察问题。这部分内容将在后文重点讨论。

随着社会复杂性的增加，人格、角色、程式和价值这些一般化的不同层次都得到强化，进而逐步走向分化。因此，卢曼认为法律社会学必须回答以下问题：在这种分化趋势下，法律必须完成哪些功能？在作为社会分化之结果的法律中，产生了哪些问题？关于法律的功能前面已经分析，下面将讨论社会与法律的进化过程及相关问题。

社会系统论和法律进化论

走向现代社会的过程中，社会变得越来越复杂。卢曼认为，“法律结构随着社会复杂性的进化而变迁”，现代系统论可以为法律理论与社会进化理论的结合提供重要方向。[1]

---

1 尼克拉斯·卢曼：《法社会学》，宾凯、赵春燕译，上海人民出版社 2013 年版，第 185 页。

1. 社会系统论

结构耦合：系统与环境的共时关系

卢曼把社会理解为一个系统，并认为在高度复杂和偶在的环境中，社会系统可以维持各种行动意义的一致性。其中，包括法律问题在内的结构问题是系统与环境关系的枢纽，也是复杂性和选择性可实现程度的关键所在。

环境可以通过两种方式影响系统的运作。在早期社会学研究中，卢曼认为环境可以刺激系统，为了维持运作，系统必须观察、识别环境的刺激，并及时调整自身。后来，卢曼引入“结构耦合”概念解释系统与环境二者之间的关系。结构耦合是指，环境的变化是系统运作的前提，但环境本身对系统的再生产无直接的因果关系。通过这种结构耦合，系统在将自身的要素导入环境的同时，还可以把环境的要素导入自身。比如说，地球引力是行走的前提，但是地球引力并不直接导致行走，因而我们可以认为地球引力和行走之间存在的是结构耦合关系。[1] 结构耦合随系统与环境的变化而做出反应，体现的是一种同时发生的共时关系而非前后发生的因果关系。

系统论与进化论的联系

依赖于上述分析的系统理论，进化理论可以解释“为什么那些从过去的视角看来几乎不可能的结构性变迁可以作为进化成就而获得稳定”，比如“为什么克服恐惧的集体性巫术形式，可以被一种更为抽象地构想的、个人化的、充满宗教意蕴的责任所替代；或者为什么村庄里邻居互助和感恩的旧形式——作

---

1 田绘：《结构功能主义、法律进化论和法律的自动生成理论——卢曼的法社会学思想评述》，载《广西政法管理干部学院学报》2001 年第 2 期。

为长期交换需求的一种工具——可以被由法律确保的财务信用所替代”。[1] 卢曼的系统论认为，社会系统的复杂性及其与环境的关系指向了进化中的调节。通过物理分化，世界更加复杂，环境出现了更多问题。而与此同时，社会系统创造了更高的问题解决能力以及更多的选择替代性，社会生活因此获得了更多的或是机遇或是危机的可能性。比如，“游牧民族驯化了马，并因此获得了机动能力和军事霸权，这又导致了其他民族构筑防御工事和接受政治组织；农耕民族学会了管理剩余产品和储存物资，这又成为山地民族进行劫掠的有利可图的目标”。[2]

社会的进化论

基于社会被结构化为诸多子系统的不同原则，卢曼区分了三种社会分化形式：块状分化、分层分化和功能分化。

第一，块状分化是指社会由各种等同的，或者至少是相似的子系统构成。初民社会中，在人口、资源和秩序等压力下，一个大的部落会分化为结构相似的几个小部落，这些小部落居住分散在更大的领地上，让生存得以维系。

第二，当块状分化无力应对环境复杂性的压力时，分层分化逐渐占据主导地位。分层分化是指社会系统依据不同高低等级来划分子系统。在传统社会，按照上下分层的分化方式，社会被划分为等级有序的各个阶层，比如贵族和平民。

第三，到了现代，社会分化主导方式又发生改变——不再是横向同质的块状分化，也不是纵向异质的分层分化，而是变成横向异质的功能分化。功能分化是指社会的子系统已经形成了特殊的、不相同的功能，比如政治功能、经济功能和教育功能等，这些功能各

---

1 尼克拉斯·卢曼：《法社会学》，宾凯、赵春燕译，上海人民出版社2013年版，第185页。
2 同上，第186页。

自发挥不可替代的作用。

卢曼认为，不同的社会分化形式是可以共存的，就像在最简单的社会中的角色也是根据年龄和性别进行功能分化、在更复杂的工业社会中也存在着各种家庭、政党和医院等块状分化。就社会系统而言，变迁与社会分化的形式相关。随着社会的复杂性增加，现代社会的社会系统实现了从块状结构向功能结构的再结构化转变，这种重构增加了经验和行动可能性的过度生产，因此也增加了选择的机会和强迫性。比如说“爱的需求程度不能与职业相兼容；科学产生了难以在经济上或者政治上获得赞同的真理以及实现这些真理的技术可能性；家庭必须对经济波动的可能性进行保险，等等”[1]。

2. 法律的进化论

随着社会复杂性的增长和功能分化，特殊的专门性法律互动系统被分化出来，法律领域也得到一定的发展。对应上述分析的主要社会分化形式，卢曼认为法律的演化经过了以下三种形态：古代法、前现代高级文明的法律和实证法。社会与法律的进化联系见表3。

表3　社会与法律的进化联系

进化/时期	古　代	前现代	现　代
社会的进化	块状分化	分层分化	功能分化
法律的进化	古代法	前现代高级文明的法律	实证法

古代法和前现代高级文明的法律只能适应简单的社会形态，随着社会变得越来越复杂，法律的实证化应运而生。这是一个通过系统形成和创建自身前提条件的可能的过程。

对复杂系统的进化来说，有三种机制对系统的维持起作用：“一是在可能性过剩的意义上，创造变化的机制；二是选择有用可能性

1　尼克拉斯·卢曼：《法社会学》，宾凯、赵春燕译，上海人民出版社2013年版，第161页。

的机制，以及去除无用可能性的机制；三是在高度复杂社会中，对被选择可能性进行维持和稳定的机制”。[1] 卢曼认为，上述三种机制与塑造法律的三种维度相关，分别是功能分化、程序和意义抽象。首先，功能分化使其子系统具备了多种解决问题的能力，创造了丰富的多样性、替代可能性和规范的过度生产；其次，程序使选择性制度化，不同的规范性要求在程序之中被决定；最后，抽象意义让规范在一种指导性的解释脉络中获得稳定，从而让规范得以传承。

通过对以上概念和假设的描述，可以更好地理解不同法律发展阶段形态的差异：第一，在古代法阶段，社会的复杂性、功能性的角色分化程度较低，社会功能主要是基于亲属原则，家庭或部落的标准会不断地凭借血缘模式获得解释和修订，古代法中只存在一些以报复和互惠为特征而发挥作用的思想；第二，在前现代高度文明的法律阶段，社会功能尚未完全分化，但是在一些政治、经济和宗教的相关领域，已经存在了诸如教堂、集市等特定的功能中心，这些功能中心通过自身的特殊作用使其存在获得正当化，法律变得专门化和抽象化；第三，在现代社会的实证法阶段，社会功能完全分化，社会需要自觉地发展法律，法律的选择性得到增强，法律实证性在发展中把立法权赋予了既有的法律结构，社会系统的功能分化和法律实证性实现了汇合。

可以看到，卢曼认为现代社会的法律具有实证法特点。接下来我们一起来看看其实证法思想。

卢曼的实证法思想

前面提到，卢曼认为社会学古典大师们对法律社会学的贡献局

1 尼克拉斯·卢曼：《法社会学》，宾凯、赵春燕译，上海人民出版社 2013 年版，第 189 页。

限是：他们都未涉及法律的实证化。法律的实证化是指在现代功能分化的复杂社会中，法律有自己改变自己的自我选择能力，亦即法律的自我指涉和二阶观察问题。

1. 自我指涉、二阶观察与区分

20 世纪 80 年代，受马图拉纳和瓦瑞拉的自创生理论、福斯特的二阶观察理论及布朗的区分理论的影响，卢曼把“观察者”嵌入他的社会理论内部、升华到其理论中的核心高度。卢曼认为，二阶观察下的社会学所实现的是自我指涉的社会观察操作。他认为，社会现象与观察者之间的自我指涉关系在西方知识传统中是一个盲点。

“指涉”是运用一组差异对事物加以区分和标识，“自我指涉”则是指通过某组差异来标识其中一边并在区分中指认自我。在卢曼看来，每一个社会系统都要观察并作出自己的区分，只有通过区分，子系统才能塑造自己。就法律系统而言，通过使用“合法”和“不合法”这一组区分观察，法律系统才形成自己独特的建构和运作真实世界的方式。比如，一个杯子掉在了地上，普通人看到的是一个器具的破碎，而法律人看到的是杯子所有权的终结。

所谓“二阶观察”，是指观察者在认识社会问题的时候，不能仅仅站在某一个系统的立场来观察，而应该观察系统是怎么观察的。二阶观察是对一阶观察的再次观察。比如说，法律系统可以对自己的观察进行观察，例如在一阶回避/不回避的观察之上，法律系统可以反思：为什么在规定诉讼程序中法律要实行法官的回避制度？由此或许可以发现回避是为了保障裁判者的中立地位，从而维护诉讼的公平公正。可见，一阶观察使用的区分在二阶观察中会进一步得以确定和明晰。

2. 自创生理论

卢曼认为，现代社会是由大量功能分化的子系统构成的，而这些社会系统皆为自我指涉之系统。“这些系统可以自我生产需要的和运用的各种统一体——既包含系统自身的统一，也有它包含的那些要素，比如行动的统一。”[1] 根据马图拉纳的观点，这样的系统可以被称为“自创生系统”。自创生系统的特征就是，可以通过自身要素的操作而达到自我生产，同时限定这些要素可操作的统一体。

在卢曼看来，法律系统是一个在规范上封闭而在认知上开放的系统。法律系统是规范上封闭的，它通过自身的要素赋予法律特性从而将作为法律上相关的统一体自我生产出来，比如“出生”“死亡”“事故”等不同的要素形式出现在无机层次或有机层次的语境中。同时，法律系统在认知上是开放的，因为法律系统始终会面对环境，与其规范上封闭的自我生产相联系，比如“出生是一种权利，如果发达的医疗技术可以随意决定某人出生的时间，但我们仍然可以在认知上判断：出生和权利能力之间的这种规范联系是否还需要被保留”。[2] 正是这种“认知开放”使得法律与社会环境相关联，使得卢曼的法律思想可以成为“法律社会学”，而非强调法律系统自闭性的实证主义法学。

3. 法律的实证化

为适应现代社会日益增加的复杂性，法的功能发生分化，日益实证化。卢曼认为，实证法有以下特征：它排斥其他的可能性但不会把它们从视域中排除出去，还会把有关法律有效性的可能保留下

1 尼克拉斯·卢曼：《法社会学》，宾凯、赵春燕译，上海人民出版社 2013 年版，第 424 页。
2 同上，第 426 页。

来，并在以后运用于法律的适当变更中；它在决定上是任意的，但并非可以被任意决定。因此，法律的实证性含义关键在于："法律不仅是被决定生产的，即被决定的，也因为决定而有效，即是偶在的和可变化的。"[1] 通过实证性导向的法律重构，法律的偶在性和复杂性能够大大增强，从而与功能分化的复杂社会的法律要求相协调。

卢曼指出，传统的法律实证主义只是把法典看作是有效性的基础，而经典法律社会学理论也回避了对实证法的认识。他认为，法律的有效性是源于自身选择性的发展，而这种发展是与环境变化及社会系统分化相适应的。他还指出，人们需要在法律生活中学会以法律的态度来对待法律，只有这样，对于实证法相关的经验知识和认识成果才会有一定的发展。

简短的评论

中国正处于从传统到现代的转型时期，政治、经济、法律等领域的功能分化正在逐步加强。因而运用卢曼的法律社会学理论来分析当代中国社会与法律的关系具有很强的启发意义。

卢曼以意义为基本范畴的法律社会学理论，改变了我们观察社会事实的角度——与以往的本体实在论的意义观察角度不同，卢曼将社会事实放在特殊的时间结构和演化逻辑中观察。我们可以借助"系统—环境"观察方法，更好地理解现代社会法治的特性和趋势，从而更好地发挥法治的作用。此外，从更全面的视角观察当代中国转型社会中法律与社会的关联，可以为社会的有序发展提出更有针对性的理论与实践指导。

卢曼认为，一般的法社会学主要侧重研究政治、道德和法律三

1 尼克拉斯·卢曼：《法社会学》，宾凯、赵春燕译，上海人民出版社2013年版，第264页。

者之间的关系，或者侧重探讨法官个性、当事人的社会地位等方面对法律运作的影响，缺陷在于没有把法律与其他要素的关联性考虑在内。而卢曼在关注法律与社会的关系的同时，看到了不同系统之间的运作差异以及彼此的连接支持。通过封闭而开放的法律系统理论，卢曼有效整合了以实践为导向的法社会学和以认知为导向的法律社会理论。在日趋复杂的现代社会中，卢曼的法社会学思想为法学与社会科学之间的跨学科研究提供了理论框架。

但卢曼的法社会学思想局限在于，他认为只有足够复杂的理论才能很好的解释高度复杂现代社会，因而其理论复杂而抽象，晦涩难懂，令人望而生畏。其理论亦存在诸多含糊不清之处。比如，法律既然是是一个自闭的系统又如何能实现对社会环境和知识的开放呢？其保障机制是什么？细心读者可以发现，卢曼努力成为一名观察者而不是一名行动者，尽管他通过“二阶观察”等手段试图深入观察社会，但却没有为如何创造美好社会指明路径。

第 6 章

哈贝马斯：交往理性与商谈法律

生平简介与学术旨趣

尤尔根·哈贝马斯（Jürgen Habermas）生于 1929 年，曾先后在哥廷根大学、苏黎士大学、波恩大学学习哲学、心理学、历史学、经济学等，并获得哲学博士学位。历任海德堡大学教授、法兰克福大学教授、法兰克福大学社会研究所所长以及德国马普协会生活世界研究所所长，至 1994 年退休。作为西方马克思主义重要流派法兰克福学派第二代的代表人物，他著述丰富，主要代表作包括《公共领域的结构转型》《认识与兴趣》《技术和科学作为意识形态》《理论与实践》《晚期资本主义的合法性危机》《论社会科学的逻辑》《历史唯物主义的重建》《交往行为理论》《现代性的哲学话语》《后形而上学思想》《包容他者》《事实与价值》《真理与论证》等，广泛涉及社会科学和人文科学的不同领域。哈氏通过历史分析和社会分析，对西方思想史特别是法兰克福学派自身的历史进行了清理和批判，进而建立起了自成一说的“交往行为理论”。尽管其思想庞杂、体系宏大，但其理论却基本实现了一脉相承，相互支撑，呈现出一条以“合法化危机—交往理性—商谈民主”为主的应对现代资本主义社会危机的策略体系，因而被公认为“当代最有影响力的思想家”，甚至被誉为“当代的黑格尔”，在西方学术界占有举足轻重的地位。

哈贝马斯也是法律社会学的集大成者，尽管其法律社会学思想主要体现在《在事实与规范之间：关于法律和民主法治国的商谈理论》一书中，但是离开其社会学理论则很难深刻理解其法律思想。因为哈氏的最终学术旨趣是应对现代性危机问题，而民主法治思想仅是其救治生活世界殖民化的药方之一。鉴于此，本章将辅用《公共领域的结构转型》《合法化危机》《交往行为理论》等著作，尝试较为全面地解读其法社会学思想。

公共领域的结构转型与合法化危机

1. 公共领域的内涵与类型

“公共性本身表现为一个独立的领域，即公共领域，它和私人领域是相对立的。有些时候，公共领域说到底就是公共舆论领域，它和权力机关直接相抗衡。”[1] 公和私的范畴在古希腊已经存在，不过当时的公共生活不是每个人都能参加，而是由拥有财富和奴隶的多少决定。因此，哈氏区分两种基本的公共领域类型：代表型公共领域和资产阶级公共领域。首先，代表型公共领域主要发生在奴隶社会或封建社会。他认为在封建社会不存在现代意义上的“公共领域”和“私人

1 哈贝马斯：《公共领域的结构转型》，曹卫东、刘北成等译，学林出版社 1991 年版，第 2 页。

领域”的对立，私人占有和公共主权的矛盾不存在，王权有高低之分，特权有大小之别，但不存在任何一种私法意义上的合法地位确保私人进入公共领域。私人所有权和公共所有权是融合为一的，公共领域和私人领域并没有分离。“普天之下，莫非王土，率土之滨，莫非王臣”，朕即国家。之所以成为代表型公共领域，是因为封建社会的所有权有一种公开代表的形式，代表型公共领域不是一个社会领域，而是一种地位的标志或象征。比如权力象征物（徽章、武器）、生活习性（衣着、发型）及行为举止（问候形式、手势）等。王侯和特权阶层本身就是国家，在民众面前代表的是他们的所有权，而不是所有的民众，因而不是国家的代表，而是自己的代表。“国家代表或具体的议会代表和这种代表型公共领域没有什么关系，因为这种公共领域依附于现实中的领主，从而赋予其权威以一种‘神光灵气’。”[1]

但资产阶级的公共领域则完全不同。哈氏从社会阶级力量壮大角度来论证公共领域的形成。在他看来，早期资本主义也得到一定程度的发展，形成了一些集市，但是，这些本地市场集中在城市周围，并被各种行会垄断，因此不是商品自由交换的场所，而是城市主宰周边地区的工具。早期的资本主义在观念上和政治上都很保守，不足以产生一种和封建当局对抗的力量。但是，到了重商主义阶段，出现一批贸易公司，和旧的贸易商不一样，他们已经不满足于有限的市场，而是积极开拓更广阔的市场。因为需要政治的保障，商人和封建领主合作，或者封建领主自己去发展商业，这样外贸市场和政治力量结合起来了。“随着等级特权为封建领主特权所取代，代表型公共领域萎缩了，这就为另一个领域腾出了空间，这就是现代意义上的公共领域，即公共权力领域。”[2] 最终，商品交换和生产结构

---

1 哈贝马斯：《公共领域的结构转型》，曹卫东、刘北成等译，学林出版社 1991 年版，第 7 页。

2 同上，第 17 页。

都发生了革命，家庭经济的主动性和依附性被取代，个人摆脱家庭经济的限制进入公共领域，作为政府的对应物，市民社会建立起来。新兴的市民阶层是这一领域的中坚力量，包括资本家，商人、银行家、出版商、教授等。

2. 公共领域的结构转型与合法化危机

资产阶级公共领域首先可以理解为一个由私人集合而成公众的领域。但这个领域一旦产生，私人就随机要求这一受上层控制的公共领域反对公共权力机关自身。反对的途径就是政治讨论，亦即公开批判，尤其是文学公共领域曾发挥重要功能。从法律的角度而言，就是公众想让统治遵从“理性”的标准和“法律”的形式，以此保护社会的自律。哈氏承认自己讨论的基本路线是国家和社会的分离，并谋求社会的自治权。

传统的资产阶级公共领域具有重要的政治功能——通过谋求法治限制政治权力，保证社会自治权。法治国家的基本前提是社会不受干预，“合理的”行政管理体系和“独立的”司法体系是资本主义法治国家的组织条件。但是，宪法规范的实施必须依靠强力，以此为基础的政治制度需要权力的保护，权力的扩张性就与市场的独立性产生矛盾。阶级利益是公众舆论的基础，要保障合理性和利益的普遍性，必须要坚持公共性原则和批判精神。但是大众作为统治阶级自我封闭，放弃了公共性原则，那么公众舆论就会变成强制，批判就会成为教条，缺乏公众舆论的知识就会变成命令。按照其说法，就是“生活世界殖民化”，即经济和行政系统侵入生活世界的各种关系中，使生活世界的结构遭到破坏，越来越商品化、金钱化和官僚体制化并由此失去其独特的人性。资产阶级统治国家后，逐渐走向维护自身的阶级利益，不需要公开性原则了，最终走向了合法性危机。

合法化危机的概念与原理

1. 合法化危机的概念

哈贝马斯的危机概念建立在系统与生活世界划分的基础之上。他在回顾危机概念的形成历史后提出了自己的危机定义。危机开始是一个医学用语。在医学上，它是指疾病的一个阶段，危机过程就是疾病，它是客观存在的，跟主体的意识无关。所以，“危机”的前科学定义借用医学的概念，就是社会的一个病变阶段，它仅是客观存在的事实。但是，将危机与主体相隔离的做法难有说服力。通常情况下，只有主体被卷入了，才能说产生了危机。因此，我们把危机与一种客观力量联系起来，这个客观力量剥夺了一个主体的某些正常控制能力。所以，“危机的克服意味着陷入危机的主体获得解放”。哈氏认为，作为对前科学定义的超越，今天的社会科学提供了一种系统论的危机概念。根据这种系统理论，当社会系统结构所能容许解决问题的可能性低于该系统继续生存所必需的限度时，就会产生危机。也就是说，系统生存必需有一个解决问题的最低限度。在这个意义上，危机就是系统整合的持续失调。但这个还不是哈氏的危机概念。

在哈氏看来，上述概念没有把系统和生活世界区分开来。而“一种适当的社会科学危机概念应当能够把握住系统整合和社会整合之间的联系。社会整合涉及的是具有言语和行为能力的主体社会化过程中所处的制度系统；社会系统在这里表现为一个具有符号结构的生活世界。系统整合涉及的是一个自我调节的系统所具有的特殊的控制能力。这里的社会系统表现为它们克服复杂的周围环境而维持住其界限和实存的能力”。[1] 也就是说，系统整合是一个控制问

1 哈贝马斯：《合法化危机》，刘北成、曹卫东译，上海人民出版社 2000 版，第 7 页。

题，而社会整合是一个制度问题。因此，生活世界和系统是两个不同但都很重要的范式。对生活世界讨论的主题是社会的规范结构，即价值和制度；而对系统所讨论的主题是控制机制和偶然性范围的扩张。如果把社会系统理解为生活世界就会忽视控制问题，如果把社会理解为系统则会忽视价值和制度的有效性。应该将两者有机地结合起来，社会由诸多系统组成，有政治系统、文化系统和经济系统。整个社会则在价值层面上统合各个系统。但在原始社会这些系统都是合一的，并没有产生功能分化。因此系统整合就是社会整合。到阶级社会，政治系统是主要的，也承担着社会整合的任务，但到自由资本主义时，社会整合的任务被经济系统单独承担。故哈氏的危机概念有两层含义：一是生活世界层面的价值缺失；二是系统层面的控制失败。理解这个概念是理解哈贝马斯合法化危机思想的基础。

2. 合法化危机的原理

哈贝马斯认为，晚期资本主义可称为“有组织的资本主义”或“由国家调节的资本主义”。这种称呼包含两类现象：第一，经济的集中过程和商品市场、资本市场以及劳动市场的组织化；第二，随着市场功能缺口的不断增大，国家开始对市场进行干预。这标志着自由资本主义的终结。晚期资本主义的增长带来了一系列的不良后果，比如生态平衡遭到破坏、人类学平衡和国际平衡出现问题等。换言之，晚期的资本主义产生了严重的合法性危机，这是对整个资本主义发展问题的基本诊断。然而，书中哈氏并没有直接分析合法性危机问题，而是分析了具体的四种危机倾向，这些倾向可以简洁地归结为表 4 所示。

表4　合法化危机的发生系统

发源地	系统危机	认同危机
经济系统	经济危机	—
政治系统	合理性危机	合法化危机
社会文化系统	—	动机危机

所以，有四种基本的系统危机：经济危机、合理性危机、合法化危机和动机危机。不同的危机倾向对应不同的系统，它们的形成都是由于投入和输出关系的不协调，而不同危机之间有着密切的联系。哈氏对不同的危机原理做了阐述。

1. 经济危机原理

经济系统需要投入的是劳动和资本，产出则是可以消费的价值。投入不足不是资本主义生产方式所特有的，在其他社会也存在这种不足。自由资本主义面临的是产出危机。国家机器充当价值规律的执行机构（即政府取代市场功能），或充当集体资本家的代理人的角色，都会产生经济危机。因为，这样的国家无法终止商品生产的无政府状态。在干预主义国家，国家机构进入再生产过程，在这个过程中，“它不仅保障着生产的一般条件，而且本身也变成了价值规律的一种执行机构。国家行为没有之中价值规律的能动作用，而是听从于价值规律。因此，从长远角度看，行政行为必然会强化经济危机。”[1] 所以，在哈氏看来，“政府功能取代市场功能，实际上并没有改变整个经济的无意识特性”。自由资本主国家的任务就是通过立法来保证生产方式存在的条件，其社会组织原则是无组织的劳动市场制度化，但在晚期资本主义，前者显然遭到破坏。哈氏将晚期资本主义的变化归纳为三点：剩余价值的生产方式变化了，这影响到

1　哈贝马斯：《合法化危机》，刘北成、曹卫东译，上海人民出版社2000版，第71页。

社会组织原则；出现了一种准政治性的雇佣结构，这就导致一种阶级妥协的出现；政治系统的合法性需求增加。总而言之，晚期资本主义国家的功能增加了，用行政手段来处理的社会事务也大大增加，这就增加了对合法化的需求。

2. 政治危机原理

政治系统需要投入不同的大众忠诚，产出则表现为有权力机关贯彻的行政决定。投入不足造成的危机为合法化危机，“即合法性系统无法再贯彻来自经济系统的控制命令时把大众忠诚维持在必要的水平上”。[1] 而产出危机则表现为合理性危机，“即行政系统不能成功地协调和履行从经济系统那里获得的控制命令”。所以政治危机包含两个层面：合法化和合理性危机，分别是投入和产出造成的。两种危机表现是不同的，合理性危机是一种转嫁的危机，其产生是系统整合的失调，即“把非为普遍利益而进行的社会化生产的矛盾表现为控制命令之间的矛盾”，当它取代了经济危机时才有严格意义的合理性危机。合法性危机则是直接的认同危机，其产生的原因不是系统整合受到威胁，而是“履行政府计划的各项任务使失去政治意义的公共领域结构受到怀疑，并由此使得确保生产资料私人占有的形式民主受到质疑”。也就是说，没有了具有政治意义的公共领域，政府的计划是否还会保持理性，这时候还坚持以保障私人权利为目的的形式民主是否可行？“公共行政在合理性方面的欠缺，意味着在此既定条件下，国家机器不可能充分地控制经济系统。合法性欠缺则意味着，用行政手段无法维持或确立必要的合法性规范结构。”[2] 所以，政治系统的危机不仅涉及系统控制的失败，更是生活价值和

---

1 哈贝马斯：《合法化危机》，刘北成、曹卫东译，上海人民出版社2000版，第65页。
2 同上，第66页。

制度缺失的原因。

3. 社会文化与动机危机原理

社会文化系统的危机总是产出危机，因为该系统不能自己组织投入，其投入来自于经济系统和政治系统，比如可以买到满足集体需要的商品和服务、法律行为、管理行为等。因此，政治和经济系统的产出危机，也就是社会文化系统的投入危机，即合法性的丧失，具体体现为动机危机。一个社会的社会整合依赖于社会文化系统的产出："直接依赖的是社会文化系统以合法化形式给政治系统提供动机，间接依赖的是社会文化系统向教育和就业系统输送劳动动机。""如果社会文化系统发生彻底变化，以至于其输出无法满足国家和社会劳动系统的功能要求，就可以说动机危机出现了。"[1] 哈氏认为，动机危机是由社会文化系统输出不足导致的。社会文化系统输出不足导致动机危机，而动机危机又导致合法化危机，这样系统之间是彼此关联的。

那么，社会文化系统发生了怎样的变化？国家和社会劳动系统的功能要求又是什么？对这两个问题的回答，就构成了动机危机原理的重要背景。晚期资本主义社会所提供的最重要的动机，就是一系列的公民私人性和家庭职业私人性。公民私人性在这里指的是，公民关心行政系统的控制和维持活动，他们虽然很少参与合法化过程，但制度提供了适合参与的机会。所以这里的私人性和自由资本主义国家的私人性是不一样的。这种"公民私人性是与市区政治意义的公共领域结构相一致的"。家庭职业私人性则是公民私人性的补充，它有两个构成要素：第一，经过训练和培养起来的关心消费和休闲的家庭取向；第二，适应地位竞争的职业取向。所以与这种私

1 哈贝马斯：《合法化危机》，刘北成、曹卫东译，上海人民出版社 2000 版，第 99 页。

人性相对应的是由成就竞争调节教育系统和职业系统的结构。“这两个动机模式对政治系统和经济系统的持续存在都很重要。”但如今这两个模式已经遭到破坏。社会文化系统不能再生产出这些对系统生存具有重要意义的私人性。所以，晚期资本主义也发生了动机危机。

4. 合法化危机的理论启示

合法化危机是哈贝马斯对晚期资本主义权力系统的基本诊断。虽然书中没有提出具体的解决方案，但是，哈氏的探讨依然给我们带来了深刻的启示，主要可归纳为以下三点。

第一，国家干预的限度。在哈贝马斯看来，合法化危机的重要原因是国家功能的扩大，也就是说权力对社会领域的过度干预。实际上，从凯恩斯的政府干预主义提出后，现在人们已经普遍否定了亚当·斯密的古典自由主义经济学了。然而，国家干预必须有严格的限度。一旦超出必要的限度，政府的合理性和合法性就会受到威胁。如何保障权力的必要界限呢？重要的措施就是坚持法治和民主。民主是确保权力掌握在人民手中，从而能够在立法中保障普遍的利益；法治则是明确政府的功能和职责，为之确定必要的界限。两者结合起来，才能防止政府权力的扩张。

第二，文化的重要性。哈贝马斯认为合法化危机也来源于社会文化系统不能适应社会发展的节奏，所以文化不能提供普遍的动机和大众忠诚。可见，文化对社会系统的运作具有重大影响。不管是社会建设，还是政治建设，都要致力于发展出一套相应的文化系统。尤其是政府权力机构的设置，如果没有文化系统的输出，就很难确保合理性与合法性。比如，建设法治国家，就要有与法治相适应的文化。所以，在世界范围内，没有一个国家的法治是建立在传统伦理道德文化的基础上，一场法治建设革命必然伴随着民族文化的痛苦转型。

第三，合法化危机的出路。当代社会的政府多多少少都存在合法性危机的问题。因此，提出合法性危机的社会诊断虽然必要但不是我们的最终目的。这就好比说诊断出生病了，却不采取任何措施一样。尽管哈贝马斯在书中没有提出具体的解决方案，但是在他的论述中已经暗含着晚期资本主义合法化危机的出路。概括起来主要体现在两个方面：首先，恢复公共领域。哈氏认为公共领域具有政治功能，它是保障合理性的重要社会桥梁，但是在晚期资本主义时期已经遭到了破坏，导致了文化和动机的缺失。其次，提倡交往理性。哈氏提出，面对外部自然，社会系统用工具行为来捍卫自身；面对内在自然，则用交往行为来捍卫，可见，理性交往是社会规范合理性的必要条件。这一思想主要见于哈贝马斯的《交往行为理论》一书中，留在下面介绍。

交往理性与拯救社会之道

哈贝马斯提出交往理性理论具有深刻的理论和现实背景。首先哈氏的理论旨趣之一在于回应现代资本主义国家的治理危机，比如合法化危机、现代性危机等。而危机的产生与公共领域的结构转型和生活世界的殖民化有关。为此就需要寻求“理性”回应道路。然而，无论是韦伯还是卢卡奇等学者提出的已有合理化理论皆存在局限。哈氏的理论正是在批判已有理论的基础上重构的。

1. 韦伯的工具理性批判

韦伯认为，西方社会的现代化过程，主要表现为由价值理性为主向工具理性为主的演变过程。所谓“工具理性”，简言之就是社会受制于一种通过精确计算得失来衡量合理性的思维方式，其所奉行的乃是一种以工具崇拜与技术主义为生存目标的价值观。工具理性的扩张虽可造就经济发展即财富增加等，但也伴生着道德滑坡、共识瓦解及人成为经济机器附属物等社会难题。从资本主义的发展历程来看，韦伯对现代性的合理化解读具有一定的意义。但在他看来，工具理性是不可避免的趋势，是无法改变和克服的“理性牢笼”。也因此，韦伯对现代文明的前途感到无奈与迷茫，具有浓厚的悲观主义色彩。哈贝马斯认为，韦伯之所以没有解决理性问题面临的二难困境，主要原因在于他将合理性概念做了限缩理解，把“目的—工具理性”与一般理性等同起来，故而只看到现代化进程中的片面理性化。他指出，韦伯在理解现代社会的合理化过程时，使用的却是狭窄的“目的—工具”合理性概念，使得其社会理论成为“局限于目的合理性行为的行为理论”。“韦伯在分析社会合理化是如何在现代贯彻的时候，是受到目的合理性这种观念局限的。韦伯和马克思一样，对这个概念的理解，是与霍克海默和阿多尔诺不同的另一个方面。”[1] 也就是说，哈氏和韦伯的共同之处在于，他认为理性化道路是可以应对现代性危机的，而韦伯失败的原因之一在于他没有看到社会合理化内容除了“目的—工具”理性之外，还有其他诸如交往理性等内涵，因而理论建构受到了局限。另一方面，韦伯的合理性理论偏重单独的个体分析，而缺少对人与人互动的关注，具有社会原子论色彩。“韦伯的合理性理论缺失语言的维度，缺失研究人类行为的主体间性的层面，或者说，韦伯的出发点是一种着眼于孤立的行为主体的目的论行为模式，而不是一种着眼于具有言语和行为能力的交互行为主体的交往行为模式。”[2]

---

1 哈贝马斯：《交往行动理论（第一卷）》，洪佩郁、蔺青译，重庆出版社1994年版，第194页。

2 胡军良：《论哈贝马斯的交往理性观》，载《内蒙古社会科学（汉文版）》2010年第2期，第83页。

2. 物化的合理化理论批判

哈贝马斯作为第二代法兰克福派代表人物，其理论始终保持着鲜明的批判色彩。除了批判韦伯的工具理性之外，他在《交往行为理论》中也分析批判了从卢卡奇到阿多诺的物化理论，并将其概括为作为物化的合理化。物化理论是卢卡奇在《历史与无产阶级意识》一书中论述的主题。所谓“物化”，简单来说就是把合理性建构在客观之物的基础上。比如卢卡奇认为，韦伯的合理性理论主要基于政治、宗教等文化现象阐述，忽视了经济基础在合理化过程中所扮演的关键角色。实际上，在马克思看来，生产力是社会合理化的最终决定力量并引起生产关系的变革。由于资本主义出现了商品拜物教，从而使得人与人之间的社会关系被物与物的商品关系取代，此乃资本主义之物化现象。卢卡奇遵循这种分析范式，认为随着资本主义社会中商品经济的普及，商品形式渗透到生产过程中产生了物化，人格的物化、生产过程中人与人之间关系的物化是越来越普遍的经济系统合理化的表现形式。也就是说，卢卡奇把合理化和物化看做同一过程的两个方面。霍克海默和阿多诺挖掘了物化批判的基础。主要表现在：第一，卢卡奇总体上认为社会存在决定社会意识，即物化意识的基础在于与商品有关的交换抽象；而霍克海默和阿多诺则认为，主观理性和统一性思想才是基础性的。第二，决定物化意识结构的是工具理性。第三，工具理性使得对内部和外部的控制成为了生命的终极目标。可以看到，物化概念在霍克海默和阿多诺理论中更大程度上是一种更具普遍意义和个体意义的工具理性范畴，因而被控制的“大众心理”成为其批判理论的重要方面。

与卢卡奇相比，霍克海默和阿多诺意识到了社会关系工具化的灾难性后果，并对机制做了分析。他们把文化作品分为艺术品和拙劣作品。“艺术企图模仿的是一种或许没有加入人的意向的表达，即实现一种自我否定，而拙劣的作品则常常依赖于与其他作品的相似性，依赖于一种具有替代性特征的一致性。在文化工业中，这种模仿最终变成了绝对的模仿。商品社会的文化成为管理的手段。当社会生活中具有否定、讽刺和狂喜方面的文化被管理，那么这个世界就接近于被整体的控制。”[1]

哈贝马斯认为，韦伯、卢卡奇、霍克海默等人的理论皆有局限。这种局限首先和他们对理性的“有限理解”有关。“他们使得工具理性在当代社会扮演的角色凸显起来，却忽视了交往理性的首要地位。”[2] 但是，从工具理性出发，主体只能属于意识哲学的主体，他人和自然物都仅是实现个体目的的工具或手段，这样具有价值和尊严的个人和自然物基本没有区别。霍克海默和阿多诺重视物化意识，但是由于对人的主体间性重视不足，因而仍未能找到超越物化世界的出路。哈氏的交往理性理论正是对这些局限的超越和创新。

3. 交往理性与社会合理化

基于对传统理论中“理性观”的批判，哈贝马斯提出了自己的交往理性。交往理性构成了哈氏对社会合理化所寻求的应对方案的核心内容。“交往理性就是要寻找交往行为的合理根据，而这种合理性根据不能到物的世界去寻找，必须到人的世界来发现。因此，交往理性的根据就是交往主体之间相互同意、普遍赞同而且自觉遵守的规范。”[3] 可见，交往理性是内在于交往行为中的合理性。哈贝马斯把社会行为划分为“目的论行为”“规范调节行为”“戏剧行为”“交往行为”，而最后一种是哈氏所强调的行为类型，即至少两个或两个以上的主体之间

---

1 高海青：《交往行为理论的生层次逻辑——兼论哈贝马斯对物化现象的消解》，载《中国矿业大学学报（社会科学版）》2011 年第 3 期。

2 刘光斌：《从作为物化的合理化到生活世界殖民化——哈贝马斯的物化批判理论探究》，载《兰州学刊》2016 年第 1 期。

3 郑召利：《交往理性：寻找现代性困境的出路》，载《求是学刊》2004 年第 4 期，第 29 页。

以语言或符号为媒介，以相互理解为目的，在意见一致基础上遵循有效的规范而形成的共同合作的行为。

那么完成了交往理性论证后，如何将其落实到实践层面呢？哈贝马斯认为关键是一种基于语言的商谈伦理学。因而从韦伯的工具一目的合理性向交往合理性的转变也体现了从意识哲学向语言哲学的转向。哈氏将社会交往的重心落在语言运用及理解共识上。在他看来，韦伯“不是把通过语言理解的，至少有两个语言能力和行动能力的主体之间的个人内部的关系，看做基础，而是把一个孤独的行为主体的目的活动看做基础。”[1] 基于上述工作，哈氏把合理性的基础建立在实实在在的社会行动上，既区别于显眼理论，又区别于工具理性，更寄托着一种积极乐观的社会转型方案。

基于交往理性的法律观

至此我们仅了解了哈贝马斯的社会学理论，而从中推演出来的民主法治思想对社会治理来说具有更重要的地位。因为现代社会就是民主法治社会，缺乏民主法治思想的法律社会学思想或许并不完善。接下来，我们一起来总结哈氏如何从其社会学理论体系中推导出自己的民主法治方案。这些思想主要体现在《在事实与规范之间：关于法律和民主法治国的商谈理论》一书之中。

1. 交往理性与法律的双重属性之实现

“事实性”与“有效性”：法律性质再认识

一直以来，人们认为只有两种获得秩序的途径：强制性稳定的

1 哈贝马斯：《交往行动理论（第一卷）》，洪佩郁、蔺青译，重庆出版社 1994 年版，第 478 页。

秩序和理性地合法化的秩序（它们代表事实和规范的两个极端）。强制性稳定的秩序是法律实证主义所秉持的立场，比如奥斯丁认为法律就是命令，只要是国家制定的法律就具有强制力，众人需一体遵行。而在自然法学看来，“恶法非法”，法律必须符合正义观，必须认真对待权利，必须符合自然法原则，否则其并无法律效力。哈贝马斯认为，事实性和有效性之间的这种非此即彼的思考实不可取。“事实性和有效性之间的这种来回折腾，使得政治理论和法律理论目前处于彼此几乎无话可说的境地。规范主义的思路始终有脱离社会现实的危险，而客观主义的思路则淡忘了所有规范的方面。”[1] 因此，法律兼具“事实性”和“规范性”双重属性。也就是说，法律事实上维持社会秩序，在现实中被遵守并发挥作用；但是，法律又受到道德、伦理等规范层面的制约，所以它是双重角色。社会整合要实现两方面的任务，就要把法律作为整合手段。故法律是转换器、是两者之间的社会媒介。

然而，如何才能实现法律的双重角色呢？哈氏认为交往行动理论能够实现这种综合，因为交往行动理论在其基本概念中就已经承认了事实性和有效性之间的紧张关系。事实性就是说社会交往需要符合一定规则，而规范性则体现为规则的合法性必须获得交往各方的共识支撑。

合法律性与合法性：理解法律双重属性的概念工具

哈氏还区分了一对关键概念：合法律性和合法性。所谓合法律性，就是行为要符合已有的法律，而合法性则体现了法律本身需要符合社会正义、获得社会接受。法律的有效性涉及这样两个方面：一是根据其平均被遵守情况来衡量的社会有效性；二是对于要求它

1 哈贝马斯：《在事实与规范之间：关于法律和民主法治国的商谈理论》，童世骏译，生活·读书·新知三联书店2003年版，第8页。

得到规范性接受的那种主张的合法性。所以，规范的法律有效性的关键在于两个东西同时得到保障：“一方面是行为的合法律性，也就是必要时借助于制裁来强制实施的对规范的平均遵守，另一方面是规则本身的合法性，它使任何时候出于对法律的尊重而遵守规范成为可能。”[1] 所以，哈氏无非是综合了实证和价值立场，而引出交往行动理论来论证法律的合法性。由此，哈氏得出结论：实证法也必须符合合法性原则，从而在法律中加入了道德的维度。当然，不是通过道德来论证合法性的，而是通过交往行动的语言理解。这就不得不说到他的商谈民主理论。

2. 商议性政治：一种程序的民主概念

在这一主题论证中，哈氏开篇即说：“关于在何种条件下法律产生具有合法化效果这个问题，把立法政治这个波段从政治过程的宽广光谱中挑选出来成为关注的对象。”[2] 这意味着，哈氏所建构的商谈民主理论的核心任务在于解决法律的合法性问题。

哈氏把法律的合法化建立在一种程序的观念上。“在合法的立法过程中所依赖的高要求程序条件和交往预设中，那些设定规范和验证规范的理由采取了程序的形式。”[3] 而要从一种民主社会学的角度去重构这种理想化的程序概念，必须把握这种观念：“要恰当地描绘一种立宪政治体系，即使是在经验的层次上，如果不把法的有效性向度和法律的民主产生过程的合法化力量作为参照，也是不可能的。”[4] 也就是说，法的产生要具有合法化，必须和民主的观念联系起来；而这种民主是一种程序性的民主。要理解该模式的先进性，

---

1 哈贝马斯：《在事实与规范之间：关于法律和民主法治国的商谈理论》，童世骏译，生活·读书·新知三联书店2003年版，第37－38页。

2 同上，第358页。

3 同上，第358页。

4 同上，第359页。

首先得把握哈氏对传统民主模式的批判。

规范性民主模式与经验性民主模式

他先评介了经验主义民主模式。哈氏认为，经验主义的权力理论，不管是从行动的层次还是系统的层次提出，都没有忽视对法律的规范性论证，但是它把这种法律的规范性质化为社会权力了。社会权力就是存在一种占主导地位的优先利益，这些利益会居于统治的地位。政治权力只是社会权力的一种更抽象的形式。行政权力就是来源于政治权力的核准。在描述政治权力的合法性问题时，经验主义的观察者视角和采取规范主义或商谈论的参与者视角所采用的术语是不同的。在经验主义看来："法律和政治权威之可接受性的条件，被转换为对法律和政治权威的事实上接受的条件，而合法性的条件，则变成了对政府合法性之平均信念的稳定性条件。"[1] 这就忽视了法治的规范性内容或难以保障法律的合法性了，尤其是在自由主义或权利意识兴起的社会中，没有主体间性的规则难以获得民众真正的内心服从。另一方面，一种具有规范性意向的民主理论如果淡出经验主义的策略和客观化的观点，也有很大的不足。因为在此事实性和有效性并存的观念没有意义了。这体现在他对贝克尔民主理论的批判之中。他指出，贝克尔用经验主义材料来构建民主理论的规范性环节。政治权力表现为主导利益方对秩序的维持。国家的合法性的客观标准就是被统治者事实上的承认，即不反抗。换言之，只要国家能够维持稳定，就具有合法性。"一种合法化与另一种合法化同样好，只要它充分有助于稳定统治。"被统治者的赞同行为与一种现实中的"世界观框架"联系在一起，即价值或意识形态。所以，即使是独裁政府，只要社会上承认在合法化框架中政府能够维护稳

1 哈贝马斯：《在事实与规范之间：关于法律和民主法治国的商谈理论》，童世骏译，生活·读书·新知三联书店 2003 年版，第 361 页。

定，它就是合法的了。然而这样一种观念，与先验理性一样找不到其实现的社会基础。

商谈民主与程序法律范式转向

哈氏总结道：合理的公民如果对其实践做经验主义的自我描述，他们就不会有充分的理由来遵守民主的游戏规则。显然，具有辩护性意向的理论，是切不可压抑对民主的直觉性理解的那种真正的规范性意义的。由此他提出了自己关于民主的观点：商议性政治的程序构成了民主过程的核心。这种观点是在综合自由主义和共和主义概念的基础上做出的。自由主义认为，民主过程仅仅是以利益妥协的形式实现的，形成妥协的规则被认为应该确保普遍平等的选举、议会团体的代议性集会、议事规则等所形成的结果公平性。这些规则是由自由主义的基本权利来加以辩护的。共和主义观点则相反——民主是一致形成过程，所采取的是伦理政治的自我理解的形式；商议可以通过公民总体所共享的文化共识（共同体的伦理）而获得支持。商谈论则综合两者的成分，并把它们“整合进理想性协商程序和决策程序的概念之中”。依照商谈论观点：实践理性不再居于普遍人权之中，亦非居于特定共同体的伦理实质中，而是居于那些商谈规则和论辩形式之中，这些规则和形式的规范性内容是从取向于达成理解之行动的有效性基础那里得来的，归根结底是从语言交往的结构和交往社会化的不可代替模式得来的。

商谈论民主主要包含以下几个理解侧面：（1）在这种民主中，主体间的相互理解和承认是很重要的。“通过民主程序或政治公共领域之交往网络而发生的那种理解过程，体现了一种‘高层次主体间性’，它在商谈论中受到了高度重视。”[1]（2）公共意见的形成过程、

---

1 哈贝马斯：《在事实与规范之间：关于法律和民主法治国的商谈理论》，童世骏译，生活·读书·新知三联书店 2003 年版，第 371 页。

建制化的选举过程、立法的决定之间形成了交往之流，这种交往之流的目的在于通过立法过程而把舆论影响和交往权力转译成为行政权力。这时的权力经过了合理化，经过了社会理性的过滤了。（3）把市民社会（自主公共领域的社会基础）和经济行动系统与公共行政区分开来，市场、国家和社会是现代社会整合的三种资源，现在要对它们的重要性进行重新排列，将一种合理化的市民社会置于最重要地位。（4）民主意见和意志形成过程的程序和交往预设的作用，是为一个受法律和法规约束的行政部门的决策提供商谈合理化的最重要渠道，即为政策提供合理化基础。哈氏认为，对决策而言，能行动的只有政治系统，商谈出来的合理性只能提供方向指导。这种指导或合理化依赖于公共领域和交往行动，因为“公共领域的交往结构构成一个分布广泛的传感器网络，这些传感器对全社会范围的问题作出反应，并刺发出有影响的舆论。”[1]

哈氏还指出了现代社会中国家权力干预扩大倾向、法律实质化和法律权威下降等法治国危机，而这些问题形成的关键在于法律合法性缺失，因而他主张需要基于一种程序法律范式来指引法治建设。哈氏所谓的程序法律范式，主要是强调一种法律商谈理论，即把民主法治国理解成通过合法之法保障商谈性意见形成过程的程序和交往预设。而这些与他的社会世界殖民化、社会合理化和交往理性等社会学理论密切相关。

简短的评论

通过本章的介绍可以发现，哈氏的社会学理论对其法学思想构

1 哈贝马斯：《在事实与规范之间：关于法律和民主法治国的商谈理论》，童世骏译，生活·读书·新知三联书店2003年版，第373页。

成了强有力的支撑，或者说其法律社会学思想是自成体系的。更难能可贵的是，和韦伯等悲观的理性主义者不同，哈氏始终认为现代化过程中产生的理性问题是可以解决的，关键就在于交往理性。民主法治无疑是现代社会最主要的治理方式，因而为了走出现代性困境，他建构了自己的民主法治理论。这套理论建基于交往理性之上，因为“商谈性共识”是其核心原则。在权利意识崛起的社会中，交往理性重视人的主体地位，因而其理论具有相当程度的合理性，协商民主等治理方式也被广泛采用。不过，哈氏的商谈法律范式理论也存在局限。比如，由谁来启动商谈对话？现实中是否存在理想的商谈情景？是否参与协商就一定能达成共识？而这样的共识又能否真正为全社会接受以解决合法化危机问题？实际上，正如他自己所意识到的一样，现实生活中参与商谈的各方也可能受到操纵，部分代表所协商出来的“共识”也可能并不具有全社会层面的合法性。但这些问题不能掩盖哈氏的杰出理论贡献。相反，我们认为他对晚期资本主义危机的诊断和开出的药方具有深远的社会治理借鉴意义。

第 7 章

哈特：规则说理论建构中的社会学

生平简介与学术旨趣

赫伯特·哈特（Herbert Hart，1907—1992 年）是英国著名法哲学家、新分析法学派的重要代表人物。他生于 1907 年，是英国约克郡的第二代犹太移民。在牛津大学就读期间，他因成绩优秀获得了奖学金并最终以第一名的优异成绩毕业。1932—1940 年，哈特在伦敦从事实务律师工作，其间虽然他拒绝了担任牛津大学哲学讲师的邀请而选择留在实务界工作，但也正是这段经历促使其法律理论较之其他实证主义者更贴近实际。主要代表作有《法哲学的定义和思想》《法、自由和道德》《惩罚与责任》《法律的概念》等，其中《法律的概念》（简称《概念》）影响最甚。

在古典自然法衰落之际，实证主义法学兴起并长期占据了西方法学的主导地位。该流派的核心观点主张法律的“去道德化”。然而，“二战”的历史及由此带来的纽伦堡审判等司法实践，对实证法学带来了巨大的挑战。此时，以富勒、德沃金等为代表的新自然法学派再次把“法律的道德性”提高到方法论的主导层次。实践和理论的双重打击使得实证主义法学大有一蹶不振之势。在这种背景下，作为新实证主义分析法学的集大成之作——《概念》应运而生并引起了世界范围内的广泛关注。就连与哈特论战的富勒也承认：“哈特的《法律的概念》无疑是一部做出了重要贡献的法理学文献，这样的力作我们已经很久没有见到过了。”[1]

因为这个原因，国内外学者从诸多角度对《概念》进行评述和解读，大体可以分为三类：批判性文献，比如富勒的《实证主义与忠于法律——答哈特教授》《法律的道德性》等；一般性研究文献，如J. Raz 等主编的《法律、道德与社会：哈特祝寿文集》、Mac Cormick的《哈特学述》等；对研究哈特的文献的研究，如支振锋的《百年哈特——哈特法律思想及研究的主要文献》等。[2] 然而，在已有关于哈特的研究文献中，我们发现大多数的解读和批评都是从《概念》的理论内容出发，即使明确阐述哈特学说历史地位的文章也把侧重点放在理论内容本身，[3] 而很少从方法论层面上（即使有提及）详细探讨该书理论构建逻辑的历史意义，而这正是本文重点讨论的维度。从哈特的理论建构逻辑来看，其学说较之其他实证主义的独特之处何在？这些特征是否可以呈现出哈特思想中存在某种法社会学端倪？本章中，我们将结合哈特在《概念》一书中的理论建构来讨论其学说中的社会学维度，从而为读者提供一个理解何为法

1 富勒：《法律的道德性》，商务印书馆 2007 年版，第 155 页。

2 对哈特研究文献的三类划分，由支振锋在《百年哈特——哈特法律思想及研究的主要文献》（载《法律文献信息与研究》2007 年第 2 期）中提出。该文所作总结分类较为全面，故直接引用。

3 比如刘星在《哈特法律概念分析的模式建构及其历史定位》（载《比较法研究》1996 年第 4 期）一文中，明确阐述《概念》的历史地位，强调“内在观点”对理解法律概念的重要性；刘全德、于成刚在《实证分析法学的开拓性转向——解读〈法律的概念〉》（载《研究生法学》2002 年第 3 期）一文中，概括了《概念》的三大开拓性贡献：语义学的概念分析法，对内在观点的分析，法律系统性结构。这些观点都集中关注理论内容，而忽视哈特在方法论方面的贡献。

律社会学的边缘案例。

规则说的构建逻辑分析

分析《概念》的理论构建，是我们讨论其对旧实证主义的超越与方法论意义的前提条件。总体而言，《概念》的理论逻辑主要分为三步：通过回顾法理学中“恼人不休的问题”，提出设计理论的新方法；批判奥斯丁的法律命令说；建立“法律规则说”。

1. 法理学的疑难及其解决方法

哈特把回顾“法理学的疑难”作为其“法律规则说”的理论起点。他总结道：虽然法律本质的思辨有着悠久的历史，但无非持续地集中在三个反复出现的议题上：（1）法律与法律义务同以威胁为后盾的命令有着怎样的区别和关联；（2）法律义务与道德义务有何区别和关联；（3）法律构成要素及其判定标准的问题。

然而，为了消除对这三个议题的疑虑和困惑，传统的方法都寄希望于寻求一个简单的法律定义。哈特认为，这种方法是失败的：首先，最简单的定义形式是借由种属和种差，但是这种定义成功的条件是我们对庞大的事物家族或种属的性质有清楚的了解和认识。如果我们对家族的性格只有含糊的或混乱的观念，则告诉我们某个东西是种族之成员的定义对我们没有任何帮助。其次，一般性的语言能够以简单定义的形式来定义的假定包含着这样的假设：被定义者，其所有的个例都具有被定义之语言所意指的共同特质。而这可能是独断的，因为一项用语甚至是专门的语法都可能是相当“开放的”，因为它不禁止该用语扩张到只具有部分在正常的事例中会一起出现的性质的事例，即只有有限的相似性的边界事物，如国际法和原始法。因为这些议题之间的差异性太大和太根本，所以不容许用简单定义的方法解决。但是，将三个问题放到一个问题或要求定义之下还是有可能的，可能的做法就是：分离出并掌握住一组核心要素的特征，这组要素构成对这三个问题回答的共同部分。

2. 批判法律命令说

哈特批判“法律命令说”的突破口在于法律的多样性。“命令说”常用的社会情境是“抢匪情境”，即抢匪对银行职员说：“把钱交给我，不然就开枪了。”奥斯丁把这个威胁视为号令，并认为以威胁为后盾的命令就是法律。“准确意义上的法，具有命令的性质。如果没有命令的性质，无论何种类型的法，自然不是我们所说的准确意义上的法。”[1]这样，奥斯丁把法律简化为一个“强制性义务规定”的体系。

“命令说”的简单模型无法解释复杂的现代法律体系。哈特观察到并非所有的法律都在责令人们去做或不去做某些事；并非所有的法律都是制定出来的；法律的制定并不一定确实地表达立法者的真正欲求、意图或愿望，正如投票的人不知道投票通过的法律是什么，但是这不否定法律的有效性。所有的这些异议，可归结为三个主要类别：第一，关于法律的内容。现实的法，不仅包括科以义务的规则，还有授予权力的规则。第二，法律的起源模式。在法律命令说者看来，法律的颁布就像是命令的下达，是有意的、可预期的行为，这个理论首先遇到的困难就是习惯的法律地位。第三，关于法律的适用范围。法律不仅适用于它所指向的特别阶层，也适用于那些制定它们的人，而命令说排除了这一部分。

总体来看，法律命令说并不能解释现存法律体系主要体现在三个方面：（1）即使是与胁迫命令最为相似的刑法，其适用范围通常也与下达于他者之命令不一致，因为这样的法律可能同时科以制定

1 奥斯丁：《法理学的范围》，刘星译，中国法制出版社2001年版，第2页。

者和他者义务；（2）其他成文法与命令也不相同，它们并非要求人们去做某事或科以义务，而是授予权力或法律权利和义务的自由创设提供便利；（3）成文法的制定有时类似于命令的下达，但是某些法律的起源模式却是习惯，其法律地位的获得，并不是因为有意识的创设行为。

因此，要理解法律，就要在“抢匪情境”这个过分简略的命令模式之上，建立一个能够纳入以下特征的模型：（1）法律主要是靠双重意义下具有“普遍性”指令来执行。一方面，它指出某种普遍的行为状态；另一方面，它适用于一般大众。而这与面对面地下达命令的极端情形显然不同。（2）“持续性”的特征。“抢匪情境”中的威胁是短暂的支配优势，两人之间没有任何优劣阶级关系，这道命令随着情境结束而结束。而法律在被废止前，人们必须持续地遵守。因此，若要使用以威胁为后盾的命令来说明法律是什么，就必须把这项特征呈现出来。（3）大部分的命令在多数时候都能被服从，不论服从的动机是什么。“普遍服从的习惯”构成法律和“抢匪情境”的重大区别。（4）现代国家法的体系有两个很重要的特征：一是在一定的领土范围内享有至高的权力；二是独立于其他法律体系之外。哈特把这两项特征也置于其解释模型之中。“法律规则说”因为包含这五项特征而更具解释力了。

3. 法律规则说的基本机制

哈特认为寻求定义的方法和“命令说”是一个理论失败的记录，故需要一个“新的起点”。“这个理论失败的根本原因是，其所由构建的要素，即命令、服从、习惯和威胁等观念，并不包括，或者说不能通过把这些要素组合起来产生‘规则’的观念，而如果没有这个观念，我们就连最基本形态的法律也无法说明。”[1] 因此，法律是

---

1 哈特：《法律的概念》，许家馨、李冠宜译，法律出版社 2006 年版，第 77 页。

主要规则和次要规则的结合。主要规则（初级或基本的类型）是科以义务的，不论愿意与否，人们都要去做或不做某些事；次要规则是授予权力的，它们规定了，人类可以通过做或说某些事，而引入新的、取消或修改旧的初级类型的规则，或者以各种各样的方式确定它们的作用范围，控制它们的运作。

哈特认为完整的法律的要素有：承认规则、变更规则和裁判规则。之所以要引进这三项规则，是因为“万花筒”式的现代社会，与单纯科以义务之初级规则的“惯习式社会结构”有着本质的不同。只有因血缘、共同情感和信念而紧密结合，并处于稳定环境的小型社会，才能成功地依赖这种非官方的规则体制生活。否则实践很快会证明这种简单的社会控制方式的缺陷：不确定性不能提供解决质疑规则合理性和适用范围的程序、初级规则的静态性无法适应社会环境的发展、用以维持规则的社会压力的分散性和无效率性。因此，要引入三个补救办法从而使“初级规则的体制不容置疑地转变为法律体系”。

首先，对不确定性，要引进承认规则。承认规则是法律规则的评判标准，是规则合法性的基本来源。它指出某个或某些特征，如果一个规则符合这些特征，众人就会确认这个规则是该群体的规则，且应有社会的压力加以支持。承认规则使得规则不再是一群没有联系的规则集合，而是以简单的方式被统一起来，这就引进了法律体系的观念。此外，在确认某规则是否在权威性规则的列表上时，就有了法律效力的观念。承认规则包括引证权威性的文本、法规、惯习、特定人士所做的一般声明、特定案件的司法判决等，它解决了法律要素的识别和判定标准的问题。其次，对静态性，要引进变更规则。此规则的简单形式是，授权给某个人或某些人，为了生活引进新的初级规则和废止旧的规则。这就很好地解释了以立法行为来制定和废止法律的观念，而强制性命令说则不能解释。变更规则除了规定谁是立法者之外，还界定立法必须遵循的程序。同时，这些规则界定了一些重要的法律概念，诸如法官或法院的概念、审判管辖权的概念、判决的概念等。第三，对社会压力的分散性和无效率性则要引进裁判规则，即授给某些人在特定场合中，对初级规则是否被违反做出权威性的决定。除了指出谁是裁判者之外，还界定了裁判者必须遵循的程序。这种规则没有科以任何义务，而是授予司法权力。

哈特认为，“规则结合”不仅是法律体系的核心，还是解释很多法律现象强有力的工具。“我们之所以认为初级规则和次级规则的结合占据着法理论的核心位置，并不是因为它们发挥着像字典一样的功能，而是因为它们有很强的解释力。”[1] 很多法律概念和政治概念被模糊和扭曲，是因为它们之中仍然包含“内在观点”，但是被疏忽了。

规则说中的社会学因素

1. 语言分析——社会情境对理论建构的特殊意义

西方所有法学流派代表人物的研究方法都以一定的哲学为基础，分析实证主义法学的产生与西方哲学的变迁也密切相关。哲学界通常从宏观上把西方哲学的发展历程划分为三个阶段，阿佩总结：“古代哲学注重的是本体论，从近代开始，哲学注重的是认识论，到二十世纪，哲学注重的是语言。这个说法大概已经妇孺皆知。本体论要确定的是‘什么东西存在’或‘什么是实在的基本存在形式’。认识论要确定哪些东西是我们能认识的，我们是怎样认识这些

1 哈特：《法律的概念》，许家馨、李冠宜译，法律出版社 2006 年版，第 149 页。

东西的……”[1] “语言”转向是20世纪哲学的基本特征之一。维特根斯坦是这场语言学转变的主要代表人物，他提出用日常语言替代理想语言，确立一种“语言游戏”的新方法。而哈特则被视为成功运用语言分析法律问题的杰出代表。虽然奥斯丁也运用了语言分析的方法，但从“抢匪情境”中可以看到其分析还处在较为简单、粗略和不成熟的阶段。而哈特在理论构建过程中用五个特征来弥补这一简单的社会情境，其语言分析趋于娴熟。哈特强调道：“各类社会情境或社会关系之间，有许多重要的差别并非昭然若揭。唯有透过对相关语言之标准用法的考察，以及推敲这些语言所处的社会语境，始能将这些差别呈现出来。”[2] 因此，对法律现象更为纯熟的语言分析方法是哈特对其老师奥斯丁的创新超越，而语言分析需要结合具体的社会语境，这就使得哈特理论中略带有社会学意味。

2. **承认规则——法律效力观反映出理论建构的社会来源**

奥斯丁的学说中最重要的概念是“主权者”，法律就是主权者颁布的命令。依照奥斯丁的逻辑，只要存在着法律，就必然可以顺着主权这条线索找到其背后“发号施令”的主权者；反之，只要有主权者存在，那么其所发布的一般命令对臣民而言也就是法律。在这个意义上，主权者和立法者是同一个主体。因此，奥斯丁的实证法学既可以被称为“主权者的法理学”，同时又可以被称为“立法者的法理学”。显然，其学说有非常明显的政治哲学倾向。“理解奥斯丁理论的一个最为重要的语词乃是‘主权’，可以说正是这一概念构成了整个法律实证主义大厦的基石。”[3] 但在哈特的学说中，法律概念

---

1 陈嘉映：《语言的哲学》，北京大学出版社2003年版，第14页。

2 哈特：《法律的概念》，许家馨、李冠宜译，法律出版社2006年版，第2页。

3 孙海波：《法律概念的主权之维：奥斯丁与法律实证主义》，载《法学研究生》2011年第2期。

的主权的维度已经难觅踪迹了，取而代之的是“承认规则”的概念。即所有法律的效力都来自于承认规则，而不是奥斯丁所说的主权者。在哈特的学说中，法律就是规则的结合体，包括承认规则、初级规则以及次级规则。初级规则科以义务，次级规则授予权利，两者都来源于承认规则的认可。显然，哈特的理论诉求不再是主权的概念，而是走向了一条“去主权化”的道路。事实上，新分析实证主义法学的另一个代表凯尔森的“基础规范”理论已经具有“去主权化”倾向。但是，“基础规范是法学家思维中的预设，是一种唯心主义的构造。”[1] 而哈特的承认规则则是与习惯、文化等相关的客观事实，因此实现了对“基础规范”的极大超越。“无论是凯尔森的纯粹法学还是哈特的新分析实证主义法学，都试图通过一种新的替代要素来消解‘主权’，他们相继抛弃了奥斯丁的主权立法论，取而代之以‘基础规范’与‘承认规则’，并通过这样一种更为科学的方式来论证法律的效力来源和建构法律体系的统一性。”[2] 承认规则如何才能发生作用呢？这或许需要个体将道德、价值观内化为行动标准，而这也是哈特理论中的社会学元素。

3. 包容他者——价值吸纳折射出理论建构的文化因素

哈特在运用“法律规则说”分析法的效力问题时，不可避免地谈到了法律和道德的关系问题。在自然法学派看来，法律就是道德，不符合道德的法律是恶法，“恶法非法”。但哈特认为，尽管法律受到道德的影响，道德和法律没有必然的联系。人们之所以认为法律就是道德，是因为“法律有时和道德是重合的”这个事实。然而，法律和道德的偶尔一致性并不表明法律就是道德，自然法学派混淆

1 李桂林、徐爱国：《分析实证主义法学》，武汉大学出版社 2000 年版，第 204 页。
2 孙海波：《法律概念的主权之维：奥斯丁与法律实证主义》，载《法学研究生》2011 年第 2 期。

了法律和道德的区别。

在与富勒等人的论战中，哈特并不忽视和否认道德与法律的相关性，他反对的是法律与道德的必然联系。为了在其理论模型中解释法律和道德的偶尔重合，哈特提出了“最低限度的自然法内容”理论。法律之所以呈现一定的一致性，是因为法律不可避免地包含“最低限度的自然法内容”。这种必然性根植于以下几个事实：（1）人的脆弱性。法律和道德的规定的一个明显理由是以下事实：人们有时会有攻击他人的倾向，也通常容易受到身体的攻击。（2）近乎平等。人类在身体的力量、敏捷度甚至是智力上，都有所差异，但是在理解法律和道德的不同形式时，却没有任何的力量差距，足以使某个人不借助合作，就能够主宰和压迫他人，而且长达一段时间以上。（3）有限的利他主义。人类不是魔鬼，也不是天使，这使得相互自制的体系既必要又可能。（4）有限的资源。（5）有限的理解和意志的力量。由于上述五个事实，法律和道德都必须包含一定的相同因素，这就造成了法律和道德的一致性。但是，对于更高的道德要求，法律则无需包含进来，因而法律和道德是有重要区别的。尽管如此，法律与道德的关系在其理论中站一席之地，道德无疑是一种社会文化范畴，因而对法律价值维度的关注也体现出哈特规则说的社会学因素。如此说来，是否自然法学派也关注社会文化维度呢？或许可以这么说，不过在自然法学派理论中，道德更大程度上是一种基于理性的自然法，而较少建基于社会基础之上。而哈特提及的承认规则是与社会现实联系的，是一种习惯和价值共识。

简短的评论

在传统法理学教材中，哈特是新实证主义法学的突出代表，这或许无可置疑。然而，由于本书主题是法律社会学，因此本章试图通过对哈特理论建构的解剖，为讨论何为法律社会学提供一个案例。

如上文所述，哈氏在规则说的论证中，并未像其他实证主义代表一样采取纯粹暴力强制或形式逻辑视角。比如凯尔森认为法律效力来源于“基础规范”，然而却无法说明何为“基础规范”，它来自何处，毋宁说这仅仅是一种类似于“自然状态”或“原初状态”的逻辑设置，这就是典型的非法律社会学观点。然而，当我们坚持认为法之力在法外，并把注意力转向社会，此时就具有了法律社会学立场。如此看来，在哈氏理论中，无疑是关注到语言（作为社交工具）、社会情境、社会文化和风俗道德等因素，因而我们可以认为其规则说具有法律社会学意涵。

第8章

类型思维在法律社会学研究中的应用

法律社会学兴起于19世纪末20世纪初，但其发展十分迅速，以至于在法学方法论层面上，对法律现象进行社会学的思考已经成为一种重要的趋势。法律作为一种社会现象，将其纳入整个社会体系来思考，无疑有其科学性。因而，将法律现象置于社会中思考，已经是很多社会学家或法学家所遵循的研究路径。布莱克甚至将社会学称为法律的第三维度。而在理论设计中，他们很多时候都把法律分成不同类型并以此来解释社会和法律现象。回顾法学研究史，会发现法律类型研究受到一些伟大的法理学者、法律社会学者的青睐，他们通过对社会形态与法律样态的关联性研究，提出了不同的法律类型学说。研究法律类型学说，对于认识中国社会历史上、现实中的法律，提出与中国社会历史、现实的真实情境相契合的法律类型理论具有重要的方法论意义。

类型思维及其在法学研究中的运用概述

自19世纪以来，类型作为一个范畴，在人文社会科学的研究中，日益得到人们的青睐。它是指把事物分成不同的类型，以此来描述和解释不同的现象。马克斯·韦伯将其引入社会学中，用来分析统治的类型[1]；在心理学领域，荣格借助类型方法，对心理类型学说做出了重要贡献[2]；而历史学家汤因也曾将人类的全部历史划分为26个文明类型[3]；甚至在生物学、解剖学等自然科学学科中，也时常发现类型思考的踪影。类型范畴的受宠，充分表明了此种思考方式的重大方法论价值，例如，我们常常提到所谓的契约类型、犯罪类型、行为类型以及诉讼类型等。由此可见，类型思维也已是法律人所倚重的一种思考方式。近代以后的法学，在相当长的时间内由概念法学占据主流，其所倡导的抽象概念式的思维方式是传统法律思维方式的代表。这一思维方式对法律人无疑有难以抵抗的诱惑力。道理很简单，如果概念法学理想能够达致，法律的适用就会像数学计算一样精确和简单。然而，经过仔细分析就可以发现，概念法学的设想尽管看起来完美，但它却是一个不可能完成的任务。相对而言，类型思维却有其优势。比如，类型的开放性可以有效把握事物的多样形态；类型的指向性能够弥补抽象概念式思维意义的空洞化趋势等。考夫曼曾经指出："立法的成功与失败，端赖立法者能否正确地掌握类型。"[4]

在法学的研究中，类型思维得到极其广泛的运用。在古典时期，

---

1 韦伯：《经济与社会（上卷）》，林荣远译，商务印书馆1997年版，第239－241页。

2 容格：《心理学与文学》，冯川、苏克译，生活·读书·新知三联书店1987年版，译者前言。

3 汤因比：《历史研究（下卷）》，曹未风等译，上海人民出版社1964年版，第453页。

4 考夫曼：《类推与"事物本质"——兼论类型理论》，吴从周译，台湾学林文化事业有限公司1999年版，第115页。

马克思的法律“四大历史类型说”，即奴隶制法、封建制法、资本主义法以及社会主义法，韦伯的形式理性和实质理性分类思想，涂尔干的“压制型法”和“恢复型法”的类型思想产生了深刻的影响。其后的社会学家在解释法律现象时，多少都对他们的成果有所借鉴。自由法学代表埃利希的“活法”理论，塞尔兹尼克的“法律三类型说”，极大促进了法律社会学的研究重心回归到社会秩序本身。在当代，庞德于20世纪早期提出并发展了社会学法学学派，提倡重视法律的实际运行、关照法律运行的社会效果。他十分强调实际的法律运行和法律条文与法律规范之间是有差别的，而导致差别的原因主要是法律滞后于社会发展、立法与执法之间的脱节等，因而，他将法律分为“行动中的法律”和“书本中的法律”。而其理论重心在于行动中之法，着重研究法律的实际运行、社会效果、有效运行的社会条件等。另一个重视通过法律类型来构建理论的法学家是卢埃林。卢埃林是美国现实主义法学的领袖人物之一，曾任耶鲁大学、芝加哥大学、哥伦比亚大学的教授，还曾担任美国《统一商法典》总起草人。在《现实主义法理学——下一步》这篇经典文献中，他将法律明确地分为“纸面规则”和“现实规则”。前者是指关于法律的书面表述，后者则是指法官在“特定案件中将做的那些东西”，是法院、行政机构和官员的具体行动和真实实践。而他认为只有现实中的规则才是真正的法律。因此，卢埃林提醒人们要特别注意两者之间的区别：“要通过研究案件是如何实际运作的，来寻求实践的真实。要努力确定纸面规则中有哪些死现实规则，又有哪些只是停留在纸面上。要努力了解司法的实际运作过程，将纸面规则与实践进行对比，还要了解律师和法官在辩论中对纸面规则的应用技巧以及正式的纸面规则对判决的影响。”[1] 也因

1 Karl N., Llewellyn, *Jurisprudence*: *Realism in Theory and Practice*, Chicago and London: The University of Chicago Press, 1962, pp. 55 – 57.

为如此，他对法律的功能进行了重新定位，将法律界定为解决社会纠纷的官方行为。批判法学的昂格尔也依据不同的社会形态提出了三种法律概念：习惯法、官僚法以及法律秩序。此外，梅因等学者都提出了自己的法律类型学说。

如上所述，在法学的研究史中，法律的类型学说可以说是极其普及的。但是，关于这方面的论著却很少，将其总结并整理出来，对再次引起人们对法律类型方法的重视，应该是很有意义的。下面，我们来回顾伟大的社会学家类型思维的具体应用——如何通过法律类型的划分来构建理论和解释社会现实。

法律社会学研究中的经典法律类型学说

1. 韦伯的法律类型思想

韦伯是19世纪末20世纪初德国的一位伟大的社会学家，他被称为“现代社会学领域里个人影响最大的一位学者”。在他看来，即便是有限地理解现代资本主义，也必须将社会作为一个整体来分析。而要对资本主义社会进行整体分析，首先需要对各种相辅相成的社会关系作出清晰的定义、分类，并给予系统化。“只有对特定的现象作出描述和分类，并给予系统化之后，现代科学才能取得预期的效果。”[1] 由此，他提出了一套概念，即所谓“纯粹”类型的定义化情况，作为其论著的词汇，最著名的就是“理想类型”的概念。但是要注意，韦伯社会学的理想类型只是作为思想范畴的主观构设，便于人们在比较社会现象和理想类型时，可以辨别现实中的不确切意义。倘若不知道韦伯的用意，从字面上理解这一术语，就会误解这

1 韦伯：《论经济与社会中的法律》，中国大百科全书出版社1998年版，第11页。

是指人们应该追求实现的范式。另一方面，这一概念的提出，原因还在于韦伯“价值中立”的理论诉求。韦伯始终如一地运用这种方法阐述某一社会整体，法律作为一种社会现象，韦伯也运用这一方法去研究。

“理性化”是韦伯理论的核心概念和研究主题，与“理想类型”的概念结合起来，构成他法律社会学的研究路径和方向。韦伯认为，在法律领域有两个基本活动：制定法律和适用法律。对此，他建立了两个方法论的范畴：这两种活动可能是合理的或不合理的，而且相应存在形式和实质的标准。因而，他认为法律的理想类型有：形式合理、形式不合理、实质合理、实质不合理。

不合理性有两个方面的体现。如果在超出理性控制的方法指导下，法律的制定者和适用者就会以神谕、先知预言和神明裁判等形式不合理的方式操作。而如果法律不根据一般规范行事，而是在具体问题上感情用事，或独断独行，就会产生实质性的不合理。合理性则是指法律制定者和适用者的活动都普遍遵循理性。在韦伯看来，合理性分为两种类型：一是实质合理性（价值理性），一是形式合理性（工具理性）。实质合理性是指法律制定和适用者自觉地遵循某种一般的原则，这些原则可能是宗教原则、伦理思想体系或清晰的政策等。它具有价值的性质，它对目的、意识和价值意识是否合理尤为关心。相应地，形式合理性是指实体法和程序法的运作不是逐案处理，而是根据一般决定的方法。这就是法律的形式主义，或用韦伯的话说是“逻辑形成的合理性”，科学、技术、资本主义、现代法律、官僚体制等都体现了这种纯粹形式的合理性。

韦伯在法律社会学的展开论述中不仅构筑了法律的四种理想类型，而且指明了法律理性化的两大方向，即形式理性化和实质理性化。韦伯以其合理性理论开了解构西方现代性和诊疗现代性的先河，他将西方的现代性问题转化为理性批判和理性重建问题。而他对西方社会理性化状况的分析，很大程度上正是通过对合理性的法律的考察进行的。韦伯认为，现代社会法治的最大特征也是法律的形式理性，也叫做法的形式主义。韦伯始终坚信，传统社会向现代社会的跃进过程就是一个不断合理化的过程，合理性是现代社会的特征。法的专业性和理性化是法不可避免的命运，现代法的合理性基础仍然是形式的合理性。作为古典的社会学家之一，韦伯的法律社会学思想产生了深远的影响。形式理性与实质理性的划分更是成为法理学的基本分类。

2. 涂尔干的法律类型思想

涂尔干对法律的分析，是从社会团结和社会分工开始的。与传统的经济学观点不同，涂尔干认为，劳动分工的最大作用并不在于它提高了生产率，而在于社会功能彼此紧密的结合，使社会团结成为可能。涂尔干认为，劳动分工带来了社会团结，劳动分工的程度不同，形成了不同的社会团结。社会团结有两种类型：机械团结和有机团结。在劳动分工不发达之前，人们彼此过着相似的生活，这时的社会为机械团结，涂尔干又将其称作是相似性所致的团结。在这种条件下，所有群体成员因为个人的相似而相互吸引，个人与个人之间的差别极小，人们有相同的情感、爱好、信仰、价值观，社会成员的个人意识、个体独立性没有发展的余地。由于个体尚未出现分化，社会本身就是凝聚的，以相似性为特征，所有社会成员都受到共同意识的强烈制约。但是，分工发展到一定程度，社会整合不能再依靠一致性，而是转向了有机的团结。涂尔干认为，有机团结比机械团结具有更强的约束力，因为它是建立在人们彼此需要以弥补自己不足的基础上。在这个社会里，共同意识渐渐弱化了，集体主义被个人主义所取代。涂尔干认为社会正是一个从机械团结发展到有机团结的过程。然而，社会团结本身是一种整体上的道德现象，很难对它进行精确的观察，更不要说测量了。要想真正做到分类和对比，就应该撇开那些观察所不及的内在事实，而借助表现内在事实的外在事实来研究。这种看得见的符号就是法律。由此，社会团结的类型与法律分类的思想联系起来了。

涂尔干认为，任何持续存在的社会生活都不可避免地形成一种限制形式和组织形式，法律就是这些组织中最稳固、最明确的形式。通过社会生活的不断变化，必然同时伴随着法律活动相应的增加。因此，我们肯定会发现所有社会团结反映在法律中的主要变化。在机械团结社会，同一性是社会生活的基调，人们的集体意识或共同意识十分强烈。“在这种条件下，所有群体成员不仅因为个人的相似而相互吸引，而且因为他们有了集体类型的生活条件，换句话说，他们已经结合成了社会。”[1] 这样，就产生了一种固有的团结，它来源于相似性，任何一种违反这种相似性的行为就是对集体意识的侵犯，破坏了社会团结，这时社会规范就会对它进行压制，刑法就是主要的压制工具。“刑法始终坚持维护所有人之间相似性的最低限度，使个人无法威胁到社会整体的安全。此外，刑法还迫使我们去尊重那些能够展现和体现这些相似性的符号，以此来保护相似性本身。”[2] 因此，在机械团结社会，压制型法是主要的法律形式。其特征是对个人实施惩罚，使个人遭受损失。这种损失包括自由、生命、荣誉或财富等。但在有机团结社会则是另外一种情况。由于劳动分工的发展，社会个体的差异不可避免，但这种差异不仅没有使社会分崩离析，而是走向新的团结，这种团结是以相互差异为基础的。集体意识为个人意识留下了空间，自由得到很大的发展。这样，个人人格受到尊重，社会不再把同一的生活方式强加给个人，

1 涂尔干：《社会分工论》，渠东译，生活·读书·新知三联书店2004年版，第67页。
2 同上，第69页。

法律也没有必要以压制为主了，而是更多地以“恢复原貌”来进行社会整合。因此，在有机团结的社会里，恢复型法占主导地位。恢复型法并不具有刑罚和报复的性质，而只是将事物恢复原貌，将纷乱的社会关系重建到正常的状态。损害一旦发生，法律制裁的目的在于补偿损害或恢复损害发生前的状态。从表现形式上来看，恢复型法包括民法、商法、诉讼法、行政法、宪法以及各种形式的诉讼法等。

综上，压制型法与机械团结相适应，而恢复型法则与有机团结相一致。涂尔干的法律类型思想正是建立在社会团结分类的基础上，从而与其社会学主义的立场保持一致：任何制度都根源于社会。

3. 埃利希的法律类型思想

埃氏生活的19世纪中后期，“实用法学”是法学研究的主流，即法学研究只应服务于实用的目的。比如，一位从事钢结构技术研究的工程师，当他思考钢铁的时候，他不会去理解其中的化学元素，而是考虑冶炼厂提供给他用做建筑的商品。他只关心对钢铁结构起重要作用的性能，而不用操心去发展科学的研究方法。纯粹科学上的精益求精对实用目的而言太昂贵、太耗时了。这样必然的局限是，钢铁结构技术师忽略了很多不仅对科学，而且本身对钢结构技术也很重要的东西。同样，在法学领域，法学家的思考仅限于法学追随什么样的目的。“法学家所理解的法也不是在人类社会中作为法存在和起作用的东西，而完全是在法官司法中作为法加以考虑的东西。”[1] 针对这些弊端，法理学产生了一种新的趋势，即：法律理论表述的基本之事不是带有其个人意志、意图和目标的个人本身，而是社会整体；不是各样的法条本身，而是社会秩序，即现代社会通

1 埃利希：《法社会学原理》，舒国滢译，中国大百科全书出版社2009年版，第9页。

过法律的公正的秩序调整；不是古老而抽象的个人主义者的法律正义，而是全新的“社会正义”。埃利希正是这一思潮的主要代表。他的法律社会学思想主要体现在《法社会学原理》一书中。其思想的核心可以用一句话来概括：任何时候，法的发展重心既不在于立法，也不在于法学或司法判决，而在于社会本身。为了实现这一理论诉求，埃氏提出了“活法”理论。埃利希认为，法律有两种，其一是国家制定的法律，称为“国法”，主要体现为法条；其二即所谓的“社会秩序”本身，为“活法”。作这一划分的前提在于埃氏对法律概念的不同理解。通过对史前社会规范的研究，他认为法就是社会团体的内部秩序。“人类团体的内部秩序不仅仅是原初的法的形式，而且直到当代仍然是法的基本形式。法条不仅很晚才出现，而且至今绝大部分依然来源于团体的内部秩序。所有迄今为止想弄清楚法的本质的尝试均告失败，原因就在于其不是以团体中的秩序而是以法条作为研究的出发点。”[1] 因此，只要为了维持团体内部秩序而被社会实际遵守的规范就是法律。所以，除了国家制定法之外，还有很多被人们忽略的法律。显然，法律规范并不等同于法条。任何社会，法律规范远比法条的数量多。活法，不是在法条中确立的法，而是支配生活本身的法，是在生活中实实在在被人们遵守的行为规则。因此，要全面地研究法律，其起点不在于法条，而在于社会团体的内部秩序。“法的发展重心自古以来就不在于国家活动，而在于社会本身，这个重心在当代也必须到那里去追寻。”[2] 作者观察到，不仅在原始时期，而且在后来很晚的时代，甚至在当代也并不缺乏一个社会仅仅依靠其团体的内部秩序来维持的例子。理论上提出“国法”和“活法”的区分，正是为了将法学研究的重心带回到社

---

1 埃利希：《法社会学原理》，舒国滢译，中国大百科全书出版社 2009 年版，第40 页。

2 同上，第 429 页。

会本身之中。

以埃利希为代表的自由法学的产生是为了反对当时具有支配地位的概念法学。正因为此，埃利希提出，传统的法学研究，只注重成文法规的条文，而忽视制定法之外“活法”的研究。其结果必然使法学研究的视野比较狭窄，严重脱离了社会现实生活。因此，“活法”不是作为法规被规定下来的法，而是支配实际生活的法，不仅是法律所承认的，而且还有法律条文所忽视和省略掉的东西。这样，埃利希便提出了一种较之当时而言较为独特的法学研究方法，即用社会学来观察和研究法这一社会现象。埃利希的法律社会学思想的出现，还是有其广泛的积极意义的，至少它深化了我们对法这一社会现象的进一步认识，丰富了法学研究的方法。埃利希“活法”概念和理论的提出，在法学方法论上具有开创性的意义，对我们研究法学、分析和反省现行法律都具有启发性的作用。

4. 塞尔兹尼克的法律类型思想

塞尔兹尼克是伯克利学派的领军人物。他的法律类型思想主要体现在《转变中的法律与社会：迈向回应型法》一书中。伯克利学派形成于20世纪60年代，“当时的政治生活已经把执法置于公众关切的议事日程的重点。民权、贫困、犯罪、民众抗议、城市骚乱，生态破坏以及滥用权力等汇集在一起，并作为社会问题，构成前所未有的当务之急。它们使政治共同体穷于应付。法律秩序需要承受新的负担，寻求新的应急手段，并对自己的基础加以细察。”[1] 不同的社会状况会有不同的法制模式与之适应，而针对当时的社会现实情况，应采取何种适应社会变革的法律模式，是塞尔兹尼克关心的

---

1 诺内特、塞尔兹尼克：《转变中的法律与社会：迈向回应型法》，张志铭译，中国政法大学出版社2004年版，第2页。

主题之一。塞尔兹尼克认为，法律是一种社会现象，它不能离开其所生存的环境，而必须与各种社会现象发生互动关系。正是为了提出一种及时应对各种社会问题的法律理论，伯克利观察法以发展模型为基点，将法律分为三种类型，即压制型法、自治型法与回应型法。

压制型法关注的重点在于确立一种稳定的社会秩序，它的目的是保持现有的社会状态以维护现在统治者的利益，法律只是达到这一目的的手段。在压制型法中，法律与政治紧密结合，法律是统治者的工具，而且在社会的运行中起着主导性作用。强制是实现法律的主要手段，统治者通过法律进行政治统治，被统治者只能是服从，不可能通过正当的法律程序获取自己的正当利益，此时，法律失去了公平，只是当权者对社会的统治工具。故在压制型法中，被统治者的利益常常被统治政权忽视，他们的利益不能构成对当权者的约束，故腐败现象滋生、权力易被滥用，整个社会处于强权之下。因而，权力没有法律的约束就成为压制型法的缺陷。

为克服压制型法的弊端，自治型法应运而生。自治型法与法治的概念是联系在一起的，它解决的是对权力进行制约的问题。“法治”一词所意味着的不只是单纯的法律存在，它指的是一种法律的和政治的愿望，即创造“一种法律的统治而非人的统治。”“最好是把法治理解为一种独特的机构体系而非一种抽象的理想，这种体系的主要特征就是形成了专门的、相对自治的法律机构：这些机构自各个规定的权能范围内要求一种有限的至上性。”[1] 塞尔兹尼克把这种体系称为自治型法的体制。自治型法通过设置一套专业化的、相对自治的法律制度，把决定权限制在一定职能范围之内。因此，在

---

1 诺内特、塞尔兹尼克：《转变中的法律与社会：迈向回应型法》，张志铭译，中国政法大学出版社 2004 年版，第 53 页。

这种法律类型下，法律被认为是不可超越的，法律机构是同权力机构并立并对其进行制衡的机构。这样一种性质，规定了自治型法的特点之一就是对规则和程序的强调。法条主义是自治型法对压制型法进行矫正而走向极端的表现。但是，由于过分地强调对规则的遵守，使得法律不够灵活，无法面对社会现实的多样性。因而，自治型法本身固有的缺陷预示着必须有另外一种更适合社会运行与发展的法律模式出现，这便是回应型法。

回应型法是对自治型法缺乏灵活性以及对社会不公平不能很好地进行回应的矫正。自治型法的实质虽然也是在于维护既存的社会制度，但存在的不一定是合理的、正义的，人们需要一种能不拘泥于规则又能够对既存制度进行改进、能够实现实质正义的法制模式，这就是回应型法。“回应性”是回应型法的最大特点。这也是诺内特及塞尔兹尼克以回应型法作为解决合法性危机有效模式的关键。他们认为任何法律都是“凝固的非正义”，具有不可根除的压制性，而压制性危及到了合法性基础，故而期盼通过回应型法减少这种压制性。为什么回应型法可以减轻压制？主要原因在于回应型法的“回应性”要求法律不是反应或适应的被动机制，而是“应该放弃自治型法通过与外在隔绝而获得的安全性，并成为社会调整和社会变化的更能动的工具。”

通过对三种类型的法律的研究与分析，塞尔兹尼克和诺内特以一种全新的视角重新审视了法律现象与法律秩序之间的关系，为以后一些全局性的、重要性的法学理论问题的研究拓展了新思路，产生了较为深远的影响。

法律社会学法律类型学说的特点和启示

1. 注重法律的社会学维度

通过上文的总结，我们可以发现，在构建相关法律理论时，如此看重法律的类型划分的，几乎都集中在有社会学背景的学者中，即大部分属于法律社会学的研究。不管是涂尔干、埃利希，还是塞尔兹尼克，法律类型说都是试图将人们对法律的研究重心置于社会本身之中。这绝不是偶然，而是类型思维与社会学有着天然的亲和性。因此，法律类型学说几乎都注重对法律进行布莱克所说的“法律的第三维度”的理解。社会学家分析法律现象的基本前提是把法律看成是一种社会现象，认为其起源和赖以运行的条件都源自社会本身。正因如此，他们对法律的概念有着更广泛的理解。传统的法理学认为法律仅仅来源于国家的制定，但在社会学家看来，比如埃利希，这是一种傲慢和偏见。他们认为属于国家制定的法律只占一小部分，而法律更多地存在于社会之中，是维持社会生活过程中被实际遵守的规范。因此，法律和法条并不等同。法律不仅限于法条，而更多的是涂尔干所说的“团体的内部秩序”以及埃利希所言之“活法”，这对我们深刻理解法律的概念有很好的启发作用。此外，类型思维的社会中心倾向，能积极回应社会的建设需要，坚持从社会效果来评判法律。不管是韦伯、涂尔干还是埃利希等，其法律类型的理论构建都在积极回应社会的建设需要，积极对当时的法律现象提供理论的解释，从而使理论与实践紧密地联系在一起。比如塞尔兹尼克的“回应型法”理论，就是积极回应美国当时的民权、贫困、犯罪、民众抗议、城市骚乱、生态破坏以及滥用权力等社会问题的结果。因此，他们坚持从法律的社会效果来评判法律，甚至将社会效果作为法律合法性的根源。

这对我们适用法律带来很多启示。比如，可以启发我们重新思考调解的合法性。在中国这样的传统国家，社会的乡土性质依然很明显，那么，法治的重心是“规则之治”，还是“纠纷解决”，这是值得思考的问题。秋菊打官司案或许能给我们一种启示——社会效果是法律适用过程中不能忽视的。现代以来，亚里士多德的“良法之治”的法治概念已经更多地为“规则之治”替代了。但有学者认为，当代中国农村基层法院审判“仍然以解决纠纷为中心”。[1] 因而调解较之裁判具有一定的优势。他举了断绝母子关系等案件说明，如果基层法官简单地依照规则判决，效果不一定佳，他们还要关注判决能否得到执行、能否得到当地社会的认可，案件是否会再次发生等。这就是法律适用的社会学运用。

2. **注重类型思维的运用**

通过上文的阐述，我们发现社会学家法律理论的首要特点是对类型思维的广泛运用。这是由社会的多样性和类型思维的优势决定的。一方面，社会生活变化多端，新现象层出不穷，法律常常滞后于社会的发展；另一方面，鉴于抽象概念式思维的缺陷，法学中开始寻求新的能够克服传统法律思维不足的思考方式，类型思维恰恰能够担此重任。因而这一思维方式在法律社会学研究中首先被普及开来。相对于抽象的思辨，类型思维有其明显的优势。比如，类型思维的特性之一是“开放性”。根据法学家莱嫩的看法，类型具有开放性，并且这种开放性表现在三个方面：第一，类型的层级性，亦即一个类型之内可能会具有无数的层级依序排列。第二，类型边界

1 苏力：《送法下乡：中国基层司法制度研究》，中国政法大学出版社 2000 年版，第 178 页。

的模糊性，即抽象概念是一种分离式思维，界限明确，相互分离；而类型间界限模糊，且相互交融。第三，类型构成要素的不固定性。归属某类型的对象无须具备某些不可或缺的因素，而只需在整体上符合类型的外表图像即可；而抽象概念则具有封闭性，须具备该概念的所有特征，才可归属于该抽象概念之下。[1] 可见，类型的开放性可以有效把握事物的多样形态。拉德布鲁赫曾经说过，生活现象的认识只是一种流动的过渡，但概念却强硬地要在这些过渡中划分出一条明确的界限。在生活现象仅仅显得‘或多或少’的模糊地带，概念却要求必须做出‘非此即彼’的判断，因此，传统的概念式思维足以瓦解并败坏生活现象的整体性。社会学家的法律类型思想正是运用了类型思维的方法，使其理论具有更大的包容性和更强的解释力。应该说，这是我们在法学研究时的一种十分值得借鉴的方法。

3. 价值中立

法律类型学说的特征之一在于其“价值中立”的研究效果。对于价值而言，法学方法论层面上，自然法学派采取的是价值研究路径，这种只见价值而轻视事实的倾向出现了“价值的暴政”。相应地，实证主义采用“价值剔除”路径，则在实践中出现了“恶法亦法”“价值迷失”等诸多问题。于是，这样的重大理论问题就呈现在人们的面前——如何在法学研究中既保持研究的客观性，又要考虑合理或合法性等价值因素。作为回应，把研究的科学性和客观性作为基本追求的法律社会学选择了“价值中立”的立场。为了完成这一历史使命，催生了马克斯·韦伯的“价值中立”说。为了达致目的，“理想类型”的概念应用而生。价值中立并不排除价值研究，而

1 吴从周：《论法学上之“类型思维”》，载《法理学论丛——纪念杨日然教授》，月旦出版社股份有限公司 1997 年版，第 319 页。

是在承认价值作用的前提下去对价值研究重新定位，从而把适度的价值判断和委身于价值的偏执区分开来。韦伯“并非不去研究价值和道德，恰恰相反，由于价值与道德是社会行动和社会秩序形成的重要因素，因此，任何社会理论都无法回避它们。但是，社会科学家不能根据自己的主观偏好来评价一种道德的好与坏，而只能去理解社会本身对某种社会行动的价值判断，探寻这种价值的社会基础和功能。”[1] 涂尔干的“压制型法”和“恢复型法”，埃利希的活法理论等，可以说都保持了对价值的中立立场。也正是这一基本立场，使得法律社会学研究者不约而同地选择了法律的类型学说。这是很值得借鉴的做法。对法律的研究，我们不能时刻受政治价值的影响，动辄为政治大局否决法学研究的成果。而若需要保持价值中立，类型理论无疑是一种很好的选择。

可见，类型思维对法律的社会学研究具有很重要的方法论意义，值得我们在研究中借鉴。尽管某些国家的法律制度可能具有混合的特征，比如中国。此时，我们不能够把法律制度归入哪一类，“但法律类型学说对于我们来说仍有其价值，它提供了一个分析法律现象以及解决现实问题的途径，我们能够以这个理论为指导，去分析某一个法律制度属于哪一类，然后知道其缺陷在什么地方，应该采取的针对措施是什么。”[2] 因此，在解释法律现象过程中，法律的类型理论是我们不能忽视的重要维度。

---

1 李猛：《韦伯：法律与价值》，上海人民出版社 2001 年版，第 49 页。

2 苏力：《法律书评》（第三辑），法律出版社 2005 年版，第 194 页。

第9章

市民社会理论动态与法律合法化

近年来，法和法治的合理性问题逐渐被提高到研究主题的地位。而这个问题对我国当前来说尤为重要，因此我国法学界应迅速开展对这个问题的研究。[1]

法律的合法性问题是西方法律哲学的永恒话题；而任何法理学流派的基本任务无非都是提出一套评判实在法的合法性判准。在西方法理学理论中，法律合法性的来源主要有三类：价值、形式和事实；而这三种取向基本对应了法学的三大流派：自然法学、实证主义法学和社会学法学。自然法学派的核心论点是：法律的合法性来自于一种价值评判，比如神的谕旨、人的理性、民族的精神、权利或正义等，因而，价值维度是法理学的核心。[2] 然而，自然法学派由于其所谓“价值”的形而上学性质而受到实证主义的严厉批判。奥斯丁认为，法律就是主权者发布的命令，它与道德无关；此观点所

1 严存生：《法的合法性问题研究》，载《法律科学》2002年第3期。
2 Ronald Dworkin, *Taking Rights Seriously*, Cambridge: Harvard University Press, 1977.

代表的就是著名的“恶法亦法”论。社会学法学则把法律合法性奠定在社会事实的基础之上。比如，涂尔干认为，“压制型法”对应的是机械团结的社会，而“恢复型法”必然建立在有机团结的社会基础之上。作为对以上学说的综合，博登海默认为每一种学说都是法理学的基石，但是它们仅代表了局部和有限的真理，需要把它们综合起来构建一种综合法学。[1]

然而，对于法理学中法律的合法性评判标准存在两个不足：首先，价值依然具有形而上学的性质。比如，罗尔斯的“正义论”建立在假设的“原初状态”之上。其次，法律的形式标准往往脱离价值维度而走向极端实证主义。面对这种两难困境，我们认为只有法学的社会学研究才能开辟新的道路。然而，目前社会学对法律合法性的研究存在宏观层面与微观层面的二元对立状况，而市民社会理论的文化转向为实现两个层面的融合提供了新的理论视角。一方面，来源于市民社会的合法性具备了现实的社会基础；另一方面，基于市民社会的文化研究，又使得这种合法性超越具体的经验事实，成为一种一般化的价值尺度。本章的目标是从市民社会的文化维度出发，探讨法律合法化机制的理论更新；这种变化超越了事实与规范的二元对立，为民主和法治国建设提供了新的理论支撑。

法律合法性理论回顾

合法性之“法”不仅是狭义的国家制定法，而且是一套类似于规律、理性等的抽象判准，它侧重所指的往往是人们内心的价值观念，特别是其中的道德观念和政治社会理想。在这个意义上，合法

1 博登海默：《法理学：法律哲学与法律方法》，邓正来译，中国政法大学出版社 1998 年版。

性包含着合理性和合法律性两层含义。此外，需要明确的是，合法性不等同于“合法化”，相对于合法性的静态性，合法化是一个动态过程，它指法律在社会建构过程中如何变得被受体普遍接受和信仰，并转化为实在法的过程。合法性问题是法理学的核心主题，因为简单地说，法理学就探寻法之“理”的学说，亦即提出一套能够审视现实法律的判准。归纳起来，西方法理学界对法律的合法性问题的研究可以分为三大取向：自然法学派的价值判断，实证主义法学派的逻辑推演，以及社会学法学派的“事实效应”。

1. 自然法学派与法律的道德性

自然法学派研究法律的合法性问题具有最悠久的历史。亚里士多德就曾经提出“良法”是实现法治的基本前提之一。此后这一对法的价值评判经过古罗马、中世纪法学家的发展，在近代的古典自然法学派中达到高潮。这一阶段的核心主张是：法律是人的理性的体现，它自始至终都受到自然法的评判，“恶法非法”[1]。比如，洛克认为，法律的唯一目标就是维护个体的生命、财产等基本权利；而在卢梭看来，以权利让渡的社会契约为基础的人民公意是合法性的唯一来源。但是，古典自然法学中体现人之理性的自然法具有严重的形而上学性质，洛克、卢梭等都将权利归因于一种假设的“自然状态”，因此，受到实证主义法学的严厉批评并很快衰落了。作为对实证主义批评的回应，新自然法学派在“二战”后开始复兴并使价值方法再次成为主流的法学方法论，其中最为出名的是富勒的“程序自然法”、罗尔斯的正义论和德沃金的权利哲学。新自然法学派代表富勒认为法律天生具有道德性，法律合法性体现在包含“法治八原则”的“程序自然法”之中。德沃金则指出：法理学问题的

1 Lon L. Fuller, *The Morality of Law*, New Haven: Yale University Press, 1969.

核心是道德原则问题，而不是法律事实或战术问题；与政治道德相适应的权利能否得到“认真对待”，是法律的合法性之基本来源，人们甚至具有“善良违法”的权利。而将法律合法性归为道德评判的最极端者莫过于罗尔斯的正义论。在他看来，正义具有至高无上的地位，“一种理论，无论它多么精致和简洁，只要它不真实，就必须加以拒绝或修正；同样，某些法律和制度，不管它们如何有效率和有条理，只要它们非正义，就必须加以改造或废除。每个人都拥有一种基于正义的不可侵犯性，这种不可侵犯性即使以社会整体利益之名也不能逾越。”[1]

然而，尽管较古典自然法中价值的“绝对性”而言，新自然法的法律合法性判准（正义、权利等）具有更强的适应性和具体性，但是，依然没解决的问题是：作为合法性来源的价值判准的现实社会基础是什么？罗尔斯的“正义二原则”来自于所谓的“原初状态”，德沃金的“必须认真对待的权利”则源于一种抽象的政治道德状态。这种宏观的道德判准脱离了微观的尊崇基础。这也是自然法学一直受到实证主义法学和社会学法学质疑和批判的重要原因之一。

2. 实证主义法学与逻辑效力观

实证主义法学是在与自然法学的争论中发展起来的，其核心观点是：事实和价值之间存在不可沟通的“二歧鸿沟”，探寻法律的合法性只能“价值剔除”，而从与法律自身相关的事实中寻找。法律的存在是一回事，它的功过则是另一回事，而功过与对错的价值判断是无法确定的，排除价值保持客观的态度是发现真理的必要条件。[2]

实证主义法学主张，法律与道德无必然的联系，因此其合法性

---

1 John Rawls, *A Theory of Justice*, Cambridge, Mass.: Harvard University Press, 1971, p. 2.

2 奥斯丁：《法理学的范围》，刘星译，中国法制出版社 2001 年版，第 95 页。

不可能来自道德命题，而只能在法律体系内部寻找。这种观点典型体现在新实证主义代表凯尔森和哈特的学说之中。凯尔森试图排除一切与法律无关的因素，建立一种“纯粹法理论”；法律问题，作为一个科学问题，是社会技术问题，并不是一个道德问题。因此，法律的合法性来自于具有最高法律效力而无可质疑的“基础规范”的授权。[1] 哈特也坚持了实证主义“恶法亦法”的立场，提出了著名的“规则结合说”。他把法律看作是承认规则、初级规则和次级规则三种规则的结合体；而一种法律能否具有真正的法律地位或具有效力则取决于承认规则的“承认”。拉兹、麦考密克等也都分享这种研究路径：法律和道德之间没有必然的联系；对法律概念之含义的分析或者研究是一项重要的研究；一个法律制度是一个“封闭的逻辑体系”，在这个体系中，正确的判决可以用逻辑从预定的法律规则中推断出来。因此，真理只能在事实和经验中寻求。可见，在实证主义法学看来，法律的合法性是一个逻辑问题，而不是道德评判问题，即坚持“法律的逻辑效力观”（表5）。

表5　法律合法性三大理论模式的观点对比

	自然法学派	实证主义法学派	社会学法学
法律与道德	有必然联系	无必然联系	无必然联系，但不可缺少
价值立场	价值主宰	价值剔除	价值中立或价值主宰
合法性来源	伦理道德	规范自身的逻辑体系	社会事实
合法化机制	—	—	制度化与社会化

相对于自然法学派的主张，实证主义法学的合法性理论取得了巨大的发展。最为明显的是它们首次将合法性问题从静态描述转向动态论证。比如凯尔森把法律理解为以“基础规范”为最高规范并由各级规范层层授权而组成的动态规范体系。然而，这种“逻辑效

1　凯尔森：《法与国家的一般理论》，沈宗灵译，中国大百科全书出版社1995年版。

力观”存在两个缺陷：一方面，这种剔除价值的合法性论证，无法为法律寻找到伦理或道德上的合理性源泉，在实践中常伴随着“恶法亦法”“价值迷失”等诸多问题，纳粹法西斯统治下的法律给世界带来的巨大灾难至今仍使人们心有余悸。另一方面，所谓逻辑上的法律合法性的“最高判准”依然是形而上学的论证，“基础规范”或“承认规则”仍无法建立在坚实的社会基础之上，它们只是一个理论构建的逻辑假设。因此，对于现代社会的法律合法性的研究还有很长的路要走。

3. 社会学理论与法律的合法化机制

作为对自然法学和实证主义法学的批判和回应，近年来法律社会学迅速兴起并成蔚然大观之势。法律的社会学研究具有天然的优势，一方面，法律本来是一种社会现象或社会制度，其研究若局限于价值或事实本身，则无法全面理解法律现象；另一方面，正如法学理论发展史所展示的一样，任何理解法律的狭隘观点都无法达致真理。法律的合法性不仅具有价值层面内容，也包含着个体行动选择的微观基础；社会的文化、经济、政治等因素与法律密切相关。法之理在法外，尤其对法律合法性的探寻不可能忽视布莱克所称的“法律的第三维度”。

很多社会学家都曾对法律的合法性进行理论阐述，比如韦伯、涂尔干、帕森斯、吉登斯、卢曼等，但这些理论都或多或少反映在两位杰出代表——韦伯和哈贝马斯——的理论之中。法律合法性的社会学研究可以追溯至马克斯·韦伯。韦伯对法律的合法性问题的论述是从政治合法性开始的。一种政治的统治要获得普遍顺从，必须能召唤起人们对它的“合法化信仰”，而这首先要求统治者尽力向社会传播一种能发挥“扳道夫”作用的“我是合法的”的观念。他说：“一切经验表明，没有任何一种统治自愿地满足于仅仅以物质的动机或者仅仅以情绪的动机，或者仅仅以价值合乎理性的动机，作为其继续存在的机会。毋宁说，任何统治都企图唤起并维持对它的合法性的信仰。”[1] 政治合法性与法律制度密切相关。在现代社会，只有法理型统治才具有合法性。在韦伯看来，合理性分为两种类型：价值理性和工具理性。价值理性遵从宗教原则、伦理思想体系或清晰的政策等一般原则。相应地，工具理性是“逻辑形成的合理性”，它具有可计算的特征，科学、资本主义、现代法律、官僚体制等都体现了这种纯粹形式的合理性。韦伯认为，现代社会法治的最大特征也是法律的形式理性，法律的演进就是一个不断形式合理化的过程。

韦伯试图将法律的合法性的形式标准和实质标准综合起来，但是，其学说存在明显的不足：首先，对合法性理性类型的划分过于绝对，未能反映出国家发展的不平衡性和复杂性。其次，其法律合法性实际上等同于政治合法性，即过于重视国家统治的效度问题，而忽视了社会动力的激励机制对合法性的意义。再次，虽然韦伯含糊地说法律存在两种判准，但是他倾向于法律形式理性，并对超越这种法律的极端形式化倾向（理性牢笼）持悲观的态度；这与法律实证主义有异曲同工之效。

哈贝马斯是法律合法性理论的集大成者，他建构了公共领域与私人领域、系统世界与生活世界等概念来分析法律的合法性问题。他认为法律事实上维持社会秩序，在现实中被遵守并发挥作用；但是，法律又受到道德、伦理等规范层面的制约，所以法律是双重角色。要充分说明法律规则的意义，必须同时诉诸两个方面：一方面是社会的或实施的有效性，即得到接受；另一方面是法律的合法性或规范的有效性，即合理可接受性。所以，规范的法律有效性的关

1 韦伯：《经济与社会（上）》，林荣远译，商务印书馆 1998 年版，第 239 页。

键在于两个东西同时得到保障："一方面是行为的合法律性，也就是必要时借助于制裁来强制实施的对规范的平均遵守，另一方面是规则本身的合法性，它使任何时候出于对法律的尊重而遵守规范成为可能。"[1] 因此，事实性和有效性之间的这种非此即彼的思考不可取，因为"规范主义的思路始终有脱离社会现实的危险，而客观主义的思路则淡忘了所有规范的方面"。

由此，哈氏得出结论：实证法也必须是合法的，从而在法律中加入了道德的维度。然而，关键是如何实现事实性和规范性的有机结合？对这个问题的回答反映了西方对法律合法性问题研究的最新成果和哈贝马斯的极大贡献——建立在现实社会基础上的法律合法化机制问题。实际上，帕森斯已经关注法律的合法化机制问题。他认为社会整合依靠两个过程：制度化和社会化。而制度化的材料来自于社会共享的价值观。但是，帕森斯的理论过于宏观，依然无法在事实性和规范性之间建立有效的桥梁。为了找到道德规范的社会基础，哈贝马斯认为，法律的合法性必须建立在"主体间性"的基础上，交往理性是现代社会寻求合法性的基本来源。而要达致"交往理性"的生产和再生产，必须要恢复公共领域，走出已经殖民化的生活世界，并拓展交往行为；这一切又都依赖于市民社会的发展。

然而，哈氏的理论也存在缺陷。首先，他试图建立一种"程序民主"来确保协商的顺利进行和法律的合法性，然而，这种程序本身面临着合法性的考验；其次，达成共识的理解不一定能够得到由衷的尊重，很多时候可能是不得已而做出妥协的结果，尤其是在社会中处于弱势的群体，更不可能获得哈氏声称的交往的"理性情境"，商谈的结果也难免具有非自愿的性质；再次，文化对个体行动

---

1 哈贝马斯：《在事实与规范之间：关于法律和民主法治国的商谈理论》，童世骏译，生活·读书·新知三联书店2003年版，第37－38页。

具有重要的影响，如果社会个体受到一种非理性文化的制约，那么在“主体间性”的基础上形成的观念和意见可能依然是非理性的。尽管如此，哈贝马斯的贡献是明显而杰出的。一方面，他在批判韦伯的基础上，综合了价值和实证的研究方法，把法律的合法性问题置于市民社会理论中来理解，开创了法律合法性研究的新范式；另一方面，与之前西方马克思主义者一样，他十分强调合法性的实现过程，这无疑为理解合法性开辟了新的维度。

综上，目前法律合法性理论存在明显的局限。第一，追求实质正义在更严重程度上侵蚀了法律的普遍性。对此昂格尔有清醒的意识：由于目的导向的法律推理以及对实质正义的关注逐渐占了上风，法律推理的风格就开始接近了政治和经济的共同的推论方式，而正义实际上是可由国家操纵的。福利国家在立法、行政及审判中，迅速地扩张使用无固定内容的标准和一般性的条款，所以，为权力的入侵打开道德裂口，最终意味着法治的解体。[1] 第二，在反对实质合法性的同时法学理论又倾向于一种极端的“形式理性”，然而，“公平越是屈从于规则的逻辑，官方法律与老百姓的正义感之间的差距就越大，从而，在老百姓眼中，法律就会渐渐地失去自身的可理解性和合法性”。[2] 第三，作为对自然法学和实证主义法学的回应，法律合法性的社会学模式虽然取得很大的进步，但是如何在事实与规范之间做有效的沟通依然是一个理论难题。社会科学大部分是从摆脱形而上学和任意的政治判断中解放出来而建立的，但是这一进路的极端立场导致了实证主义，从而人类社会的发展似乎失去了应有的方向。为了摆脱这种二难困境，社会科学似乎又必须再次成为形而上学和政治的东西，它必须对人类本性和人类知识问题有个立场，

1 昂格尔：《现代社会中的法律》，吴玉章、周汉华译，译林出版社2001年版。
2 同上，198页。

必须承认社会理论的未来与社会命运不可分割地联系在一起。能否处理这个困境有赖于能否找到一条将人类价值置于坚实社会基础之上的途径。市民社会理论为这个问题的解决带来了良好的契机和提供了新的思路。

法律合法化机制与市民社会理论

从自然法学价值评判，到实证主义的动态逻辑效力观，再到社会学家对法律合法性的社会评判，西方理论对法律合法性问题的论述取得了巨大的进展。

第一，实现了从法律合法性到合法化机制的转变。不管是古典自然法学的“人的理性”，还是新自然法学的权利、正义和程序自然法，对法律合法性的探讨依然停留在静态描述的层面。法律的道德性的形而上学论证仿佛空中楼阁，它找不到连接现实的基础。对于法律的合法性如何实现的问题，实证主义法学的“逻辑效力观”提出了一个回应，从而初步接近了法律的合法化机制问题。凯尔森认为，法律合法性的最终来源是“基础规范”，而每一层级的法律效力都来自一个比它效力更高的规范；这样，通过层层授权，法律呈现为一个动态的规范体系。哈特则认为，法律合法性来自于“承认规则”的承认，而承认规则并没有成文的规定，而是与社会习俗、公众舆论等联系在一起。这样，他实际上回到了自然法学的道德评判进路。总体看来，这两者依然没有为法律的合法性找到现实的社会基础及其实现的具体机制。这一问题最终在社会学家的理论中得到充分阐述。在哈贝马斯看来，法律的合法性建基于交往理性的“商谈一致”，这完全超越了合法性的静态性，并用主体互动沟通了事实和价值的“二歧鸿沟”。

第二，合法化机制与民主。法律的合法化机制是一个双重的过程：一方面，一种作为法律判准的理性文化必须能够生产与再生产出来，这解决的是法的“合法化信仰”问题，即哈特所说的对法律的“内在观点”；另一方面，理性文化又必须能够转化成具有法律效力的实在法。所以，法治的基本前提之一在于“良法”能否顺利生产和再生产出来，并实现向现实法的转变。这不仅依赖于文化上取得的成就，更关键的是文化上的成就如何转化成法律的合法性并最终体现在实在法中。无论法律的合法化判准是什么，其效力要转化成法律实效，前提是通过国家立法制定出来。不幸的是，人类社会发展史显示，制定法往往包含着不合法的性质。因此，要确保法律尽可能符合文化中的合法化判准，必须依赖于民主和法治进程。正如孟德斯鸠所说，绝对的权力导致绝对的腐败。自然法学和实证主义法学讨论合法性问题的缺陷之一是没有能够在合法性模型中纳入民主的内容。而帕森斯、哈贝马斯等对合法性问题的社会学研究的突出贡献正是在于考虑到民主作为合法化机制的中介程序。正如哈贝马斯所指出的：韦伯的缺点在于没有把法律的合法性和民主联系起来，“根据韦伯，法治国的合法性并不是以政治意志形成过程的民主形式为最终来源，而仅仅以对政治统治的法律运用为前提——也就是说，仅仅来自法律的抽象的规则结构，来自司法自主、法律约束和对行政的‘合理’构造”。[1] 因此，韦伯代表了一种德国特有的法治国观念，这种观念和政党的精英统治是并行不悖的。而在合法化危机膨胀的当代社会，自上而下制定的法律如果不考虑“主体间性”和交往理性，那么法律始终难以内化为人们的“内在观点”。[2]

更为重要的是，第三，民主和法治的建设必须依赖于市民社会的发展。帕森斯认为，法律化的过程与社会结构有关，现代社会是

---

1 哈贝马斯：《在事实与规范之间：关于法律和民主法治国的商谈理论》，童世骏译，生活·读书·新知三联书店 2003 年版，第 89 页。

2 哈特把人们对法律的态度分为“外在观点”和“内在观点”。简单地说，“外在观点”就是并不真正信仰法律，这类人只要有机会就会违法；而内在观点则是把法律内化为真正的信仰，即使没有监督也会遵守。详见《法律的概念》。

市民社会，政治权力的法律化为一种根植于民主的、市民社会的、政治公共领域和公民身份的合法化模式。而作为西方法律合法性的最新理论成果，哈贝马斯指出：合法性的最终来源在于市民社会，只有一个强大的市民社会才能确保一个合理的生活世界和一个有效的公共领域，这是交往理性得以生产和再生产的基本前提。市民社会的兴起是西方民主和法治得以建立的前提，而这与西方资本主义市场经济的发展密切相关。无论如何，法律的合法性及其合法化机制的社会基础在于市民社会的发展。哈贝马斯等人的理论给我们带来的又一个重大贡献是为法律合法性研究带来新的研究视角。法理学大部发展史都是在事实与规范之间左右摇摆，或者是法律的价值标准没有坚实的社会基础，或者是对事实的强调使社会文化变迁无法与法律的发展紧密关联。市民社会理论为实现合法性问题的宏观层面和微观层面的沟通提供了新的思路。然而，近年来西方市民社会理论发生了“文化转向”，其原因在于将社会与经济等同起来的观念带来了一系列负面的政治社会后果。如果说市民社会理论是法律合法性问题研究的重要借鉴，那么，了解市民社会理论的最新动态就成为我们迫切的任务。

市民社会的文化转向与法律的合法化机制

1. 市民社会理论的“文化转向”

传统法理学对法律合法性问题的论述总是左右摇摆于“事实与规范之间”，只有一种从观察者角度出发的社会学模式才能纠正纯粹从参与者角度出发的传统法理学模式的不足。[1] 而社会学模式的最新

1 布莱克：《社会学视野中的司法》，郭星华等译，法律出版社 2002 年版。

发展支持了这样一种观点：市民社会理论是研究法律合法性及其机制问题的重要视角，立足于对市民社会的研究，大大增加了我们找到一条真正把与一定社会文化相适应的合法性判准转化为实定法的途径的可能性。因此，简要回顾市民社会理论的历史与最新发展，是我们重新思考法律合法化机制问题的必要条件。

西方市民社会理论大体经历了三个阶段：政治国家与社会混同阶段、政治国家与社会分离阶段、经济系统与社会文化维度分离阶段。在第一阶段，市民社会与政治国家混同而对应于一种野蛮状态。亚里士多德把城邦国家等同于市民社会；而在近代洛克、卢梭、孟德斯鸠等人的理论中，一般都将社会与市民社会作同义词使用，而且这个社会一般指社会的政治活动即政治社会，与之相对应的则是自然状态或自然社会。总之，在古典自然法理论家那里，市民社会与政治社会经常是等同的。[1] 在第二阶段，市民社会开始与国家明显分离，并成为制约国家的重要力量。市民社会与政治国家在现实中的分离是在资本主义时代完成的，边种分离是资本主义市场经济的产物。[2] 这一阶段的显著特征是市民社会等同于经济领域。在谋求社会独立于国家干预的过程中，市场经济的发展无疑产生了巨大的影响。于是，西方学者在理论设计中出现一种把作为与国家对立的市民社会等同于市场经济本身的倾向。黑格尔是第二阶段市民社会理论的杰出代表，他在理论中明确区分了相对立的市民社会和国家两大领域，并认为市民社会意味着道德的无秩序，而作为共同体的国家是克服这种无序的内在诉求，因此，国家是市民社会的基础。[3] 因此，黑格尔的高明之处在于他看到了市民社会的经济本质并指出它在道德上的重大缺陷。马克思批判这种理论的“本末倒置”，主张市

1 高峰：《市民社会：当代中国社会学研究的主题》，载《苏州大学学报》2003 年第 2 期。
2 俞可平：《马克思的市民社会理论及其历史地位》，载《中国社会科学》1993 年第 4 期。
3 黑格尔：《法哲学原理》，范扬、张启泰译，商务印书馆 1961 年版。

民社会才是国家产生的前提，而市民社会最重要的内容就是经济基础，这是一切上层建筑的决定性因素。但是，他们都基本上把市民社会和资本主义市场经济领域等同起来。

然而，市场经济的充分发展并没有带来普遍的平等、正义，反而由生态破坏、贫富分化、经济危机等严重社会问题引发了西方资本主义国家的严重“合法化危机”。因此，西方学者开始认识到传统市民社会理论的不足：首先，西方学者认识到一种充满利己主义的市民社会是“劣质的市民社会”，它的存在需要我们去反思市民社会的相关论点。[1] 如果社会正义的失败导致了自由主义理想的幻灭，那么再发展的市民社会也不会带来自由主义的民主。“劣质市民社会”问题的提出意味着我们需要回顾到社会正义问题。其次，无法解决文化操纵的问题。传统的市民社会理论致力于谋求经济领域的独立，而忽视其文化维度。而实际上，如果统治阶级拥有“文化霸权”，那么由公共领域传播的文化是可以被操纵的，从而把原本批判性的文化转化成娱乐原则和“生活忠告”，如此，法律合法性只能建立在被操纵的文化之上。然而，“合法律性”本身也面临着“合法性”的考验。再次，传统市民社会无法解决这一问题：在西方福利国家中的“国家社会化”和“社会国家化”的双重进程中社会如何还能维持自己的独立性?

因此，古典自由主义的失败和凯恩斯的政府干预主义的兴起，再次把国家权力界限或理性化问题提上西方的理论日程。近年来，西方学者提出一种“国家、市场、社会三分法”来超越“社会、国家二分法”旧模型，其深层的理论根源就在于市民社会的“文化转向”。所谓“文化转向”就是将市民社会与市场经济区分开来，市民

---

1 Simone Chambers & Jeffrey Kopstein, *Bad Civil Society*, *Political Theory*, Vol. 29, No. 6 (Dec., 2001), pp. 837 –865.

社会的职能不在于维护经济的独立发展，而在促进理性文化生产和再生产。“如果说在马克思、黑格尔那里，市民社会理论指向社会的商品、经济活动领域的话，那么在当代西方社会，市民社会的研究视角则指向了文化领域。”[1] 对市民社会文化维度的强调最早出现在马克思主义者的理论中，卢卡奇和柯尔施都明确反对第二国际内部以考茨基等人为首的经济决定论的马克思主义，认为他们忽视了革命过程中的意志因素；这一思想后来得到葛兰西的继承和发展。葛兰西着重从文化和意识层面去解析市民社会。在他看来，遍及政治生活乃至私人生活的意识形态领导权是资产阶级统治的成功和生存的基础。在思想和行动上无产阶级倒在资产阶级文化的左右下变成为资本主义的一个合理组成部分。意识形态的领导权对革命具有至关重要的作用，因此，不是以资产阶级权力体系而是应把市民社会作为正面攻击的目标，改造民众观念并形成新的文化，革命才有可能。显然，不同于马克思，葛兰西将“市民社会”看成上层建筑的一部分，“目前我们能做的是确定上层建筑的两个主要层面：一个能够被称为‘市民社会’……另一个则是‘政治社会’或‘国家’”。[2] 这种区分标志着西方市民社会理论的一个新的转向，即从经济领域的讨论转向了文化领域。这就打破了传统的政治社会和市民社会二元对立的解释模式，在伦理和文化的支点上，把国家理解成内含政治社会和市民社会的有机统一体。

哈贝马斯对市民社会的文化维度作了更充分的理论阐释。他认为私人领域是指以市场为核心的经济领域，公共领域是指社会文化领域。理性的文化只能来自具有政治功能和批判功能的公共领域，而它却正遭受商业化原则和技术化政治的侵害，使得人们自主的公

1 戴桂斌：《西方市民社会历史内涵的演进》，载《求索》2005 年第 4 期。

2 昆廷、霍尔等编译：《狱中札记》，劳伦斯－威沙特出版社，1971 年英文版，第 12 页。

共生活越来越萎缩，人们变得越来越冷漠和无情，只有重建非政治化、非商业化的公共领域，才能使人们在自主的公共生活领域重新发现人的价值和意义，而市民社会在这个过程中具有关键的作用。因此，哈贝马斯区分出政治系统、经济系统和社会文化系统，合法化危机实质上是一种认同危机，它最终来源于社会文化系统。[1]

2. 法律合法化机制的更新

市民社会的文化转向给法律的合法性问题及其实现机制带来了新的启示。

首先，市民社会理论的“文化维度”强调用一种超越经济决定论的新型理性文化来维持法律的合法性。换言之，重视“合法律性”的合法性，而不单是法律内容本身的合法性。德沃金、罗尔斯的理论无法解决价值为何是合法性的问题，因为他们没能把这些价值存在的社会基础呈现出来。而实证主义寻找的是法律效力的标准，但是这些标准得不到伦理道德的支持，也无法引领法律服务于人类的正义事业，因而富勒等认为法律的权威不仅是效力问题，更是道德问题。但是，他们都忽视了“合法律性”本身的合法性问题。[2] 比如，“承认规则”或“必须认真对待的权利”作为法律合法性的判准，但是它们本身的合法性来自哪里？传统法理学模式和传统的市民社会理论都无法为这种合法性找到坚实的社会基础，而市民社会的文化转向则为解决这一问题提供重要的新思路。

实际上，法治的目标在于促进人类社会的公平正义，而不单纯在于促进经济的发展。法律的功能不仅在于维护既定的秩序，更在于促进一种理性文化引领下的良好秩序。因此，法律的合法性不可

1 哈贝马斯：《合法化危机》，刘北成、曹卫东译，上海人民出版社2000年版。

2 David Dyzenhaus, *The Legitimacy of Legality*, *The University of Toronto Law Journal*, Vol. 46, No. 1, 1996, pp. 129 – 180.

能超越价值维度而单纯强调其“事实性”。而评判法律的价值必须来自市民社会的理性文化，而不是其经济基础，也不是形而上学的“应然”判断。市民社会的文化转向为在强调法律的社会根基的基础上探讨其价值性提供了重要启示。

其次，如何在公法与私法融合趋势中确保“新自由”的问题。为确保法律始终受到与人类社会福祉相适应的理性文化的指引，基本前提是探讨并维护理性文化的生产与再生产机制。实际上，任何一种文化的形成必须要有相应主体的实践和交往，而只要社会个体完全受到经济利益的指引，那么“主体间性”仍然无法保障一种超经济的理性文化。后自由主义社会存在两大趋势：一是政府干预在从前被认为是国家行为适当领域之外的领域取得合法性；二是国家与社会逐步近似，公法与私法混同。这样，一方面，国家不再伪装成社会秩序的中立监护人，另一方面，私人组织被当作享有权力的实体，无法再摆脱权力的控制。因此，要维持社会的独立性，我们需要新的自由；它不同于市场经济下自私自利的自由，而是一种以市民社会为基础的理性文化引领下的自由，即波兰尼所说的“复杂社会中的自由”。当今的自由在两个层面出现了问题：制度层面和道德或宗教层面。制度层面上的自由只是一个量的多少问题，只有道德或宗教层面的自由才能引领新的社会方向。[1] 可见，自由更多是一个文化问题，而不是制度问题。一种新的理性文化必须走出社会等同于经济的思路，借鉴市民社会的文化转向思想。目前西方理论界把目光聚焦于非营利性组织（NGO）的培育和发展。最近一些学者又提出小团体理论，该理论认为传统的市民社会基础是单个独立的个人或个人层次的互动，因此无法解决当文化被操纵或公共领域衰

---

1 波兰尼：《大转型：我们时代的政治与经济起源》，冯刚、刘阳译，浙江人民出版社 2007 年版。

落时理性文化生产问题，因而主张用小团体互动代替个体互动，并认为这是当代民主国家健康发展的重要因素。[1] 这些都是维护和促进复杂社会中自由的新思路。

再次，法律合法化机制依赖于发展新文化引领下的新型民主模式。传统理论失败于无法找到将理性文化转化成具有合法性的实在法的机制，市民社会理论主张这一机制就是当代新型民主。哈贝马斯认为，法律的合法化机制必须依赖于新型民主的发展，但是，必须强调民主不是把它作为工具，而是在于能够维持一种辩护性或理性化的文化。法律不仅是工具，更是维护理性文化的一种方式。民主是法律合法化机制的重要环节，是把理性文化转变为实在法的中介机制，或说是沟通法律规范性和事实性的桥梁。但是，现存的民主模式无法实现这一使命，毋宁说它们是意识形态的生产机制。因此，尤其是在公共领域衰落和个体受经济利益主宰的时代，如何设计新的民主来维护理性文化的生产和再生产就成为迫切的时代使命。在这一点上，哈贝马斯的努力给我们提供了重要的理论启发。他批判与自然法学和实证主义法学对应的“规范性民主模式”和“经验型民主模式”，提出一种“协商性的程序民主”，因而在沟通事实与规范之区隔的道路上迈进了一大步。

总之，市民社会理论的文化转向对已有的法律合法性解释提出了新的挑战。法律作为现代社会最重要的社会控制手段，其合法化机制必须及时得以更新，这是法治国建设的重要决定因素。因为法治的基本要素之一是良法之治，而这依赖于两个过程的实现：一方面，市民社会能够提供一种以人类社会而不是经济社会为目标的文化判准；另一方面，这种文化能够在社会化和制度化过程中顺利转

---

1 Gary Alan Fine and Brooke Harrington, *Tiny Publics*: *Small Groups and Civil Society*, *Sociological Theory*, Vol. 22, No. 3, 2004, pp. 341 –356.

变为实在法，把法律效力转变为法律实效。而这些都是法律合法性理论需要进一步探讨的关键问题。

简短的评论

法律的合法性及其实现机制不仅是一个理论问题，更是一个迫切的实践问题。一方面，一种不合法的法律必然只能依靠国家暴力来维持，它无法真正得到人们的信仰；在人们对法律持一种“外在观点”的地方，一旦失去有效监督，违法就成为一种必然选择。这样，法治的成本和时间都将大大增加。另一方面，一种不具有合法性的法律的实施和执行会导致严重的公平正义问题，并由此衍生出诸多社会冲突，并带来严重的合法化危机。因此，当代中国情境下的法律的合法性理论是值得我们研究的重大课题。

然而，传统的法理学模式对法律的合法性研究存在重大的缺陷，不管是自然法学还是实证主义法学最终都只能依靠形而上学的论证，它们无法为法律的合法性找到现实的社会基础。而社会学模式不仅突破了传统法理学的局限，而且极大地促进了法律的合法性研究。首先，社会学研究把法律的规范性从天上带到人间，同时又克服了极端实证主义的倾向，在法律价值评判和事实有效性之间建立起一座沟通的桥梁。其次，社会学模式更重视法律的合法化机制，从而填补了传统法理学的空白。然而，这些进步都得益于市民社会理论的发展。因此，只有社会学的市民社会研究才能为法律的合法性找到宏观的价值指引和微观的社会基础。

但是，以黑格尔和马克思为代表的现代市民社会理论存在把市民社会等同于市场经济领域的倾向，这就带来一种危险：由于一种“以经济建设为中心”的文化，法律的价值维度常常局限于能否维护和促进经济的发展。而实际上，正如卡尔·波兰尼所说：经济体系只是社会体系的一个部分，经济本来只是履行了诸多社会职能中的经济职能，但是市场经济的逻辑把人类社会变成了经济体系的一个附属物，这可能会给社会带来巨大的灾难。因此，我们认为，西方市民社会理论的文化转向为克服这种狭隘的经济决定论提供了重要的理论指引的同时，也对法律的合法性及其合法化机制提供了新的研究思路。第一，法律合法性的最终来源应该是增进人类社会的公平正义，而不是对生产力带来的影响，因而，超越经济中心的理性文化的生产和再生产应该是法律合法性理论的重要内容；第二，虽然“主体间性”对法律合法性具有重要的作用，但更为关键的是能够形成不受经济利益主导的社会个体或组织，而这是涉及发展非营利组织等一系列因素的庞大“社会工程”；第三，新型民主的发展是法律合法化机制必备的中介环节，没有民主的合法性理论无法解决理论与实践的区隔，而一种受操纵的民主模式则无法将法律的合法性始终置于人类正义事业的审视之下。总之，法律合法性和合法化机制的关键在于一种与整个人类社会福祉相适应的理性文化，市民社会理论的文化转向为我们探讨这种理性文化的形成机制提供了重要的启示。

总之，市民社会的文化转向对法律合法化机制带来深刻的影响。在法治与民主建设过程中，最重要的是一种理性文化的生产及社会化。没有新型文化的指引，我们无法克服 GDP 主义带来的消极影响，而全社会的权利和自由也难以得到真正的保障。从这个意义上，市民社会的文化转向不仅更新了法律合法性的内容，更是带来了对传统法学对合法性问题研究方法论的超越——我们不能单纯强调事实研究，也不能局限于价值判断，而是应该立足市民社会去探讨并建构一种引领法治和民主建设的“新文化”。

下　篇

法律社会学经验研究

第10章

诉讼经历与城市居民的司法信任[1]

背景与问题的提出

近年来，“北京昌平法官马彩云被枪杀案”“湖南永州法院枪杀案”“山东曹县执行法官被围殴案”等法官被辱骂殴打甚至杀害的事件引起了社会广泛关注。对此类案件可有多种解读，但其普遍化趋势至少折射出我国官司经历者偏低的司法信任。当事人的司法不信任不仅可能通过弱化其裁判遵从意愿而引发执行难及涉诉上访等问题，还可能通过媒体传导而对司法权威带来“感染性”腐蚀效果。解释我国官司经历者的司法信任生成机制已成为一项重要的法律社会学议题。

---

1 本章内容曾发表于《环球法律评论》2019年第3期，是一项典型的法律社会学实证研究。类似案例可让读者更深刻了解法律社会学的基本内涵及其研究路径。

目前国内学者尚未对官司经历与司法信任的关系开展系统的经验研究，但国外已有不少研究成果。美国扬克洛维奇斯凯利怀特调查公司在其报告《法院的公众形象》中首次利用调查数据呈现了法庭经历对司法信任的弱化效果。[1] 该结论在随后一系列研究中不断得到新的经验支撑。尤其是有学者于2013年对拉丁美洲多个国家的比较研究发现，法庭经历者较其他居民具有更低的司法信任。[2] 不过，也有少数证据表明法庭接触能够增加司法系统的公众支持。[3] 一些更细化的研究进一步考察了不同类型的法庭经历对司法信任的差异化影响，发现官司经历（原告或被告经历）对司法信任有消极影响，而证人与审判人员经历的效果相反。[4] 对此，有学者主张用程序正义论来解释官司经历者的司法信任成因，即认为相对案件审理结果而言，平等对待及充分表达意见等程序正义因素更能决定官司经历者的司法信任。[5]

上述成果为后续研究提供了理论基础，但仍有可拓展之处：（1）上述成果主要以西方发达国家为研究背景，中国居民的官司经历如何影响其司法信任仍需检验；（2）在探讨司法信任的影响因素时侧重以程序正义为主的内生变量，对司法系统之外的社会因素重视不够；（3）统计方法上主要采用了简单的多元线性回归，个别研究还运用了结构方程模型，但总体上忽略了变量的内生性或选择性误差问题。为弥补上述不足并提供完善我国庭审制度的经验依据，基于对上海市民的调查数据运用倾向值匹配法，本章将对以下问题

---

1 Yankelovich, Skelly and White, Inc., *The Public Image of Courts*: *Highlights of the National Survey of General Public*, *Judges*, *Lawyers and Community Leaders*, Williamsburg, VA: National Center for State Courts, 1978, pp. 17 – 20.

2 Ryan Salzman and Adam Ramsey, *Judging the Judiciary*: *Understanding Public Confidence in Latin American Courts*, *Latin American Politics and Society*, 55. 1, 2013: pp. 73 – 95.

3 Herbert M. Kritzer & John Voelker, *Familiarity Breeds Respect*: *How Wisconsin Citizens View Their Courts*, Judicature, 82. 2, 1998: pp. 58 – 64.

4 Sara Benesh & Susan Howell, *Confidence in the Courts*: *A Comparison of Users and Non-users*, *Behavioral Sciences and the Law*, 19. 3, 2001: pp. 199 – 214.

5 泰勒：《人们为什么遵守法律》，黄永译，中国法制出版社2015年版，第169页。

进行探索性研究：城市居民的官司经历是否影响了他们的司法信任？如果是，究竟是哪些因素制约了官司经历者的司法信任？这些制约因素在官司经历者与非官司经历者之间是否存在差异？

文献回顾与研究假设

1. 官司经历与司法信任：国外经验与中国语境

国外已有经验发现

20世纪60年代中后期以来，随着越来越多西方国家的民众将日常纠纷诉诸法庭，国外学者开始关注市民接触对法律系统支持的影响。[1] 如沃尔克指出，原告、被告及求助警察等经历与居民对州法院或警局的支持度紧密相关。[2] 不过，早期研究以理论阐释或描述统计为主，较少直接检验法庭经历与司法信任的关系。扬克洛维奇斯凯利怀特公司1978年在其调查报告《法院的公众形象》中第一次基于数据分析指出，亲自接触过庭审的个体更倾向于表现出对法庭的不满与批评。有学者对美国堪萨斯州居民的调查研究也表明，各种案件中的原告或被告相比于那些无庭审接触经历者更倾向于对法院持消极态度。[3] 而在一项最新的研究成果中，塞尔兹曼和拉姆齐对拉丁美洲多个国家的比较研究得出了相似的结论，即那些回答自己接触过法庭的受访者具有更低的司法信任。[4] 但也有少数证据表明事情可

---

1 Darlene Walker et al., *Contact and Support: An Empirical Assessment of Public Attitudes toward the Police and the Courts*, *North Carolina Law Review*, 51.2, 1972: pp. 43 – 79.

2 Darlene Walker, *Citizen Contact and Legal System Support*, *Social Science Quarterly*, 58.1, 1977: pp. 3 – 14.

3 Joseph Aistrup & Mills Bannister, *How Previous Court Experience Influences Evaluations of the Kansas State Court System*, *Court Review*, 36.3, 1999: pp. 32 – 34.

4 Ryan Salzman & Adam Ramsey, *supra note* 2, p. 73.

能还有另一面。如一项针对美国威斯康辛市民的调查研究发现，具有近期法庭经历者具有更高的法院信任。[1]

上述研究或者将法庭经历等同于官司经历，或者把多种法庭经历合并编码为“法庭经历者”以比较其与一般居民的司法信任差异。实际上，官司经历是指以原告或被告身份卷入诉讼的生活经历，它仅为法庭经历的基本类型之一，因而一些更细化的研究进一步考察了不同类型的法庭经历对司法信任的差异化影响。有学者利用“路易斯安那州法院的居民评价”调查数据比较了“法庭使用者”与“非法庭使用者”的司法信心来源。该研究认为，不仅法庭经历者与非法庭经历者的司法信任存在差异，而且不同法庭经历类型对司法信任的影响也不同。“差异”源于两个相关原则：利益相关度或受损度与对结果的控制度。因此，那些利益可能受损却对结果控制程度低的经历者具有更低的司法信任，比如原告、被告、受害人等；相反，利益相关度低却对结果控制度高的陪审员或审判员等则具有更高的司法信任。[2] 温泽尔（Wenzel）等也发现，官司经历对司法信任具有不利影响，而证人和审判员经历则具有正向作用。[3] 需要说明的是，考虑到我国当事人司法信任偏低的生活经验及数据的可获得性，本章主要考察官司经历的司法信任后果及其成因。

中国语境下的官司经历与司法信任

如前文所述，国外大部分研究表明官司经历可能对个体的司法信任具有弱化效果。目前国内没有对此议题的现成理论借鉴，但多项证据显示“官司经历负效应”假设也契合于中国司法实践。近年来每年都有数十万以上因当事人不配合等原因而导致的未执结案件。

1 Herbert M. Kritzer & John Voelker, *supra note* 3, pp. 58 – 64.

2 Sara Benesh & Susan Howell, *supra note* 4, pp. 204 – 205.

3 James P. Wenzel et al., *The Sources of Public Confidence in State Courts: Experience and Institutions*, *American Politics Research*, 31. 2, 2003: pp. 191 – 211.

最高人民法院院长周强在第十三届全国人民代表大会常务委员会第六次会议上关于“执行难”的工作情况报告显示，2016 年至 2018 年 9 月，全国法院共受理执行案件 1884 万件，执结 1693. 8 万件，未执结 190. 2 万件，约占 10. 1% 。[1] 导致案件未执结的原因是复杂的，但一个重要缘由是当事人的不配合甚至暴力抗拒执行；而依据国外已有理论，“不配合”的心理基础之一可能在于他们偏低的经历满意度及司法信任。另有数据显示当前中国存在较严重的涉诉信访现象。据不完全统计，2005 年全国法院共受理一审案件 5143084 件，其中包含了已被法院受理的涉诉信访案件 455242 件（人）次，约占 8. 85% ；[2] 而根据全国法院司法统计公报数据，2015 年全国法院共收案 17659861 件，其中信访案件 798961 件（人）次，约占 4. 52% 。[3] 十年来涉诉信访问题形势总体向好，但仍有较大改善空间。涉诉信访指已被法院立案受理并审理或执行的案件当事人或其他利益相关人因不满裁判结果而向相关部门所采取的信访行为。执行难及涉诉信访问题实际上都在一定程度上体现了当事人未从内心真正认同司法裁判，而这可能与他们的庭审经历满意度不足有关。有学者指出：“法院的涉法涉诉信访案件中 80% 以上的确存在问题。在证据采信、审判程序、适用法律、自由裁量等方面的不公正，导致案件审理结果出现偏差，造成当事人不满，引起上访。”[4] 基于此，提出以下假设。

假设 1：官司经历对个体的司法信任有消极影响，即官司经历者较之非官司经历者具有更低的司法信任。

---

1 周强：《最高人民法院关于人民法院解决“执行难”工作情况的报告》（2018），参见中国人大网 http：//www. npc. gov. cn/，2019 年 4 月 9 日访问。

2 张丽霞：《民事涉诉信访制度研究——政治学与法学交叉的视角》，法律出版社 2010 年版，第 145 页。

3 《2015 年全国法院司法统计公报》，参见中华人民共和国最高人民法院公报网站 http：//gongbao. court. gov. cn/“司法统计”栏目，2019 年 4 月 9 日访问。

4 姜晓贞：《涉法涉诉信访问题的理性思考》，载《郑州大学学报（哲学社会科学版）》2012 年第 4 期，第 51 页。

2. 程序正义与社会文化：官司经历者司法信任的制约因素

针对司法信任或司法公信力问题目前国内已有一批重要学术成果，但专题性实证研究仍处于起步阶段。在相对成熟的政治信任研究中，较多文献把司法信任作为政治信任的组成部分或测量指标之一。因而政治信任研究成果或许能为解释司法信任的生成机制提供理论借鉴。

较详尽的文献梳理发现，关于政治信任的生成机制，学界主要存在两种解释路径：制度论和文化论。前者强调政治制度在经济及公共服务等方面的制度绩效对政治信任的影响；后者则宣称文化观念在政治信任的生成中扮演着更关键角色。而目前法学界主流观点认为，司法信任取决于司法制度本身的完善程度，尤其是与它能否保障程序正义密切相关。换言之，学者主要引用制度论来解释司法信任的成因，而对其中的文化变量重视不够。

程序正义论

制度绩效历来被认为是影响人们对该制度之信任的关键因素。该观点最早来源于伊斯顿对政治系统输出与输入关系的理论剖析。“造成（政治）支持下降的原因有很多，但大部分的原因都可以归结为一类：输出失败。”[1] 但在伊斯顿看来，“输出”是指政府决策或政策所带来的经济社会后果。与政治制度不同，司法制度设计是否合理不仅看它能在多大程度上输出符合实体正义或分配正义之结果，更重要的是它能否实现程序正义。尤其是随着当代正义及法治理论的发展，人们越来越认识到程序正义对法治的独立意义。所以，与早期的纯理论研究重视司法制度绩效对司法信任的影响不同，较新的实证成果主要关注了司法信任的程序正义维度，并产生了一批值得借鉴的重要学术成果。

1 伊斯顿：《政治生活的系统分析》，王浦劬译，华夏出版社 1998 年版，第 276 页。

此处程序正义专指法院庭审程序的正义性。针对程序正义通常有两种测量方法：客观指标法和主观指标法。现有文献主要采用主观指标法，但在表述上仍然只使用“程序正义”概念。这种做法有其现实合理性，即主观程序正义相较客观程序正义往往更能决定个体尤其是当事人的司法信任。一个简单的理由是，审判程序即使在客观上符合法律规定，但若未能获得当事人认可，则仍难以增进其司法信任。泰勒等探讨了程序正义、法院合法性与裁判遵从意愿之间的中介机制，发现个体在“法院总是以公平方式做出判决”及“法院判决前给予当事人充分表达意见的机会”等方面的程序正义评价强化了他们的法院合法性认知及裁判遵从意愿。[1] 有学者对美国犹他州居民的调查研究发现，当事人的平等对待体验与他们的州法院信任显著正相关。[2] 还有研究表明，审判的独立性与审判的及时性有利于增加官司经历者的法院信任。[3]

国内学者也越来越关注程序正义对司法信任的积极意义。陈瑞华把正当程序的内在品质归纳为程序参与原则、程序中立与对等原则、程序理性原则、程序及时与终结原则等，并认为公正的程序不仅能够使利害关系人从内心接受裁判，吸纳被定罪判刑当事人的抵抗情绪，而且可催生社会公众对司法制度的认同感和普遍信任感。[4] 苏新建在浙江、江西和四川等地的调查结果表明，主观程序正义显著制约着中国居民的司法信任。[5] 依据现有理论，以下从平等对待、

1 Tom Tyler & Kenneth Rasinski, *Procedural Justice*, *Institutional Legitimacy*, *and the Acceptances of Unpopular U. S. Supreme Court Decisions*: *A Reply to Gibson*, *Law and Society Review*, 25. 3, 1991: p. 625.

2 Susan M. Olson & David A. Huth, *Explaining Public Attitudes toward Local Courts*, *The Justice System Journal*, 20. 1, 1998: pp. 41 – 61.

3 Sara Benesh & Susan Howell, *supra note* 4, p. 202.

4 陈瑞华：《程序正义理论》，中国法制出版社 2010 年版，第 117 页。

5 苏新建：《程序正义对司法信任的影响——基于主观程序正义的实证研究》，载《环球法律评论》2014 年第 5 期，第 21 – 32 页。

审判独立和审判效率三个维度来考察程序正义对官司经历者司法信任的影响。

假设 2：程序正义与官司经历者的司法信任正相关。具体分为三个子假设：

假设 2a：平等对待与官司经历者的司法信任正相关。

假设 2b：审判独立与官司经历者的司法信任正相关。

假设 2c：审判效率与官司经历者的司法信任正相关。

社会文化论

已有文献强调司法信任的程序正义维度，很大程度上忽略了其社会“嵌入性”。相反，近年来政治信任研究领域却出现了一种“文化转向”。学者们观察到，20 世纪 90 年代的美国经济增长稳定、居民收入不断增加、通货膨胀率及失业率也相对较低，但民众对联邦政府的信任度却跌至历史低点。[1] 可见，政治信任不完全取决于经济绩效。为应对上述理论挑战，一些学者拓展了制度绩效的测量内容，即进一步关注了政府的公共服务绩效及民主发展等对政治信任的解释力。然而，制度主义仍难以解释的问题是：即使同一国度中制度绩效相似的城市甚至一个城市的某个社区内居民的制度绩效评价也大相径庭。由此相关研究者开始转而关注政治信任的文化起因，认为制度绩效信息只有通过文化价值观的过滤才形成特定的政治信任。[2] 尤其是对东亚国家背景下的政治信任而言，传统文化路径往往具有更强解释力。[3] 文化论也被运用于解释司法信任的生成机制。李

1 奈等：《人民为什么不信任政府》，朱芳芳译，商务印书馆 2015 年版，第 243 页。

2 Alfonso Damico et al., *Patterns of Political Trust and Mistrust: Three Moments in the Lives of Democratic Citizens*, *Polity*, 32.3, 2000: pp. 377 – 400.

3 Shi Tianjian, *Cultural Values and Political Trust: A Comparison of the People's Republic of China and Taiwan*, *Comparative Politics*, 33.4, 2001: pp. 401 – 419.

峰用调查数据分析了文化对城市居民司法信任的影响，但其结论认为纠纷解决的行政倾向与“息讼”等法律观对司法信任并无影响。[1] 这与已有研究结论不一致，有必要进一步考察社会文化对司法信任的制约意义。

关于哪些文化观念会影响司法信任的专题研究仍较为少见，考虑到学界已有的一些理论阐述及数据的可获得性，本章主要探究关系文化与息讼文化两种社会文化的司法信任后果。首先，中国社会的一个典型特征是对关系人情的高度认可和依赖，因而可用“关系文化”来概括中国特殊的社会语境及其对行动之影响。[2] 如果说关系文化仍是一种客观存在，那它可能对居民的司法信任具有消极影响。因为个体在社会化过程中养成了一种“关系思维”，这种思维不仅促使当事人倾向于通过“找关系”解决问题，也使得他们具有一种“关系归责”倾向，即将官司失败归咎为己方“无关系”和对方“有关系”。另一种可能抑制当事人司法信任的文化变量是“无讼”文化。“无讼”文化是对“恶讼”“息讼”“畏讼”等一系列传统诉讼观念或行为倾向的总称。“无讼”价值观通过社会化机制塑造了民众的“贱讼”“厌讼”“畏讼”心理取向。[3] 这些取向使得民众对司法具有一种天然的陌生感和排斥感，从而可能对司法信任带来不利影响。当然，“无讼”文化正随着经济社会发展而逐渐式微，但它仍一定程度上影响着居民纠纷解决的“工具箱”。

假设3a：关系取向与官司经历者的司法信任负相关。

---

1 李峰：《司法信任的影响机制分析——基于上海数据的实证探讨》，载《甘肃社会科学》2013年第6期，第142页。

2 边燕杰、张磊：《论关系文化与关系社会资本》，载《人文杂志》2013年第1期，第107－113页。

3 范忠信：《中国法律传统的基本精神》，山东人民出版社2001年版，第237页。

假设 3b：无讼取向与官司经历者的司法信任负相关。

数据、测量与方法

1. 数据

本章所使用的实证资料来源于华东政法大学社会发展学院于 2011 年采集的“上海市居民法律认知与行为调查”数据库。该调查依据随机原则进行“区/县—乡/镇/街道—居委会/村委会”三段抽样，并以 Kish 表入户采集问卷。调查范围覆盖了上海市 18 个区/县和 104 个乡/镇/街道，最终采集有效样本量 2240 个，其中男性占 50.89%，女性占 49.11%。由于关键变量缺失数据较少，故对其进行简单的均值填补处理。

值得说明的是，该调查在时效性方面稍有欠缺，但目前国内法律专题性调查并不多见，而该调查详细涉及居民的官司经历、主观程序正义及司法信任等信息，为较佳的权宜之选。同时，官司经历对居民司法信任的影响在短期内具有相对稳定性，因而研究结论仍有启示意义。

2. 测量

（1）司法信任。参照现有研究，我们把司法信任操作化为居民对法院的信任。问卷要求受访者对各级法院的信任状况做出从“非常不信任”至“非常信任”五个层次的评价。考虑到中级及以上级别法院的立案门槛较高，居民在官司经历中所接触的主要为基层法院，因而下文的回归模型中主要纳入了基层法院信任。从后文表 6 可以看出，总体上受访者具有较高的司法信任；但官司经历者的司法信任均值明显低于非官司经历者，约相差 0.45 分，差异的显著性水平为0.001。

（2）官司经历。问卷要求受访者对自己的官司经历状况做出三项选择："有过一次""不止一次""没有过"。"有过一次"及以上编码为1，其他赋值0，以构建一个测量官司经历的二分变量。从调查结果来看，官司经历者样本量为87个，占总样本量的3.88%。这表明即使在上海这样的大都市，"打官司"也远未成为居民主要的纠纷解决方式。

（3）程序正义。从平等对待、审判独立和审判效率三方面测量程序正义，具体测量题目分别为"原告和被告不论有钱无钱，有权无权，法官都能一视同仁""法院判决受到太多政治和经济利益的影响"及"法院审判效率太低"。对每个问题的选项从"非常不同意"至"非常同意"分别赋值1至5分。但后两个问题得分高意味着相应的主观程序正义低，故对数据倒序编码。从表6可以看出，上海居民对法院的平等对待评价处于较高水平，其均值在1至5之间达到3.53分；但审判效率评价和审判独立评价则相对较低。同时，官司经历者在三个变量上的得分都明显低于非官司经历者。

（4）关系取向与无讼取向。关系文化影响下居民会形成一种关系取向或关系思维，即倾向于用"关系"去判断或认知事物。因而对关系文化的测量题目为"打官司就是打关系"。另一方面，采用"打官司终归是不好的事"与"被人告到法院总是不太光彩的事情"两个题目测量居民的无讼观念（alpha = 0.866）。从表6可看出，关系取向与无讼取向仍是上海居民重要的文化观念，其均值在1至5分之间分别达到3.11分和3.03分。

此外，还要考虑一系列可能产生混淆效果的控制变量，包含一般信任、法律知识、法律工作亲友（是否拥有从事法律工作的亲戚或朋友，有=1）、司法机关普法活动关注度、性别（男=1）、年龄、教育水平、政治面貌（党员=1）及收入等级。需说明的是，选择一般信任作为控制变量是因为诸多研究表明，个体在社会化中形成的一般信任会自然而然地扩展到政治信任等制度信任领域。[1]

3. 统计方法

首先，运用多元线性回归和次序 Logistic 模型初步分析官司经历对居民司法信任的影响。但传统回归分析可能存在选择性误差问题。选择性误差源于个体进入某个组别的不同概率。比如本研究中，居民是否选择“打官司”可能受到法律知识的影响，而法律知识也可能同时制约他们的司法信任。如果不处理此类选择性误差，则可能导致回归结果的有偏性。根据一些学者的建议，本章采用倾向值匹配法来处理潜在的选择性误差问题。[2] 倾向值是指个体进入某个组别（官司经历者或非官司经历者）的概率，这个概率是通过某些可能产生混淆效果的变量预测得来的。该方法的基本逻辑在于，将特定组别中的个人与另外一个或多个来自另外组别的个人进行配对，配对的依据是他们的倾向值得分相等或相似。由于选择性误差是指个体进入特定组别的概率差异，因此匹配过程已尽可能地处理了选择性误差。[3] 本章所使用的分析工具为目前较流行的 stata 软件（stata 13.1 版本）（表6）。

---

1 周怡、周立民：《中国农民的观念差异与基层政府信任》，载《社会科学研究》2015 年第 4 期，第 122 页。

2 郭申阳、弗雷泽：《倾向值匹配分析：统计方法与应用》，重庆大学出版社 2012 年版，第 9－12 页。

3 胡安宁：《倾向值匹配与因果推论：方法论述评》，载《社会学研究》2012 年第 1 期，第 226 页。

表6 主要变量的描述性信息

	总样本		官司经历者		非官司经历者	
	均 值	标准差	均 值	标准差	均 值	标准差
司法信任	3.974	0.787	3.540	1.139	3.991	0.764
程序正义						
平等对待	3.533	1.154	3.310	1.288	3.542	1.148
审判独立	2.698	1.094	2.299	1.152	2.714	1.088
审判效率	2.945	1.119	2.483	1.088	2.964	1.116
社会文化						
关系取向	3.114	1.149	3.310	1.232	3.107	1.145
无讼取向	3.025	1.185	3.011	1.244	3.025	1.183
性别(男=1)	0.509	0.500	0.621	0.488	0.504	0.500
年龄	40.265	14.440	45.402	13.121	40.057	14.455
教育水平	4.185	1.134	4.092	1.052	4.189	1.137
政治面貌(党员=1)	0.152	0.359	0.310	0.465	0.145	0.353
收入等级	2.391	0.737	2.276	0.831	2.396	0.733
一般信任	2.189	0.942	2.080	0.918	2.194	0.943
法律知识	3.279	0.972	3.793	0.823	3.258	0.972
法律工作亲友(有=1)	0.070	0.255	0.161	0.370	0.066	0.248
司法普法关注	3.305	1.154	3.506	1.160	3.297	1.153

主要研究发现

1. 官司经历与司法信任

描述性发现

为详细考察城市居民的司法信任特征，对因变量构建了2个测量指标：一是取值在1至5分之间的定距变量。但仅使用均值会掩盖司法信任状况的差异性，因而对题项进行重新归类，将“非常信任”和“比较信任”归为高信任度，而“不确定”及以下选项归为低信任度。然后比较官司经历者与非官司经历者对各级法院的信任度比例状况，并对官司经历与司法信任之间的关联进行了卡方检验。具体结果见表7。

表7　两类群体对各级法院的信任度比较

法院层级	官司经历	信任度		平均值（标准差）	Pearson X^2 值
		高信任度	低信任度		
最高法院	有	78.16%	21.84%	3.87（0.12）	39.40***
	无	92.28%	7.72%	4.25（0.69）	
上海高院	有	81.61%	18.39%	3.99（1.01）	30.92***
	无	92.60%	7.40%	4.25（0.69）	
上海中院	有	81.61%	18.39%	3.87（1.01）	43.10***
	无	92.04%	7.96%	4.19（0.68）	
区县法院	有	67.82%	32.18%	3.54（1.14）	67.72***
	无	86.69%	13.31%	3.99（0.77）	

针对表7数据以下几点需要注意：第一，总体而言，受访者具有较高的司法信任。一方面，无论是官司经历者还是非官司经历者，他们对各级法院的“高信任度”比例都大于“低信任度”。另一方面，从平均数来看，最高的司法信任均值为4.25分，最低为3.54分，都处于1至5分之间的中上水平。

第二，受访者的司法信任并不存在类似于政府信任的“层级差序”和“央强地弱”特征，反而是上海高级人民法院的信任度处于最高水平，而最高人民法院信任与上海中级人民法院信任基本相同；但基层法院信任也处于最低水平。该结果既表明当前基层法院面临着相对严重的信任危机；也意味着，司法信任成为了一种区别于政治信任的制度信任。故需对司法信任的生成机制开展更多的专题研究，而不仅限于将其作为政治信任的测量维度之一。

第三，官司经历者的司法信任显著低于非官司经历者。在信任度比例上，官司经历者的“低信任度”比例远高于非官司经历者。尤其是对区县法院而言，官司经历者的“低信任度”比例达到了32.18%。同时，卡方检验显示官司经历者对各级法院的信任度均值都显著低于非官司经历者。结果初步支持了假设1。

此外，再利用单因素方差分析检验官司经历者与非官司经历者的主观程序正义及社会文化观念是否存在显著的差异性。结果显示，官司经历者在平等对待、审判独立和审判效率三个变量上的取值显著低于非官司经历者，差值分别达到0.23、0.42和0.48，显著性水平都小于0.05。不过，两类居民在关系取向和无讼取向方面并无显著差异。这一结果表明，程序正义变量对当事人司法信任的影响可能强于社会文化变量。

基于多元回归的相关性分析

从表8可以看出，多元线性回归与次序logistic回归结果一致显示，“打官司”显著降低了受访者的司法信任。以多元线性回归模型为例，其他条件一致情况下，官司经历者的司法信任较之非官司经历者降低约45.4%。次序logistic模型结果与此相似。初步的回归分析结果支持了假设1。

表8　官司经历与司法信任

	模型1(OLS)	模型2(Ologit)
官司经历(有=1)	-0.454(0.085)***	-1.034(0.238)***
性别(男=1)	-0.051(0.033)	-0.111(0.089)
年龄	-0.000(0.001)	0.001(0.004)
教育水平	0.001(0.018)	0.036(0.049)
收入等级	0.052(0.023)*	0.010(0.063)
政治面貌(党员=1)	0.088(0.048)	0.266(0.130)*
一般信任	0.097(0.017)***	0.250(0.047)***
法律知识	0.012(0.018)	0.036(0.048)
司法普法关注	0.083(0.015)***	0.258(0.041)***
法律工作亲友(有=1)	-0.145(0.065)	-0.354(0.174)*
截距/LR Chi(2)	3.344(0.128)***	127.03***
R^2/Pseudo R^2	0.056	0.028
样本量	2240	2240

注：因变量为基层司法信任；效果系数（标准误差）：* $p<0.05$，** $p<0.01$，*** $p<0.001$。

表8控制变量中，居民的一般信任及司法普法关注与他们的司法信任在0.001显著性水平上正相关。法律工作亲友的影响在OLS模型中不显著，但在排序logistic模型中具有显著的负效应。此外，法律知识和社会人口学变量与司法信任之间并无显著相关性。尤其是具有较高法律知识的受访者并未表现出更高的司法信任，这可能与常识并不一致。

基于匹配样本的进一步分析

如前文所述，传统回归分析可能存在选择性误差问题。接下来采用倾向值匹配法对上述结果进行稳健性检验。为筛选匹配样本，首先估算了居民选择“打官司”的倾向值得分。预测变量为表8中所有的控制变量。从表9可以看出，其他条件一致情况下，性别和政治面貌对打官司具有积极效果。相对女性和非党员居民而言，男性和党员更可能选择打官司。年龄、教育水平和收入等级对官司决策无显著影响。

表9 是否选择打官司的Probit模型

预测变量	回归系数	标准误	Z值
性别(男=1)	0.177	0.104	1.70
年龄	0.008	0.004	1.85
教育水平	-0.061	0.058	-1.05
收入等级	-0.093	0.072	-1.29
政治面貌(党员=1)	0.301	0.130	2.31*
一般信任	-0.069	0.057	-1.21
法律知识	0.279	0.064	4.34***
司法普法关注	0.026	0.047	0.54
法律工作亲友(有=1)	0.380	0.161	2.35*
截距	-2.748	0.440	-6.25***
样本量		2240	
Log likelihood		-338.184	
虚拟R^2		8.08%	

注：因变量为官司决策；显著性水平：* $p<0.05$，** $p<0.01$，*** $p<0.001$。

此处尤其关注法律工作亲友（有 =1）、司法普法关注和法律知识对居民打官司选择的影响。从表 9 可以看出，有法律工作亲友和法律知识能够显著增加受访者“打官司”的选择概率，而司法普法关注的影响不显著。换言之，其他条件一致的情况下，拥有法律工作亲友和较高法律知识的居民更倾向于将纠纷诉诸法律途径。虚拟 R^2 达到 8.08% 表明模型具有一定预测力。

通过平衡性检验是运用倾向值匹配法之前提，该检验要求匹配后混淆变量在处理组和控制组之间无系统差异。[1] 在匹配方式上，选用了邻近匹配、半径匹配和核匹配。结果显示，三种匹配方式都通过了平衡性检验。从表 10 可以看出，匹配前官司经历者和非官司经历者在倾向值的预测变量上存在显著差异，而匹配后组间差异的显著性全部消失。同时，匹配后性别、政治面貌、司法机关普法关注、法律工作亲友和法律知识等预测变量的标准偏误明显减小，且大部分小于 10% 。相对而言，半径匹配效果更好。

表 10　处理组与控制组平衡性检验结果

	官司经历者—非官司经历者			
	匹配前 SB(t)	邻近匹配 SB(t)	核匹配 SB(t)	半径匹配 SB(t)
性别	0.235(2.13*)	-0.008(-0.05)	0.082(0.54)	-0.005(-0.03)
年龄	0.387(3.39**)	-0.062(-0.41)	0.135(0.88)	-0.028(-0.19)
教育水平	-0.089(-0.78)	0.122(0.81)	-0.015(-0.10)	0.034(0.22)
收入等级	-0.153(-1.49)	0.034(0.23)	-0.076(-0.50)	-0.064(-0.43)
政治面貌	0.400(4.22***)	0.046(0.27)	0.096(0.57)	-0.072(-0.41)
一般信任	-0.122(-1.10)	0.091(0.62)	-0.059(-0.40)	0.001(0.01)
法律知识	0.594(5.07***)	0.064(0.47)	0.243(1.69)	0.073(0.53)
司法普法关注	0.181(1.66)	0.017(0.11)	0.052(0.34)	-0.012(-0.08)
法律工作亲友	0.302(3.42***)	0.024(0.14)	0.058(0.33)	-0.046(-0.26)

注：SB 表示标准化偏差，t 表示 t 检验；$^{*}p<0.05$，$^{**}p<0.01$，$^{***}p<0.001$。

1 Marco Caliendo & Sabine Kopeinig, *Some Practical Guidance for the Implementation of Propensity Score Matching*, *Journal of Economic Survey*, 22.1, 2008: pp. 31 – 72.

从表 11 可以看出，在三种匹配方式所筛选的样本中，官司经历对受访者的司法信任的因果关系系数或“平均处理效应”基本一致。半径匹配与核匹配的因果关系系数为 -0.46，略高于邻近匹配。对比表 8 可以发现，基于匹配样本的系数估计与多元线性回归结果基本一致，即官司经历显著弱化了居民的司法信任。

表 11　不同匹配方式的 ATT 估计结果

	官司经历者	非官司经历者	因果关系系数(ATT)	标准误	T 值
邻近匹配	87	2130	-0.356	0.147	-2.42***
半径匹配	86	2112	-0.459	0.126	-3.65***
核匹配	87	2130	-0.458	0.124	-3.70***

注：* $p<0.05$，** $p<0.01$，*** $p<0.001$。

2. 官司经历者与非官司经历者司法信任的影响因素

官司经历者的司法信任制约机制

从表 12 模型 1 可以看出，平等对待与官司经历者的司法信任显著正相关。其他条件一致情况下，平等对待每增加 1 个单位，受访者的司法信任增加约 47%。不过，审判独立和审判效率对司法信任的相关系数并不显著。R^2 达到 38% 表明模型拟合度较好。因此假设 2a 获得支持，而假设 2b 与 2c 未获得验证。模型 2 显示，关系文化与受访者的司法信任显著负相关，但无讼取向的相关系数不显著。结果支持了假设 3a，但假设 3b 未获得支持。模型 1、模型 2 及模型 3 中控制变量对司法信任并无显著影响。

总体来说，程序正义与社会文化同时制约了官司经历者的司法信任，但以下三点需要强调：第一，从标准回归系数比较来看，平等对待对官司经历者的司法信任的影响效果最大，关系文化次之。该结果表明程序正义比社会文化更能制约官司经历者的司法信任。第二，在三种程序正义因素中，官司经历者最关心的是法院能否平等对待自己，而审判独立与审判效率对其司法信任的影响甚微。第三，表12模型3表明，当把程序正义与社会文化变量同时纳入模型后，关系文化对司法信任的影响效果及显著性水平明显降低。这意味着，关系文化还可能通过影响官司经历者的主观程序正义而间接作用于他们的司法信任，即关系取向严重的个体更倾向于怀疑审判的程序正义，从而呈现出更低的司法信任。

表12　两类居民的司法信任生成机制比较（OLS）

	官司经历者			非官司经历者		
	模型1	模型2	模型3	模型4	模型5	模型6
性别（男=1）	-0.075	-0.063	-0.053	-0.027	-0.027	-0.025
年龄	0.181	0.161	0.193	0.002	-0.001	-0.000
教育水平	0.020	0.057	0.080	0.003	-0.007	-0.003
收入等级	0.118	0.085	0.100	0.042	0.039	0.039
政治面貌（党员=1）	0.025	0.119	0.036	0.006	0.014	0.001
一般信任	-0.062	-0.001	-0.074	0.109***	0.115***	0.106***
法律知识	0.001	-0.059	-0.015	0.013	0.015	0.011
司法普法关注	0.210*	0.130	0.162	0.116***	0.105***	0.108***
法律工作亲友（有=1）	0.053	-0.008	0.054	-0.050*	-0.054**	-0.052*
程序正义						
平等对待	0.466***		0.440***	0.187***		0.174***
审判独立	0.129		0.087	0.100***		0.069**
审判效率	0.073		0.006	0.099***		0.071**
社会文化						
关系取向		-0.372**	-0.243*		-0.202***	-0.116***
无讼取向		0.027	0.049		0.003	-0.010
R^2	0.383	0.244	0.422	0.115	0.084	0.125
样本量	86	86	86	2112	2112	2112

注：表中为基于半径匹配样本的分析结果；标准回归系数：* $p<0.05$，** $p<0.01$，*** $p<0.001$。

官司经历者与其他居民的司法信任生成机制比较

为进一步提供官司经历影响司法信任的经验依据，并突出官司经历者的司法信任制约因素的特殊性，接下来我们比较了官司经历者与非官司经历者的司法信任影响机制。从表12可以看出，官司经历者与非官司经历者的司法信任的影响因素存在明显差异。首先，三种程序正义因素都显著制约着非官司经历者的司法信任，而官司经历者的司法信任仅与平等对待相关。其次，虽然关系文化也与官司经历者的司法信任显著相关，但其标准回归系数远低于平等对待（模型3）。相反，从模型6可以看出，对非官司经历者而言，文化变量与程序正义变量的标准回归系数并无明显差异。再次，控制变量与官司经历者的司法信任并不相关；而控制变量中一般信任、司法普法关注及法律工作亲友显著地制约着非官司经历者的司法信任。其中，一般信任和司法普法关注与非官司经历者的司法信任正相关，而拥有法律工作亲友则负相关。总之，程序正义与社会文化能较好解释受访者的司法信任，但不同变量在官司经历者与非官司经历者之间存在效果差异（详见图3）。因此，我们不能用一般的司法信任理论来解释官司经历者的司法信任，而是需要给予官司经历者特别的理论关照，通过专题性研究去探求提升其司法信任的具体策略。

结论与讨论

改革开放40年来，中国特色社会主义法治建设的成就无疑是巨大的。但执行难、涉诉上访及辱骂殴打法官等现象的普遍化态势也反映出我国官司经历者的司法信任亟待提高。探究当事人司法信任的制约因素及其应对策略成为了当代中国法社会学的重要使命之一。不过，国内学者对该主题的专题性实证研究仍比较罕见。利用调查

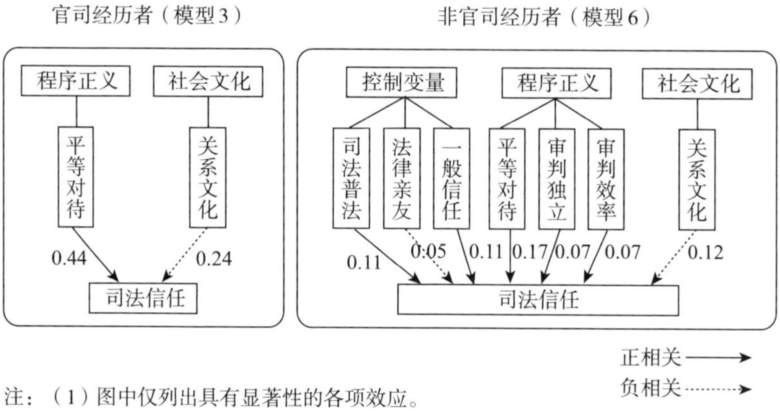

注：（1）图中仅列出具有显著性的各项效应。
（2）图中数字为各变量对司法信任的标准回归系数。

图3　官司经历者与非官司经历者的司法信任生成机制

数据考察官司经历者的司法信任成因，既是对现有信任理论的补充，也为以审判为中心的诉讼制度改革提供了鲜活的经验依据。

基于倾向值匹配法的数据分析结果表明，上海居民中的官司经历者比其他居民具有更低的司法信任。结合生活经验来看，其他城市或地区或许也存在相似情况。进一步分析官司经历者的司法信任成因发现：（1）官司经历者的司法信任仅与审判的平等对待显著正相关，而与审判独立及审判效率无显著相关性。也就是说，当事人司法信任不足的一个重要原因在于他们对法院的平等对待体验偏低，而非因为审判独立和审判效率等因素。（2）关系文化对当事人的司法信任具有弱化效果。关系取向明显的个体更倾向于不相信或怀疑审判的“平等对待”，从而呈现出更低的司法信任。该发现可以解释同一社区中居民的司法信任何以存在差异，从而拓展了司法信任的“制度论”。（3）官司经历者与非官司经历者的司法信任机制存在明显差异。除了平等对待与关系文化，本研究所关注的其他因素与官司经历者的司法信任无显著相关性；但非官司经历者的司法信任不仅与模型中的程序正义及社会文化变量显著相关，也受制于一般信任、法律工作亲友及司法普法关注等因素。总之，无论是官司经历者还是非官司经历者，他们的司法信任同时受到了程序正义和社会文化制约，不过在具体的影响变量上有所不同。

本章所作研究具有以下经验指导意义。

第一，以审判为中心的诉讼制度改革需要积极提升当事人的“平等对待”体验。对当事人而言，程序正义中的平等对待较之审判独立与审判效率更能决定其司法信任。因此，法院可以提高服务意识，着力提升当事人对裁判中立性或平等性的主观体验，努力让人民群众在每一个司法案件中感受到公平正义。

第二，利用媒体尤其是新媒体做足司法公开和司法公正宣传工作可有效提升司法信任。除了司法制度本身的缺陷，关系文化等传统观念也弱化了居民的司法信任。关系取向增加了居民对司法不公的误解，即将官司之输赢归咎于“对方有关系”或“己方无关系”。破解此类误解可以采取两方面应对措施：一是增加司法公开，让审判程序在阳光下运行；二是增加司法公正宣传。当前社会报道更倾向于曝光一些有关司法不公的信息，负面报道和关系文化等相结合会抑制居民的司法信任。因而需要对类似的社会化过程实施积极干预。发达的媒体无疑为上述举措的落实提供了便捷高效的新平台。

第三，提升司法信任还需要整个立法或司法解释工作积极谋求“程序正义”。当前我国立法和司法实践中仍存在“重实体轻程序”倾向。尤其是认为只要能对实体权利义务做出合理分配就可以忽视正当程序的“程序工具论”较为盛行。但研究发现，无论是官司经历者还是非官司经历者，程序正义都已成为制约其司法信任的现实因素。增加法律的形式正义将成为提升司法权威的有效途径之一。

第11章

“观念性误解”与市民的司法公正认同

背景与问题的提出

司法公正能否获得社会成员的普遍认同，关乎中国特色社会主义法治建设的道路自信与制度自信，因而历来受到理论界及决策部门的共同关注。司法公正认同，或称为司法公正的社会认同，实质上反映了社会成员对该制度的公正性发自内心的价值肯定及在行动上的遵从与维护。[1] 过去几十年间，我国各项法治事业取得了长足发展，裁判独立、平等对待（双方当事人）及尊重法律与事实等越来越成为司法审判的主流趋势。然而，司法制度客观上的不断完善并不必然带来相应程度的司法公正认同增长。相反，较普遍的执行难、涉诉信访、辱骂殴打甚至杀害法官等现象折射出我国不容乐观的司法公正认同与司法信任形势。开展居民司法公正认同生成机制的实证研究，具有重要理论及实践指导意义。

1 吴英姿：《论司法认同：危机与重建》，载《中国法学》2006年第3期，第186－206页。

目前国内法学界以司法公正认同为主题的实证研究还较为缺乏。但从一系列关于法律认同、司法认同与司法公信生成机制的理论成果中可以看出，主流观点认为司法制度质量是决定司法公正认同的最重要因素。[1] 衡量司法制度质量的两个基本标准为实体公正与程序公正，因而实证研究中的相关理论可划分为制度绩效论与程序正义论两个阵营。前者认为司法制度能否高效地输出正确且公平的裁判结果是决定其合法性的核心因素。这种观点主要起源于戴维·伊斯顿在《政治生活的系统分析》中所提出的分析框架，即直接反映政策或决策输出结果的制度绩效对该制度的“弥散性支持”与“特殊性支持”具有关键作用。[2] 依此逻辑，司法制度的合法性反映的是民众在社会化经历中形成的对该制度输出的累积性满意或不满意。[3] 相反，与制度绩效论的结果导向不同，程序正义论则强调审判过程的正当性在司法公正认同的形成中所扮演的关键角色。以汤姆·泰勒为代表的程序正义论者认为审判程序比审判结果更能决定个体的司法公正认同及裁判遵从度。只要法庭遵循“中立、无偏见、诚实、尽力秉持公正、礼貌以及尊重权利”等原则，即使结果不利甚至错误，人们仍认可其公正性。[4] 概括而言，上述成果过于关注司法制度本身的设计质量对司法公正认同的影响，却忽视了深刻制约社会行动的文化因素，因而难以解释以下现象：在司法制度质量相同的地

1 此类观点认为司法制度的完善程度是影响司法公正认同或司法公信的决定性因素，因而提升司法公正认同或司法公信的着力点在于完善各种司法制度及其配套设施。持这种观点的国内学者较多，相关文献如龙宗智：《影响司法公正及司法公信力的现实因素及其对策》，载《当代法学》2015 年第 3 期；胡铭：《司法公信力的理性解释与建构》，载《中国社会科学》2015 年第 4 期；王晨：《司法公正的内涵及其实现路径选择》，载《中国法学》2013 年第 3 期等。

2 戴维·伊斯顿：《政治生活的系统分析》，华夏出版社 1998 年版，第 21 页。

3 James Gibson, *Institutional Legitimacy, Procedural Justice and Compliance with Supreme Court Decisions: A Question of Causality, Law and Society Review*, 25 (3), 1991, pp. 631 – 635.

4 汤姆·泰勒：《人们为什么遵守法律》，中国法制出版社 2015 年版，第 11 页。

区或城市中个体的司法公正感何以存在差异？在司法制度质量不断提高的背景下人们对该制度的认同感何以未见同步增加甚至可能出现背离？诚然，社会转型期的司法制度难免存在缺陷，由此出现的少数冤假错案为个体的司法不公认知提供了一定的现实基础。但随着法治化程度的不断提高，司法公正尤其是一些发达城市的司法公正已有较好保障。倘若此背景下人们仍普遍具有较强的司法不公正感，表明除了司法制度质量，还存在其他影响司法公正认同的重要因素。但从现有文献来看，这些因素未获得学界足够的重视，甚至很大程度上被忽略了。

实际上，旧制度主义因其“社会化不足”的理论立场而为诸多社会学家所诟病。为了应对此类批评，新制度主义试图通过引入“嵌入性”概念而强调社会文化对经济行为的影响。生活中不难遇到以下情景：当谈及某些案件的司法审判是否公正时，部分社会成员总倾向于不假思索地做出消极回应，即认为审判是不公正的，存在“黑幕”或“暗箱操作”。如何定性与理解此类现象目前学界尚无专论。但人类行为及态度不可避免地“嵌入”于特定的社会意义系统，“不假思索的回应”与个体在社会化过程中形成的思维习惯密切相关。[1] 遵循此理论逻辑，笔者认为“观念性误解”——人们受某些特殊社会文化熏陶而形成的对审判公正性的误解倾向——是腐蚀个体司法公正认同的社会心理基础。作为一项探索性研究，本章主要的创新性在于第一次运用调查数据考察了城市居民对审判的“观念性误解”现状及其司法公正认同后果，尝试在理论上批评司法公正认同的制度主义观点。研究发现，受访者对司法审判确实存在明显的“观念性误解”，主要表现为关系因素误解、政治干预误解和法官

1 Mark Granovetter, *Economic Action and Social Structure: The Problem of Embeddedness*, *American Journal of Sociology*, 91 (3), 1985, pp. 481 – 510.

品德误解等。“观念性误解”对司法公正认同产生了消极影响，而且这些影响在官司经历者与非官司经历者之间存在显著差异。尤其是对官司经历者而言，法官品德误解比政治干预误解与关系因素误解更能弱化其司法公正认同。

司法审判中的“观念性误解”：内涵、表现及成因

1. “观念性误解”的内涵及常见形式

文化解释是法律社会学的经典理论传统之一。作为文化表征的“集体意识”之衰落直接导致了“压制型法”向“恢复型法”的转变；[1] 西方法治秩序得以形成并保持鲜明特色的关键在于一种“普通法的精神”。[2] 相似地，现有研究表明文化观念在塑造公众的司法公正认同方面扮演着重要角色。[3]

如前文所述，“有内幕”是部分社会成员对司法审判的一种基本印象，但这种“印象”并不代表真实的司法审判状况，而是存在一定的误解成分。笔者认为，误解的产生或许与受中国社会某些独特文化熏陶而形成的思维习惯密切相关，因而将类似现象称为“观念性误解”。需要说明的是，社会学中的“文化”不仅是一种宏观层面的价值观，更是人们借以构建行动策略的“工具箱”。[4] 面对问题时，人们是从“工具箱”中取出钳子、镊子抑或其他工具，取决于社会化过程赋予了他们怎样的思维习惯或应对技巧。也就是说，“工

1 涂尔干：《社会分工论》，上海三联书店出版社 2000 年版，第 182 页。

2 罗斯科·庞德：《普通法的精神》，法律出版社 2010 年版，第 1 – 21 页。

3 李春明、张玉梅：《“无讼”法律文化与中国公众的法律认同》，载《法学论坛》2007 年第 4 期，第 74 – 81 页。

4 Ann Swidler, *Culture in Action: Symbols and Strategies*, *American Sociological Review*, 51, 1986, pp. 273 – 286.

具箱”理论把文化理解为一种日常生活中的行动倾向和思维习惯。因而“观念性”意味着人们理解司法运行状况的一种认知习惯或思维定势。“误解”则是指个体对审判状况的理解并未反映真实的司法公正状况。简言之，“观念性误解”概括了现实生活中人们对司法公正的非理性的习惯性误解现象。该概念的目的在于强调个体的司法制度质量评价或司法公正评价的社会嵌入性。换言之，与现有的制度主义理论仅侧重司法系统的内部因素不同，该概念在司法公正认同的生成机制中引入了制度之外的文化变量，是对现有理论的补充与完善。

结合当前的司法实践与生活经验，可以总结出三种较常见的“观念性误解”：第一，审判中的关系因素误解，即倾向于认为关系因素在官司输赢中具有重要影响，认为打官司就是“打关系”。第二，审判中的政治干预误解，即倾向于认为司法审判难以保持独立运行，而是受到各种政治或社会势力的影响及干预。第三，审判中的法官品德误解，即习惯性地认为法官“吃了原告吃被告”，怀疑审判法官的政治素养与职业道德。

2. “观念性误解”的文化成因

一项研究不可能也不必要穷尽可能导致“观念性误解”的所有文化因素，但却可以通过列举一些特殊例子来强调“误解”的文化起因。接下来笔者主要从关系文化、威权主义、特殊信任和腐败认知等角度简述社会文化在“观念性误解”的形成中所发挥的作用。

关系文化与审判中的关系因素误解

中国社会因关系文化影响而形成的一个典型特征是对关系、人情与面子的高度认可及依赖。[1]“所谓关系文化，是指人们关于社会

1 翟学伟：《人情、面子与权力的再生产——情理社会中的社会交换方式》，载《社会学研究》2004年第5期，第48－57页。

关系的涵义、规范、合法性的价值认同和行为倾向”，它对社会个体的行为产生了深刻影响。[1] 重视关系为中国人日常生活中的一种显著的社会取向。社会化过程使得“找关系”被储存到处理日常问题的文化“工具箱”中，而以此建构行动策略的有效性反过来又扩大了其自身的存在基础，比如子女上学、病者求医、找工作等领域普遍存在的“红包”现象。关系文化熏陶下的个体不仅具有“找关系”的行动倾向，也养成了一种关系缺失的归责思维，即将事情成败归结为是否具有关系。可以说，认为官司失败是自己“没有关系”和对方“找了关系”已经成为官司经历者甚至一些普通民众的一种常见思维习惯。然而，随着法治进程的加快和司法制度的不断完善，关系在审判中的作用已经大为减弱，“关系归责”显然包含了误解成分。

威权主义与审判中的政治干预误解

尽管学界对何为威权主义并未达成共识，但仍然可以发现它所具有的一些共同特质，主要表现为权威敏感、权威崇拜和权威依赖三个方面。[2] 威权取向作为中国人最重要的心理和行为特征之一，其形成与封建父权家长制度的长期运行密切相关。即使在现代社会，威权主义通过社会化过程已经塑造了中国居民独特的“威权主义人格”。[3] 由此带来的一个后果是，人们倾向于认为权力的作用是无可代替的，权力可以无限介入任何领域并改变事情的发展态势。权力崇拜一方面可能对政府信任尤其是中央政府信任产生了积极影响，但另一方面，这种“人治的眼光”也很容易

---

1 边燕杰、张磊：《论关系文化与关系社会资本》，载《人文杂志》2013 年第 1 期，第 107－113 页。

2 杨国枢：《中国人的心理与行为：本土化研究》，中国人民大学出版社 2004 年版，第 106 页。

3 陈露：《浅析威权主义人格并反思其对中国的现实影响》，载《改革与开放》2015 年第 13 期，第 87－88 页。

延伸到司法审判领域从而滋生出对审判始终受到权力干预或缺乏有效制约的疑虑。[1] 此类“疑虑”显然不利于个体对司法独立的评价与认同。

特殊信任、腐败认知与审判中的法官品德误解

尽管社会变迁对当代中国的人际信任带来了诸多冲击，但“家本位－特殊信任”取向仍是较为盛行的行动倾向之一。乡土中国历来是一个熟人社会，差序格局的社会结构深刻制约着人们的信任对象选择。特殊信任使得个体对法官这种非“自己人”持有较低的信任度。[2] 另一方面，近年来媒体频繁报道了大量的官员腐败现象，居民在社会化过程中形成了一种所谓的“仇官”心态，即对某些官员的不信任感与“有罪推定”的思维定势。在特殊信任和“腐败推定”观念的共同作用下，部分居民总倾向于怀疑审判员的政治素养与职业道德，认为法官“吃了原告吃被告”，从而滋生对法官乃至整个司法系统的不信任感。应该说，总体上中国法官群体的职业化建设已经取得较大进步，因法官腐败而导致的司法不公仅为少数现象。而民众对法官品德的怀疑倾向显然成为了“观念性误解”的基本表现形式之一。

“观念性误解”与司法公正认同：研究假设

现有研究普遍认为制度质量是影响个体司法公正认同的关键因素。但正如前文所述，司法制度的客观进步与人们对司法制度表现的主观评价并非总是一致的，而后者显然对个体的司法公正认同具有更直接的影响。不可否认，与中国法治化进程相伴而生的是不断

---

1 李德顺：《法治文化论纲》，载《中国政法大学学报》2007 年第 1 期，第 6－14 页。

2 杨宜音：《“自己人”：信任建构过程的个案研究》，载《社会学研究》1999 年第 2 期，第 40－54 页。

完善的司法制度，但居民对司法审判的“观念性误解”降低了他们的司法公正感，不利于司法公正认同的形成。基于此，我们提出：

假设1：“观念性误解”对个体的司法公正认同具有消极影响。具体分为三个子假设：

假设1a：审判中的关系因素误解弱化了个体的司法公正认同。

假设1b：审判中的政治干预误解弱化了个体的司法公正认同。

假设1c：审判中的法官品德误解弱化了个体的司法公正认同。

人们对审判是否公正的最直观的认知形式在于亲自参与“打官司”，即成为原告或被告。20世纪70年代以来，西方学者一系列的实证研究表明法庭经历在塑造个体对司法系统的支持或信心方面扮演关键角色。丹尼尔·扬克洛维奇等在其标志性研究《法院的公众想象》中最早关注了法庭经历对法院公众信心的影响，并发现官司经历对个体的司法信任产生了显著的消极影响，即亲自接触过庭审的个体更倾向于表现出对法庭的不满与批评。[1] 一些近期研究也表明，相对于法院的“非使用者”而言，“使用者”对法院具有更低的信心。[2] 但现有研究并未进一步解释官司经历何以对司法认同产生消极影响的具体原因。

从频繁见诸报端的执行难、涉诉上访及殴打法官等现实来看，中国背景下的官司经历对居民的司法公正认同可能同样具有消极影响。当然，此假设需要进一步的专题探讨和检验，这里暂不对其做深入探究。但如果与现有研究一致——官司经历对司法公正认同具

1 Skelly Yankelovich, *The Public Image of Courts: Highlights of the National Survey of General Public, Judges, Lawyers and Community Leaders*, Williamsburg, VA: National Center for State Courts, 1978.

2 Sara Benesh & Susan Howell, *Confidence in the Courts: A Comparison of Users and Non-users*, *Behavioral Sciences and the Law*, 19 (3), 2001, pp. 199 – 214.

有消极影响，则“观念性误解”或许是传递这种影响的一个重要的中介机制。由于审判结果与官司经历者的社会经济利益休戚相关，因而官司经历者对审判的不公正表现更为敏感，由此导致的可能后果是他们的“观念性误解”较之非法庭经历者更为严重。同时，由于亲自参与了庭审，故官司经历者与非官司经历者对审判误解的侧重点会有所不同。对非官司经历者而言，在社会化过程中形成的关系因素误解、政治干预误解与法官品德误解都会显著影响他们的司法公证认同；但由于当事人在庭审参与中看到法官对庭审程序乃至整个案件的主导作用，官司经历者则可能更关心法官的政治素养或品德对审判公正性的影响。基于此，我们提出：

假设2：官司经历者较之非官司经历者具有更深的关系因素误解、政治干预误解与法官品德误解。

假设3：对官司经历者而言，法官品德误解较之关系因素误解和政治干预误解更能影响其司法公正认同。

数据、测量与方法

1. 数据

本章所用数据来源于华东政法大学社会发展学院于2011年采集的“上海市居民法律认知与行为调查”数据。该调查遵循随机抽样原则进行“区/县—乡/镇/街道—居委会/村委会”三段抽样，以Kish表入户方式收集问卷。调查范围覆盖了上海市18个区/县和104个乡/镇/街道，调查对象为18岁至70岁的成年居民，问卷有效回收率达到95%以上。共收集有效样本2240个，处理极端值或缺失值后最终用于分析的样本2234个。其中男性样本占50.89%，女性样本占49.11%，性别比与上海市第六次人口普查数据（男性占 51.50%；女性占 48.50%）基本一致，表明该数据具有较强的可靠性。

值得说明的是，该调查在时效性方面稍有欠缺，但目前国内大型法律专题性调查并不多见，而该调查详细涉及上海居民的司法认知、官司经历等信息，为暂时的最优数据。此外，“观念性误解”对司法公正认同的影响在短期内具有一定的稳定性，因而本章得出的结论仍有启示意义。

2. 测量

本章所做研究的因变量为司法公正认同。问卷要求对“您觉得社会上的冤假错案多吗”做出“非常多”“比较多”“比较少”和“非常少”四级回答。冤假错案之多寡一定程度上反映了司法审判的公正程度之高低，因而个体对冤假错案的认知状况可以作为其司法公正认同的基本指标之一。由于冤假错案多意味着司法公正度低，因而对选项进行重新编码后分别赋值 1 至 4 分，得分越高表示个体的司法公正认同越高。

本章所做研究的核心自变量为“观念性误解”。“观念性误解”的具体测量分别如下：首先为关系因素误解测量。问卷要求被访者对“打官司就是打关系”做出“非常不同意”“不太同意”“说不清”“比较同意”“非常同意”五个层次的回答。分别赋值 1 至 5 分，得分越高意味着个体对司法审判受到关系因素影响的误解程度越高。其次为政治干预误解测量。受访者从“非常不同意”“不太同意”“说不清”“比较同意”“非常同意”五个层次去评价自己对“法院判决受到太多政治和经济利益的影响”的感受。对选项分别赋值 1 至 5 分，得分越高表示个体对审判受到政治干预的误解越深。最后，对法官品德误解的测量为个体对“大盖帽两边靠，吃了原告吃被告”的五分评价，选项从“非常不同意”到“非常同意”分别赋值 1 至 5 分。

依据是否曾经具有打官司行为可以把样本分为官司经历者和非官司经历者。按照受访者的回答把“有过一次”和“不止一次”编码为1，代表官司经历者；“没有过”编码为0，代表非官司经历者。此外，研究还考虑了一系列可能产生混淆效果的控制变量。现有研究认为一般信任是影响制度信任的重要因素，[1] 而个体的法律知识也可能会影响其司法公正认同，因而把两者作为控制变量纳入模型分析。其中，一般信任为受访者对陌生人的信任程度，法律知识为居民对自己法律知识掌握程度的总体评价。另一组控制变量为性别（男=1；女=0）、年龄、教育水平、政治身份（党员=1；其他=0）、收入等级等社会人口学变量。表1为变量的基本描述性信息。

3. **统计方法**

研究所用的因变量司法公正认同为定序变量。一般来说，针对定序变量应该选择次序逻辑斯蒂回归（Ologit）。Ologit能有效捕捉变量的“定序”性质，但其运用受到一些限制。一方面，运行Ologit的前提是满足平行性假设，而与诸多现有数据一样，本章的调查数据也未满足此条件。另一方面，方差的异质性可能导致Ologit的模型系数之间会存在“不可比”的问题。对此一些学者建议采用多元线性回归作为替代性分析方法。[2] 但多元线性回归并不能详细刻画变量不同取值之间的层级特征。为克服上述局限，本章综合采用多元线性回归与广义次序逻辑斯蒂回归（Gologit）进行分析。Gologit拓展了Ologit的适用范围，近年来越来越被广泛运用于心理学、社会学等研究领域，其模型可以表示为：

---

1 周怡、周立民：《中国农民的观念差异与基层政府信任》，载《社会科学研究》2015年第4期。

2 胡安宁、周怡：《一般信任模式的跨部门差异及其中介机制》，载《社会》2013年第4期。

$$P(Yi > j) = g(X\beta_j) = \frac{\exp(\alpha_j + X_i\beta_j)}{1 + [\exp(\alpha_j + X_i\beta_j)]}$$

$$j = 1, 2, \cdots, M - 1$$

其中 M 为因变量的类别数，由于司法公正认同取值范围为 1 至 4 分，因而 $M=4$。当 $j=1$ 时，类别 1 与类别 2、3、4 比较；当 $j=2$ 时，类别 1、2 与类别 3、4 比较；当 $j=3$ 时，类别 1、2、3 与类别 4 比较。

主要研究发现

1. 描述性发现

从表 13 可以看出，上海居民的司法公正认同在 1 至 4 分之间达到 2.98 分，总体上处于较高水平。但从表 14 可以看出，仍有相当比

表 13　主要变量的描述性信息

变　量	均值/百分比	标准差	最小值	最大值
司法公正认同	2.98	0.57	1	4
观念性误解				
关系因素误解	3.11	1.15	1	5
政治干预误解	3.30	1.09	1	5
法官品德误解	2.83	1.10	1	5
性别(男 =1)	50.89%			
年龄	40.26	14.44	18	70
教育	4.19	1.13	1	7
收入等级	2.39	0.74	1	4
政治身份(党员 =1)	15.18%			
官司经历(有 =1)	3.88%			
一般信任	2.19	0.94	1	5
法律知识	3.28	0.97	1	5

表14　受访者的司法公正认同（冤假错案评价）

选　项	频　数	百分比
非常多	25	1.12%
比较多	313	14.01%
比较少	1582	70.81%
非常少	314	14.06%

例的居民（约占15%）的具有较低的司法公正认同。同时，代表几乎完全认可司法公正的“非常少”选项比例仅为14%，而大部分居民倾向于认为社会上有“比较少”的冤假错案。总体来看，进一步提升居民的司法公正认同仍是我们面临的一项重大课题。

从表13还可以看出，居民对司法审判具有较严重的“观念性误解”。其中，关系因素误解的均值在1至5分之间为3.11分，政治干预误解为3.30分，法官品德误解为2.83分，都达到了中等偏上水平。而从图4可以看出，官司经历者比非官司经历者对司法审判具有更高的“观念性误解”。两种群体的关系因素误解、政治干预误解和法官品德误解之差值分别为0.20分、0.41分与0.32分，方差分析表明这些差异的显著性水平达到0.001。假设2获得支持。

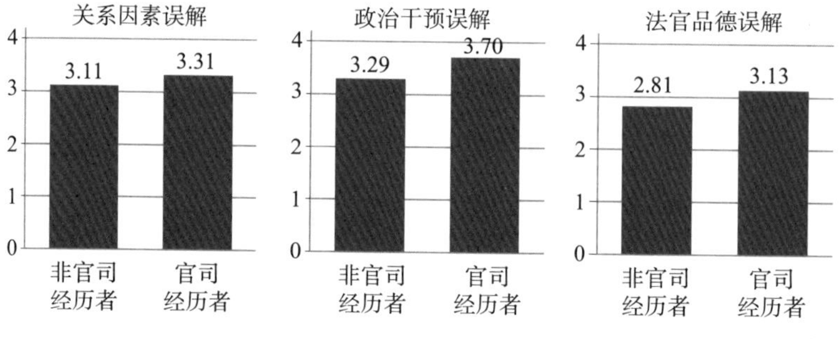

图4　官司经历者与非官司经历者的“观念性误解”

此外，针对表13的描述性信息还有几点需要注意：第一，打官司远未成为居民纠纷解决的主要方式，官司经历者仅占样本的3.88%。第二，受访者总体上具有较高的法律知识，其均值在1至5

分之间达到了3.28分。第三，一般信任在1至5分之间为2.19分，表明约超过一半的调查对象认为陌生人并不值得信任。类似社会事实也可能对居民司法公正认同有所影响。

2.“观念性误解”对司法公正认同的回归分析

表15为初步的多元线性回归结果。为了考察“观念性误解”与司法公正认同的关系模式是否存在群体差异，表中进行了子样本分析。从表15可以看出，总体来看三种“观念性误解”对司法公正认同具有显著的消极影响，但这些影响在不同群体间存在一定的差异。首先，在全样本分析中，关系因素误解、政治干预误解与法官品德误解都在0.001的显著性水平上削弱了个体的司法公正认同。假设1获得支持。对控制变量而言，个体的收入等级、法律知识及一般信任与他们的司法公正认同正相关。其次，在官司经历者样本分析中，法官品德误解与司法公正认同的相关系数达到0.12且具有显著性。

表15 “观念性误解”对司法公正认同的影响及其群体差异（OLS）

-0.015(0.023)	-0.147(0.137)	-0.008(0.023)	非官司经历者样本性别
年龄	0.001(0.001)	0.001(0.006)	0.001(0.001)
教育	-0.020(0.013)	-0.089(0.074)	-0.015(0.013)
政治身份	0.027(0.034)	0.031(0.166)	0.035(0.035)
收入等级	0.030(0.016)#	0.131(0.083)	0.021(0.017)
一般信任	0.032(0.012)**	-0.079(0.077)	0.035(0.012)**
法律知识	0.025(0.012)*	-0.006(0.089)	0.030(0.012)*
观念性误解			
关系因素误解	-0.060(0.013)***	-0.067(0.075)	-0.059(0.013)***
政治干预误解	-0.068(0.011)***	-0.089(0.066)	-0.065(0.012)***
法官品德误解	-0.076(0.013)***	-0.121(0.072)#	-0.072(0.013)***
截距	3.419(0.100)***	3.983(0.595)***	3.369(0.102)***
R^2	0.11	0.28	0.11
N	2234	87	2147

注：非标准化回归系数（标准误）：# $p<0.1$，* $p<0.05$，** $P<0.01$，*** $p<0.001$（双尾检验）。

其他条件一致情况下，个体的法官品德误解每增加 1 个单位，其司法公正认同约降低 12%。而关系因素误解与政治干预误解的相关系数变得不再显著。R^2 达到 0.28 表明模型拟合度较高。同时，该模型中控制变量对司法公证认同的回归系数皆不具有显著性。显然，对官司经历者而言，法官品德误解是影响其司法公正认同更重要的因素。假设 3 获得支持。再次，在“非官司经历者样本”模型中，变量之间的相关模式及显著性与“全样本”模型基本一致，故不再赘述。

接下来我们再看看 Gologit 分析结果。为了更直观地看出自变量对因变量的边际影响效果，表中呈现的是优势比，而非相关系数。先看控制变量的影响效果。从表 16 可以看出，Gologit 模型结果与多元线性回归基本一致。性别、年龄、教育水平和收入等级的系数在第一组、第二组和第三组中的显著性有细微变化，但总体上它们对个体的司法公正认同没有显著影响。一般信任对司法公正认同具有明显的积极效应，而法律知识对司法公正认同的影响较为复杂。具体来说，在第一组（“非常多 vs 其他”）法律知识对司法公正认同具有消极影响（优势比小于 1），也就是说，对那些极端不认可司法公正的个体，法律知识的增加反而降低其司法公正认同；在第二组（“非常多 + 比较多 vs 其他”）和第三组（“非常多 + 比较多 + 比较少 vs 其他”）则具有积极影响（优势比大于 1）。

进一步解读“观念性误解”与司法公正认同的关系可以发现，关系因素误解、政治干预误解与法官品德误解都显著降低了受访者的司法公正认同。从表 16 可以看出，关系因素误解能够显著减弱个体的司法公正认同，即各组中的优势比都大于 1 且具有显著性。具体而言，在第一组的比较中，受访者对司法审判的关系因素误解每增加 1 个单位，其选择“比较多” + “比较少” + “非常少”比选择“非常多”的可能性下降 42.5%；在第二组，关系因素误解增加

1 个单位，受访者选择“比较少”+“非常少”比选择“非常多”+“比较多”的可能性下降 26.8%；在第三组，关系因素误解增加 1 个单位，受访者选择“非常少”比选择“比较少”+“比较多”+“非常多”的可能性下降 17.7%。政治干预误解与法官品德误解对司法公正认同的影响模式与关系因素误解相似。总体来说，Gologit 与 OLS 的分析结果基本一致。值得说明的是，Gologit 的分样本回归结果也表明法官品德误解更能影响官司经历者的司法公正认同，但篇幅原因这里未呈现详细结果。

表 16 “观念性误解”对司法公正认同的影响（Gologit）

	第一组 1 vs 2 – 4	第二组 1 – 2 vs 3 – 4	第三组 1 – 3 vs 4
性别	0.673(0.286)	0.883(0.110)	1.039(0.131)
年龄	1.055(0.020) *	1.007(0.005)	0.999(0.005)
教育水平	1.163(0.226)	0.926(0.063)	0.892(0.063)
政治身份	0.486(0.295)	0.981(0.195)	1.322(0.222) #
收入等级	2.048(0.547)	1.031(0.089)	1.172(0.108) #
一般信任	1.039(0.214)	1.178(0.078) **	1.127(0.076) #
法律知识	0.583(0.150) *	1.059(0.069)	1.248(0.087) **
观念性误解			
关系因素误解	0.575(0.166) #	0.732(0.054) ***	0.823(0.057) **
政治干预误解	0.706(0.188)	0.715(0.049) ***	0.792(0.049) ***
法官品德误解	0.522(0.138) **	0.714(0.048) ***	0.797(0.060) **
Pseudo R^2		0.08	
Log Likelihood		–1734.52	
N		2234	

注：表内呈现的是优势比：# $p<0.1$，* $p<0.05$，** $P<0.01$，*** $p<0.001$（双尾检验）。

结论与讨论

全面推进依法治国是中国特色社会主义的本质要求，也是国家治理体系与治理能力现代化的重要内容。然而，近年来一系列的判决不遵从现象折射出司法公正认同不足已成为法治进程的现实阻碍。习近平总书记在十九大报告中对司法公正提出了新的要求："努力让人民群众在每一个司法案件中感受到公平正义。"[1]

以上海为例的调查研究发现，居民对我国当前的司法运行状况存在较严重的"观念性误解"，主要表现为审判中的关系因素误解、政治干预误解与法官品德误解等。从起源上看，"观念性误解"的产生与关系文化、威权主义、特殊信任及政治腐败认知等密切相关。从结果上看，各种形式的"观念性误解"不仅抵消了司法制度的客观进步，而且极大地腐蚀了社会成员的司法公正认同，从而对司法信任乃至整个法律系统的合法性带来了消极影响。尤其是对官司经历者而言，庭审接触加深了他们的"观念性误解"，由此导致其更低的司法公正认同可能进一步构成了不服从判决及辱骂殴打甚至杀害法官等过激行为的心理基础。

与现有文献认为司法制度本身的设计质量对司法公正认同的决定性影响不同，本书强调居民的司法公正认同受到社会文化的深刻影响。值得说明的是，这里并不否认制度质量的意义，而是表达这样一个主张：在文化观念这个人们认知司法制度的调节变量未改变之前，司法制度的客观进步未必能提升社会成员的司法公正认同。研究结论具有较强的实践指导意义。首先，司法公正认同的建构不仅是一个法律制度设计问题，更是一个文化重塑问题。忽视法治文化建设而试图单纯依靠完善司法制度很难切实提升民众的司法公正认同。"中国古代社会是一个人治的社会，家长制、君主制、宗法等级制、皇权至上、衙门作风等给我们留下的负担太沉重了"，[2] 这些

---

1 习近平：《决胜全面建成小康社会 夺取新时代中国特色社会主义伟大胜利》，人民出版社 2017 年版，第 39 页。

2 刘斌：《法治文化论集》，北京：中国政法大学出版社，2008 年，第 19 页。

源自传统习惯的不利因素致使人们总倾向于“以人治的眼光看待法治”。社会化过程中形成的某些特殊思维习惯被自然扩展到个体的司法认知中，从而滋生了他们“官司靠关系”“审判不独立”“法官品德败坏”等“观念性误解”，阻碍了司法公正认同的形成。因而提升司法公正认同的根本任务在于消除居民对司法审判的传统认知。其次，思考提升全社会司法公正认同的文化策略需要注意以下两点：一方面须通过学校教育、普法宣传与媒体法制栏目等法治社会化方式切实增强居民的法治意识；另一方面则需综合运用庭审程序改革、司法公开、司法公关及增加裁判的说理性等手段消除公众的司法误解。尤其是庭审中法官的表现对当事人的司法公正认同具有重要影响，以审判为中心的司法改革需要将提升当事人的程序公正满意度作为重要目标之一。

本章所做研究还存在一些局限。比如，由于数据局限，对不同文化观念与审判误解之间的关系仅作了理论探讨，也暂时未能运用倾向值匹配或工具变量法处理变量之间可能存在的内生性问题。未来条件允许我们将沿此方向开展更加深入的研究。此外，调查对象仅限于上海市居民，因而结论能在多大程度上推及其他省市仍有待进一步检验。但本研究却有一定的现实参考意义。中国居民在某些传统观念上具有相似性，其他地区的居民也可能像上海一样具有对司法审判的“观念性误解”，并成为弱化其司法公正认同的重要来源之一。

第12章

中国法治文化的基本进程与建设策略[1]

背景与问题的提出

十八届四中全会把依法治国推向新的战略高度，并在《中共中央关于全面推进依法治国若干重大问题的决定》中提出建设法治政府和提升司法公信力等一系列的法治建设目标。法治是国家长治久安的必然选择，是顺利实现中华民族伟大复兴之“中国梦”的制度保障。中国学界对如何建设法治并未达成共识。政府依法行政、[2] 培养公民的法律信仰，[3] 以及发展市场经济等都被认为是实现法治的关键。尽管存在不同的法治建设路径，但是学界普遍认识到：法治国家和法治社会必然要有自己的法治文化。[4] 从文化

1 本章内容曾发表于《理论月刊》2016年第2期，其特点是引用了文化社会学中的文化理论解读当前中国的法治文化的进本进程并探讨建设策略问题；文中还应用了一些基于调查数据资料的量化分析，也可归为法律社会学实证研究类成果。

2 应松年：《依法治国的关键是依法行政》，载《法学》1996年第11期。

3 范进学：《论法律信仰危机与中国法治化》，载《法商研究》1997年第2期。

4 李顺德：《法治文化论纲》，载《中国政法大学学报》2007年第1期。

的视野来研究法治，是一个重大的理论课题，也代表着法学研究的前进方向。[1]

基于上述认识，法治文化获得了理论界的广泛关注和讨论，但相关研究主要从宏观或抽象的层面去思考法治文化的含义及其对法治建设的指导作用，即认为法治文化就是人们对法律所持有的价值观、理念或理想。[2] 相应的价值观念固然是法治文化的重要体现，但这种理解存在一定的局限性：人们普遍感到文化对法治建设的重要性，却很少尝试去评估法治的文化进程，并思考法治建设的具体文化方案。实际上，任何形式的现代化都是人的主观态度和客观行为的双重变迁过程。法治文化建设不仅意味着培养民众新型的法律价值观，更体现为形成一种具体的人们借以构建法律行动策略的习惯、技能和风格。现代法律价值观指引着国家治理方式的发展方向，但如果法律没有成为解决纠纷的主要选择，法律思维没有成为民众的基本思维方式，法治就不可能真正实现。超越上述困境的关键在于重新理解文化的概念及其对法治文化的理论启示。文化社会学为理解何为文化提供了基本的理论框架，必须借鉴其研究成果。

本章的主要目的是试图从文化社会学的视角来解读法治的文化内涵，利用一些大型的社会调查数据探讨中国法治建设的文化进程，并思考加快推进中国特色社会主义法治国家建设的文化策略。

文化与法治：理论反思

1. 文化的概念："扳道夫"VS"工具箱"

社会学对文化的基本观点可以追溯至古典社会学时期。"文化复

1 刘斌：《法治当代法治文化的研究范畴》，载《中国政法大学学报》2009 年第 6 期。

2 李顺德：《法治文化论纲》，载《中国政法大学学报》2007 年第 1 期。

兴的重要知识根源，实际上可以追溯到社会学本身的创始人之一迪尔凯姆身上”。[1] 涂尔干没有给出明确的文化定义，但从他对集体意识、宗教现象和公平契约精神等的讨论中可以看出其理论中的文化含义。在涂氏理论中，文化是一种价值观层面上的抽象建构物。机械社会的社会整合力量是集体意识，集体意识就是社会成员具有的信仰和感情的总和。[2] 同样，部落成员从小就习得的关于什么是神圣物和世俗物的基本价值判断影响着整个部落的生活模式；[3] 一种关于公平契约精神的价值观念会促使整个财产制度发生根本性变革。[4]

从价值观层面上去理解文化的基本立场被韦伯所继承和发展。在韦伯看来，尽管人类行为由理念利益和物质利益同时驱动，但理念利益像“扳道夫”一样决定着行为的基本方向：“不是理念，而是物质利益和理念利益直接控制着人的行为。然而，由‘理念’创造出的‘世界图景’常常像扳道夫那样决定由动态物质利益驱动的行为沿着那条轨道前进。”[5] 显然，能界定人类行为前进方向的理念利益就是基本的价值判断。由新教伦理所催生的资本主义精神是资本主义制度和社会诞生的基本前提。

塔尔科特·帕森斯在韦伯的基础上，进一步强调价值共识对社会整合的重要作用。这种整合作用的基本途径是群体成员通过社会化过程而内化主流价值观的要求所达致的模式维持。社会制度存在的目的是了为实现其核心价值观，价值观还能够解释在相似情境下的行动者为何却表现出不同的行动。而“价值”是“共享符号体系

1 杰弗瑞·亚历山大：《迪尔凯姆社会学》，戴聪腾译，辽宁教育出版社 2001 年版，第 6 页。

2 涂尔干：《社会分工论》，渠东译，生活·读书·新知三联书店 2000 年版，第 182 页。

3 涂尔干：《宗教生活的基本形式》，渠东等译，上海人民出版社 2006 年版，第 397 页。

4 涂尔干：《职业伦理与公民道德》，渠东、付德根译，上海人民出版社 2000 年版，第 209 页。

5 韦伯：《韦伯作品集 5：中国的宗教、宗教与世界》，康乐、简惠美译，广西师范大学出版社 2004 年版，第 477 页。

的要素，它在开放的替代取向中充当选择的规范或标准”。[1] 所以，“在帕森斯那里没有深描，文化只有在抽象和分析的意义上具有自主性”。[2] 其理论中的文化依然是一种“扳道夫”意义上的概念。

文化解释中的价值观模型在很长时期内都占主导地位，并在贫困文化等一系列的研究继续得到运用和发展。然而，很多社会现实并不能单纯用价值观影响来解释。价值观解释模型具有很强的误导性，它“忽视了其他独特的文化现象，这些现象可以使我们更好地解释行为模式。我们将这些因素称为文化形塑的技能、习惯和风格，而不是价值观或偏好”。[3] 基于这样的认识，文化社会学研究者开始寻求从更具体的层面去理解文化的含义，这样的工作集中体现在安·斯威德勒的“工具箱”理论之中。安·斯威德勒深刻反省了文化价值观模型的缺陷，提出了具有里程碑意义的文化“工具箱”理论。她认为，文化不是通过向人们提供终极价值观，而是通过形成一套语库或工具箱来影响行动。“工具箱”囊括了习惯、技能和风格等人们借以构架行动策略的文化要素。“工具箱”是一个形象的比喻，其含义是文化不仅是抽象的价值观，更是一种习惯、行为倾向和技能等，就像我们从工具箱中拿出钳子、镊子和螺丝刀来解决面临的不同问题一样。

文化的“工具箱”理论为我们思考中国法治建设的文化进程和建设路径提供了一个新的研究视角。遗憾的是，国内学者似乎忽视了行动意义上的文化理论对社会主义法治国家建设的重要启示。

---

1 Talcott Parsons, *The Social System*, New York: Free Press, 1951, p. 11.

2 杰弗瑞·亚历山大:《社会生活的意义：一种文化社会学的视角》，周怡等译，北京大学出版社 2011 年版，第 26 页。

3 Ann Swidler, *Culture in Action: Symbols and Strategies*, *American Sociological Review*, (51), 1986, p. 260.

2. 法治的文化意蕴：国家理想 VS 行动策略

很多教科书都把法治理解为区别于人治的一种国家治理方略。相应地，目前学界对法治文化的探讨基本是一种价值观层面的思考。法治文化就是以市场经济为基础，以法治为核心，以民主为实质的社会文化体系。它不仅是一套法律规定和条文，更是一种精神，一种民主的和科学的理性精神，一种文明的精神。

从价值观的维度去思考法治具有悠久的历史传统，最早可以追溯至亚里士多德的法治观："法治应该包含两层含义，已成立的法律获得普遍的服从，而大家服从的法律又应该本身是制订得良好的法律。"[1] 简言之，法治是良法之治，而良法必然需要一套价值观作为评判标准。哈耶克认为，法治就是以自由主义价值为支撑社会治理模式。这种模式是我们必须一如既往追求的理想，脱离民主、自由和个人主义，再伟大的乌托邦也必然是通向奴役之路。[2] 而在罗斯科·庞德看来，普通法国家的法律能够显著区别于其他法律体系，其根本原因在于一种具有悠久历史传承的普通法精神。[3] 传统的法治文化概念以价值观模型为主，并由此把法治理解为一种良好的社会治理模式或国家理想。

在法治程度较高的国度把法治理解为一种价值追求并无明显不妥，因为法治已经作为一种实在的生活方式存在着。然而，在快速转型的社会，深刻理解法治文化不仅关乎社会治理模式的选择，更与加快推进法治建设的路径选择和制度设计密切相关。在这个意义上，法治文化的价值观模型的局限性是显而易见的：人们普遍感到文化对法治建设的重要性，但常常忽略去思考法治的文化进程和法

1 亚里士多德：《政治学》，吴寿彭译，商务印书馆 1997 年版，第 39 页。
2 弗里德里克·哈耶克：《通往奴役之路》，王明毅等译，中国社会科学出版社 1997 年版。
3 罗斯科·庞德：《普通法的精神》，唐前宏译，法律出版社 2010 年版。

治建设的具体文化方案。从十五大明确提出建设社会主义法治国家到现在已近20年，在取得进展的同时，我们离真正的法治还有很长的距离。从文化的角度看，其重要原因是，实现法治不仅需要价值观指引，更需要践行法律。借鉴庞德的说法，推进法治不能依靠“书本上的法”，而是有赖于“行动中的法”。“工具箱”理论给我们的启示是，法治文化不仅是一种国家理想，更是一种以某些行动策略为特征的具体生活方式、思维习惯、技能和风格等。正是在这个意义上，霍姆斯大法官提出，法律的生命不在于逻辑而在于经验。只有人们对法治的理解不仅停留在“喊口号”的层面，而是实实在在地依照法治精神去践行法律、自觉地运用法律，才能加快中国特色社会主义法治国家建设进程。

一些学者认识到法治文化包含行动系统，但在相关论述中，行动意义上的文化仅作为一种附属现象，似乎忽略了法治“工具箱”对实现法治的关键意义。比如，刘斌把法治文化的研究范畴归纳为法治理念文化、法律制度文化、法律组织文化、法治设施文化、法治行为文化、法律语言与文本文化六个方面。但法治行为文化作为法治文化的局部内容，更重要的还是融注在人们心底和行为方式中的法治意识、法治原则、法治精神及其价值追求。相反，我们认为，法治文化能否成为“工具箱”是实现法治的关键。只有法律成为人们日常纠纷解决的主要手段、法律思维成为人们日常的思维方式，法治建设才能说取得了实质性的进展。而这反过来会促进法律体系的完善和发展。任何社会实在都是建构起来的，单纯强调法治文化的精神与价值层面而脱离了具体的行动者，法治建设就有一种沦为空谈误国的危险。因此，法治的文化意蕴是不仅表现为一种国家理想，更是一种具体的生活方式，是人们借以构建行动策略的习惯、技能和风格。

中国法治的文化进程：实证探讨

法治文化不仅意味着一种全新的法律价值观，更加体现为一种具体的生活方式、思维习惯和行动倾向。一种新的价值观必须经历一定的发展阶段才能转化成一种相应的具体生活方式。典型的例子是，西方理论家自亚里士多德时代开始就逐渐认识到并较为充分地阐述了法治的优势，但西方社会实现法治则是几个世纪之后的事了。著名的文化人类学家阿历克斯·英格尔斯认为现代化是人的主观态度和客观行为的双重变迁过程。“言论和态度上表明是现代的人，并不一定在行动上也这样去做”，只有一种符合一定价值精神的行动改变，才“能给导致国家现代化的政治、经济制度赋予真正的意义和生命，并持久地支持住国家朝现代化方面的转变。”[1]

依照这个逻辑，法治的文化进程应该包含两个阶段：法律价值观转型和法律行动转型。法律价值观转型是指社会成员对法律的基本态度产生了一种与法治精神相符的转变，这是实现法治的基本前提条件。然而，单纯的价值观转型并不能自动实现法治，它只是提供了社会前进的基本方向，更重要的是全社会朝着这个方向采取实实在在的行动，把这种价值转化成一种行动、思维和习惯。我们姑且把这种转变称为法律行动转型。它指人们借以构建法律行动策略的思维、习惯和倾向等发生了根本的变化。比如，人们从一种“息诉”倾向转向一种主要依靠法律诉讼来解决纠纷的习惯或倾向。

1. 法律价值观转型

中国的传统法律文化缺乏法治精神，诸如“息诉”等观念更是

1 阿历克斯·英格尔斯：《人的现代化：心理·思想·态度·行为》，殷陆君编译，四川人民出版社 1985 年版，第 273 页。

与法治要求不相兼容。因此，中国法治的文化进程将首先表现为法律价值观转型。这里所称的法律价值观，主要是指民众对法律地位及其与权力关系的基本认知和态度。如果认为“权大于法”，则属于传统法律价值观；反之，坚持法律至上等符合法治精神的观念，则属于现代法律价值观或法治观。值得强调的是，这里所说的“转型”是以传统法律价值观作为参照，而不意味着本章所采取的是纵向研究设计。

法律价值观转型实际上意味着法治意识的发展。尽管人们对何为法治远未达成共识，但法治最起码包含限制权力和法律至上两个观念。首先，法治的重心是政府，而不是普通民众。法治作为一种价值观或社会治理方式，其初衷是排除人治模式中的兽性因素，为政府权力划出基本而明确的法律界限。洛克、孟德斯鸠的三权分立思想和卢梭的社会契约论等无非都是致力于寻找制衡政府权力的制度可能性。因此，法治的基本要求是建立有限政府。从国家与社会的关系来看，就是要求社会在一定程度上摆脱国家的控制而实现相对自治。然而，“权力具有独立性、扩张性、逐利性和侵犯性等特点”，[1] 必须有一定的限制才能把权力置于合理的范围之内。但限制政府权力首先遇到的困难是：谁来限制政府？西方的理论和实践证明，只有法律才是实现这一目标的理想选择。因此，法治又要求把法律放在一个至高无上的位置，任何政党、组织和个人都必须一体遵行，这就是法律至上的观念。在价值观层面上的法治文化进程可以从民众的法律至上观和权力限制观或社会自治观上反映出来。换言之，如果大部分国民都已经持有上述观念，就可以认为这个国家已经实现了价值观意义上的法治。我们可以从下面两组数据讨论中国居民法律价值观的发展状况。

---

1 蒋德海：《以社会民主为目标全面推进依法治国》，载《探索与争鸣》2015 年第 3 期。

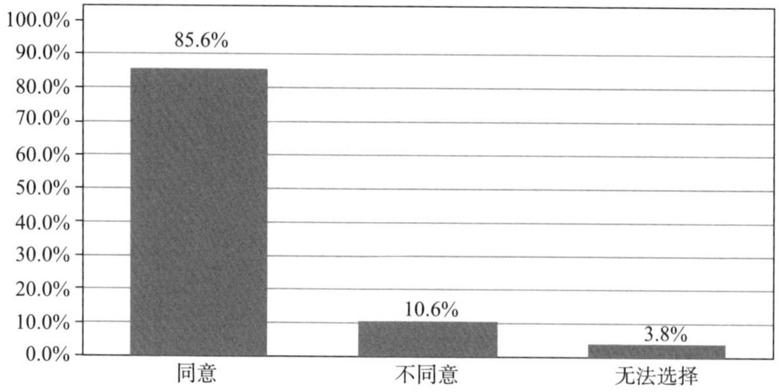

资料来源：中国综合社会调查（CGSS2005）数据库；测量项目是：您是否同意“社会成员必须无条件服从法律?”的说法，答案分为“同意”“不同意”“无法选择”三个层次。

图 5　中国居民的法律绝对权威意识

图 5 表明，调查样本中同意“社会成员必须无条件服从法律”的占到约 86% 。“无条件服从”意味着没有任何团体、组织或个人能够享受特权。这一定程度上反映了中国居民普遍认识到法律应具有绝对权威，即随着社会和教育的发展，法律至上逐渐成为中国民众的基本观念之一。

表 17 中，“当官的只关心自己的政绩”“执法的人往往没有依法办事”“大部分干部贪污腐败”三个项目主要反映了农民对限制权力需要的认知。具有扩张性和侵犯性等特征的权力如果掌握在只关心自己政绩、不依法办事和贪污腐败的官员手中，就会对社会造成极大的危害。民众对官员的这些负面评价能够在一定程度上反映出他们对限制权力的认知。“我们更愿意由自己而不是领导干部来管理我们”则用以测量农民的社会自治观念。表 17 数据显示，调查样本中近一半的农民具有一种限制权力的意识，并且主张获得更多的自我管理空间。

表17　中国农村居民的法律价值观

	测量项目	同　意	不同意	说不清
权力限制意识	当官的只关心自己的政绩	59.94%	18.9%	28.1%
	执法的人往往没有依法办事	43.0%	23.2%	33.6%
	大部分干部贪污腐败	43.3%	31.4%	24.6%
社会自治意识	我们更愿意由自己而不是领导干部来管理我们	50.6%	21.5%	27.8%

资料来源：数据来源于南京大学“中国社会信用制度研究”课题组及复旦大学“现代社会信任模式与机制研究”课题组调查数据库；本书选取的是农村地区样本，共2158人；每个测量项目都分为五个答案层次：完全不同意、比较不同意、说不清同意不同意、比较同意、完全同意，本书将“比较同意”和“完全同意”合并为“同意”，“比较不同意”和“完全不同意”合并为“不同意”。

综上所述，大部分调查对象都具有法律至上意识、限制权力意识和社会自治意识。在某种意义上，中国民众已经具备一定程度的法治意识，价值观层面的法治文化建设取得了较好的成效。这将成为继续深入建设中国特色社会主义法治国家的重要文化条件和精神动力来源。

2. 法律行动转型

法治的文化进程还表现一种“工具箱”意义上的法律行动转型。“工具箱”理论的启示是，只有法律成为人们解决日常纠纷的主要手段、法律思维成为人们日常的思维方式，才能说某个社会成为了法治社会。由此，某种程度上，我们可以通过考察法律途径在民众纠纷解决的不同方式中所占的比例来分析“工具箱”意义上的法治文化进程。

图6显示，人们解决纠纷的方式主要是“找熟人调解”（占30.73%）、“找政府或村组织”（占20.49%）和“忍了”（占23.43%）。选择法律途径的比例为16.16%，法律途径远未成为人们纠纷解决的主要方式。人们解决纠纷的“工具箱”仍然是找关系、

找政府和找领导等，法律并未成为一种普遍的日常思维方式和行动习惯。造成这种现象的主要原因至少体现在两个方面：首先，传统法律文化的历史惯性影响。传统法律文化倡导“息诉”与调解，法律在纠纷解决中的作用相对较弱。尽管社会转型和教育发展带来了价值观的变化，但是传统的影响依然存在。其次，普法教育不足。要使法律成为人们构建行动策略的主要“工具箱”，重要前提是民众对法律有较为深刻的了解，甚至是法律成为一种常识。一些西方学提出应该把法律成为常识作为法律的基本理想。[1] 然而，当前中国的法学教育还有很大的提升空间。大学教育并没有把法律纳入必修课，一些受过高等教育的非法学专业学生尚且缺乏对法律的基本了解，更别说教育程度偏低的普通民众了。

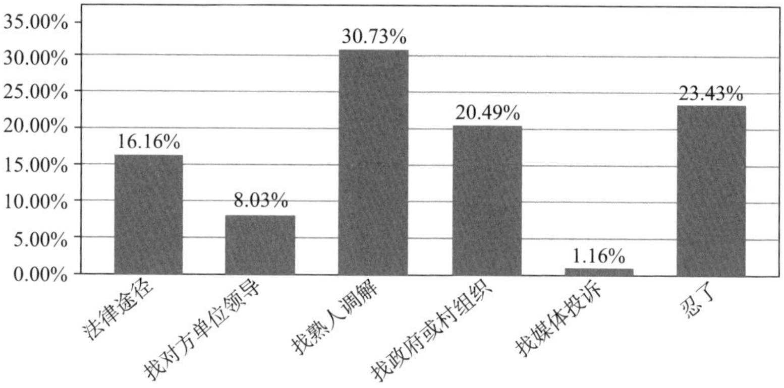

注：数据来源于中国综合社会调查（CGSS2005）数据库。

图6　中国居民的纠纷解决方式

1 Mariana Valverde, *Law's Dream of a Common Knowledge*, Princeton: Princeton University Press, 2003.

全面推进法治文化建设

中国基本形成了价值观意义上的法治文化，但“工具箱”意义上的法治文化建设依然任重道远。这个基本论断带来的启示是，中国已经具备一定的价值观层面法治文化基础，“心理、态度、价值观、思想的改变，是现代化机构和制度产生实质性后果和作用的最基本的先决条件之一”。全面推进中国特色社会主义法治国家建设，必须继续坚持法治宣传，使全社会形成良好的信仰法治氛围。

然而，实现法治还必须致力于建设“工具箱”意义上的法治文化，即促使运用法律解决问题成为日常思维方式和行动倾向。正是基于这种认识，一些学者提出发展法律文化重在司法建设，通过司法机关和司法队伍建设来扩大法律的影响。[31]这种方案依然局限在法律系统之内，没有把使法律成为一种常识作为明确的法治文化建设目标。实际上，法律“工具箱”工程需要全社会的参与，而不仅仅依赖于法律专业队伍的建设。

价值观层面的法治文化是一种宏观现象，“工具箱”意义的法治文化则是微观存在，把两者勾连起来需要一个中观的“文化过程”。简言之，文化过程就是把一种价值观念或精神要求注入个体的思维和行动中的动态过程。它们通过动员共享的类别和分类体系而形成，个体也通过这些分类体系感知并理解他们的环境。这个过程以一种日常生活的形式来运作，它促使个体下意识地运用一种从他们周围的文化“工具箱”中获得的心理模式或理解框架。依照这个逻辑，如何把法治价值观转化成一种日常的行动方式将是实现法治的关键。促使法律成为人们纠纷解决的主要方式、思维习惯和行动倾向需要多方面的努力。

建设“工具箱”意义上的法治文化必须大力推进普法教育。法律思维能成为人们的日常心理模式和理解框架端赖于人们对法律的了解程度。没有一定的法律知识储备，法律符号难以扩展至大部分甚至全体社会成员。而这是法律心理认同的重要来源。人们之所以选择“找领导”或“找关系”去解决遇到的麻烦，是因为常识（文化的一种形式）告诉他这种方法是行之有效的。换言之，这些途径作为一种知识储备，是人们行动的“工具箱”来源。相似地，实现法律成为常识的基本手段是大力推进普法教育，使社会成员能够随时随地学习法律、了解法律甚至运用法律。一方面，大学教育应该考虑把法律作为通识必修课，非法学专业的学生也应该接受基本的法律教育。甚至尽可能把法律纳入每个学生诸如初中或高中的早期教育中。另一方面，进行各种普法平台建设。普法运动是民众加深对法律理解的重要途径。当前中国的普法教育主要由高校的学生及一些志愿者组成，尽管这是普法教育的重要形式，但是其效果远不能胜任使法律成为常识的任务。更有力的普法教育可能是以政府机构和司法机关为主导的全民参与式教育。

建设“工具箱”意义上的法治文化还应充分发挥大众传播媒介应有的作用。哈贝马斯认为，文学作品、文化批评杂志、戏剧和报纸等媒介是公共领域形成的重要机制。[34]在信息化程度日益增高的现代社会，媒体对文化形成的作用是毋庸置疑的。法治文化建设必须充分利用书刊、报纸、电视及网络等媒体手段。当前媒体对法治文化建设的作用没有得到很好的发挥。媒体报道的法律事件多以负面信息为主，而对法律专业人士或司法机构的正面宣传不足。法治的重要特征是法律权威得到普遍的认可和遵从。只有人们总体上倾向于把法律编码为“善”或“神圣”之物，才能有效地培养法律信仰，提高司法公信力。过多的负面宣传则会把法律推向“恶”的边缘。尽管当前的司法实践存在诸多不足，但是总体形势偏向积极乐观。媒体在批评不足的同时，不应该忽视挖掘、报道和宣传正面的法律信息。同时，大部分的法律报道缺乏专业分析和理论解释，这造成或加深了人们对法律的误解和不信任，并带来不良的社会后果。比如南京“彭宇案”，媒体多从社会道德角度去报道涉案细节，关于法律证据、案件的法理分析乃至司法判决的合理合法性解读等都较为罕见。由此带来的负面后果是，人们认为法律已经不再保护“见义勇为”等传统美德的要求，并发生了一系列的老人倒地“见死不救”悲剧。当然，本书的目的不是批判媒体运行模式，而是反思如何更好发挥媒体对法治文化建设的积极作用。

法治文化不仅是一种新式的法律价值观，更是一种具体的思维方式、生活习性或行动习惯。它一方面为人们提供理解法律的“解读性网格”[35]，另一方面又是日常生活习性的重要组成部分。由于政府的大力倡导和教育的发展，中国民众已经普遍认识到法治是一种更为理想的治理模式，这将成为加快建设中国特色社会主义法治国家的信心和动力来源。但我们离“工具箱”意义上的法治文化还有一定的距离。其重要表现是法律并未成为纠纷解决的主要方式，民众对法律尚且存在较严重的陌生感或距离感。“工具箱”理论带来的启示是，必须把使法律成为民众的常识作为法治文化建设的明确目标，从加强法学教育、充分利用媒体等方面努力增加民众对法律的理解、信心与信任，为实现法治提供良好氛围和根本动力。

第 13 章

诉讼经历者的司法信任何以形成[1]

背景与问题的提出

诉讼经历者（原告或被告）的司法信任不仅直接影响其裁判遵从意愿，也关乎全面依法治国进程及和谐社会建设。然而，近年来多起辱骂殴打甚至杀害法官事件折射出诉讼经历者的司法信任有待提升。正因如此，党的十八届四中全会审议通过的《中共中央关于全面推进依法治国若干重大问题的决定》中专节阐述了保障司法公正和提高司法公信力问题，“让人民群众在每个司法案件中感受到公平正义”也成为习近平总书记对新时代司法的殷切期盼。不过目前国内学者尚未对当事人的司法信任问题展开系统的实证研究。可以说，无论是理论发展还是以审判为中心的诉讼制度改革都要求法学研究者解答以下问题：中国诉讼经历者的司法信任如何？其具体的

1 本章内容曾发表于《中外法学》2019 年第 6 期。文章依据程序正义和社会文化两大理论，提炼出 10 个具体变量，并采取多元回归和模糊集定性比较的方法，系统探究了诉讼经历者司法信任的多重并发条件。

形成条件是什么？可采取何种应对策略？

国外相关成果可被划分为两个阶段。第一阶段起于 20 世纪 70 年代的美国。由于越来越多居民把日常纠纷诉诸法庭，美国学者开始关注法庭经历对司法信任所带来的冲击。沃尔克等基于简单的列联表分析发现，接触经历满意度与北卡罗莱纳州居民对警局和法院的支持度密切相关。[1] 扬克洛维奇调查公司则在其报告《法院的公众形象》中首次专题探讨了法庭经历与司法信任的关系，发现亲自接触过庭审的个体更倾向于表现出对法庭的不满与批评。[2] 不过第一阶段的相关成果主要以理论阐释和描述性统计为主。第二阶段则从 20 世纪 80 年代中后期持续至今。相对早期研究，此阶段的理论进展主要表现在两个方面：第一，学者们开始注重区分不同法庭经历的司法信任后果。比如有研究表明，原告被告、证人及审判员等不同经历对司法信任的影响存在明显差异。[3] 第二，最新成果转向关注法庭经历影响司法信任的中介机制，其中最流行的解释是由汤姆·泰勒及其合作者提出的程序正义论。泰勒通过调查研究发现，庭审程序的合理性较之裁判结果更能直接增加当事人的司法信任及他们对判决结果的自愿接受度。[4]

上述成果为进一步的研究提供了理论基础，但仍有可拓展之处：(1) 这些研究主要开展于法治化程度较高的西方国家，而对像中国这样的发展中国家关注不够。(2) 相关研究主要从程序正义的角度

---

1 Darlene Walker et al., *Contact and Support: An Empirical Assessment of Public Attitudes toward the Police and the Courts*, *North Carolian Law Review*, Vol. 51, No. 1, 1972, pp. 43 – 79.

2 Yankelovich, Skelly & White, Inc., *The Public Image of Courts: Highlights of the National Survey of General Public, Judges, Lawyers and Community Leaders*, Williamsburg, VA: National Center for State Courts, 1978, pp. 17 – 20.

3 Sara Benesh & Susan Howell, *Confidence in the Courts: A Comparison of Users and Non-users*, *Behavioral Sciences and the Law*, Vol. 19, No. 3, 2001, pp. 199 – 214.

4 汤姆·泰勒：《人们为什么遵守法律》，黄永译，中国法制出版社 2015 年版，第 169 页。

去探讨影响司法信任的内生性变量，而忽略了司法系统之外的社会文化变量。针对这些不足，笔者在《环球法律评论》发表的《诉讼经历与城市居民的司法信任——以上海为例的调查分析》一文中做了初步回应。[1] 但是该项成果仍没有解决以下关键问题：第一，当事人的司法信任不足是一种普遍化现象吗？如果不是，那么是什么心理因素维护了大部分当事人的司法信任？第二，该项成果的结论认为主要是平等对待和关系文化影响了诉讼经历者的司法信任。但笔者后续访谈资料显示，虽然这两个条件是客观存在的，但并不构成当事人司法信任的必要条件。部分当事人可能关系取向明显或平等对待体验偏低，但他们仍然表现出较高的司法信任倾向。针对此类例外，现有文献未能给出令人满意的解答，我们需要引入新的变量来解释当事人的司法信任问题。此外，该项成果在研究方法上仅采用多元回归分析，其更侧重考察影响当事人司法信任的单一因素，而未能充分揭示司法信任得以形成的组合因素或多重并发条件。两者的区别是明显的，多元回归分析结果中自变量的逻辑关系是“或”，也就是说满足其中某个条件就可能提升司法信任了。但即使事实上审判程序是公正的，当事人仍然可能持有“不公正”的评价。可见，需要同时具备某些条件才能有效预测当事人的司法信任，而将这些条件解构出来具有重要的理论和实践意义。有鉴于此，本研究基于对上海市民的调查数据，运用模糊集定性比较分析（fsQCA），侧重考察了诉讼经历者司法信任的多重并发条件，并提出了具体的应对策略。

1 周立民：《诉讼经历与城市居民的司法信任——以上海为例的调查分析》，载《环球法律评论》2019年第3期。

文献回顾与理论框架

1. 司法信任内涵

关于何为司法信任目前国内学者尚未达成共识。传统理论法学倾向于使用“司法公信力”概念。比如，有学者认为，司法公信力是指信任方对司法机关在“正当的程序”“公正的结果”“适格的司法人员”等方面因素所表现出来的信任程度。[1] “司法公信力作为赢得公众信任和信赖的能力，当然地包含着公众对司法裁判者的判断力能够予以信任和信赖的内容”。[2] 形成鲜明对比的是，法律社会学实证研究则更多采用“司法信任”概念，并倾向于将其信任的对象限定为司法机构。尤其是国外主流的实证研究文献皆把司法信任操作化为居民对法院的信任。可以看到，上述两个概念主要的分歧似乎仅在于，是否应将对司法人员的信任纳入司法信任的内涵之中。

那么，司法信任的内涵是否应包含司法人员信任呢？这或许要从社会科学中一般的信任理论说起。按照卢曼的理论，信任可划分为人际信任和系统信任两大模式。[3] 人际信任表达人与人之间的信任关系，系统信任则体现人对群体、机构组织或制度的信任。[4] 正是基于这样的理论框架，现有文献倾向于将与司法信任相近的政府信任

---

1 关玫：《司法公信力初论——概念、类型与特征》，《法制与社会发展》2005 年第 4 期，第 135 页。

2 郑成良、张英霞：《论司法公信力》，《上海交通大学学报（哲学社会科学版）》2005 年第 5 期，第 7 页。

3 尼克拉斯·卢曼：《信任：一个社会复杂性的简化机制》，瞿铁鹏、李强译，上海人民出版社 2005 年版。

4 周怡：《信任模式与市场经济秩序：制度主义的解释路径》，载《社会科学》2013 年第 6 期，第 60 页。

或政治信任归为一种制度信任，并在实证研究中仅将其操作化为居民对政府机构的信任。[1] 由此看来，将司法信任视为一种特殊的制度信任似乎与其他学科的信任文献更为契合。不可否认，在司法信任研究中，法官信任是应该予以关注的重要内容；但这种重要性本身并非是将其纳入司法信任内涵之理由，将法官信任定位为司法信任的一个影响因素或许更为合适。综上所述，司法信任就是公众对国家司法制度或司法机构按照自己预期运行的信念或信心。这种信念或信心不仅与个体的心理状况或人格特征相关，更是政治文化或社会资本的重要组成部分。信任或不信任都可以在社会化过程中实现传递，并转化成一种普遍而稳定的个体心理特征。正因如此，探究司法信任的生成机制及提升策略意义重大。

明确概念之后，接下来需要探讨的是司法信任的具体影响因素。如前所述，国外已有实证研究主要关注司法信任的程序正义维度，而对其所“嵌入”的社会文化背景重视不足。相反，近年来在政府信任研究领域却出现了一种“文化转向”。20 世纪 90 年代的美国经济增长稳定、居民收入不断增加、通货膨胀率及失业率也相对较低，但民众对联邦政府的信任度却跌至历史低点。由此学者们注意到，制度绩效并不能完全决定居民的政府信任。制度绩效信息只有经过文化价值观的过滤方能转化为制度信任。[2] 文化论也被少数学者用于解释中国城市居民的司法信任。[3] 因此，“程序正义”和“社会文化”构成了理解司法信任的两大理论视角。

1 高学德、翟学伟：《政府信任的城乡比较》，载《社会学研究》2013 年第 2 期。

2 游宇、王正绪：《互动与修正的政治信任——关于当代中国政治信任来源的中观理论》，载《经济社会体制比较》2014 年第 2 期。

3 李峰：《司法信任的影响机制分析——基于上海数据的实证探讨》，载《甘肃社会科学》2013 年第 6 期，第 141 页。

2. 程序正义论

程序正义的法治意义及基本内涵

西方正义理论大致经历了一个从“实质正义”到“程序正义”的发展过程，并相应地形成了两大理论阵营：程序工具主义和程序本位主义。早期学说中的“正义”主要是指“实质正义”或“分配正义”，即强调结果的公正性，而认为纯粹服务于结果合理性的程序并无独立价值。然而，法律实践表明，不遵循正当程序的司法难以实现真正的正义。因而程序之独立意义逐渐受到法学家的重视。罗尔斯在《正义论》中提出了正义的三种理想类型：纯粹的程序正义、完善的程序正义和不完善的程序正义。其中，纯粹的程序正义被认为是实现法治和社会正义的最重要保障。[1] 基于这种认识，现代西方法治理论模型皆把程序正义作为法治的核心要素之一。

学界对程序正义的具体内涵或标准进行了较为详细的研究。马修认为程序正义的具体标准包括平等性、可预测性、透明性、理性、参与和隐私等方面。[2] 陈瑞华把正当程序的内在品质归纳为程序参与原则、程序中立和对等原则、程序理性原则、程序及时和终结原则等方面。[3] 可以看到，这些标准的本质诉求在于保障“人的尊严”，即公正对待所有的利益相关人。泰勒在其实证研究成果中主张，程序正义主要反映的是“法律机构是否平等对待不同的个体，承认市民的权利，尊重人的尊严和认真对待人们的担忧”，因而可从两个角度来评估法律的程序正义表现：（1）法律权威是否认

---

1 约翰·罗尔斯：《正义论》，何怀宏、何包钢、廖申白译，中国社会科学出版社 1988 年版。

2 Jerry L. Mashaw, *Administrative Due Process: The Quest for a Dignitary Theory*, *Boston University Law Review*, Vol. 61, No. 4, 1981, pp. 885 – 931.

3 陈瑞华：《程序正义理论》，中国法制出版社 2010 年版。

真负责地对待它们面对的当事人；（2）人们是否认为法律机构以平等的方式做出决定或裁判，即平等对待。[1]

尽管学界对程序正义的具体标准尚未达成共识，但我们仍可发现不同学说的共同之处。首先，程序正义要求认真对待当事人的权利，平等对待、诉讼参与和隐私保护等都是尊重人权的具体表现。其次，程序正义要求司法审判过程保持中立和独立，即在不受到外在干预的同时避免法官先入为主的偏见。最后，符合正义的程序必须充分考虑诉讼参与的成本问题，包含经济成本和时间成本两个方面，即庭审要遵循及时、效率和终结等原则。

程序正义与司法信任

诸多研究认为，程序正义对司法信任具有关键性影响。相比案件的审理结果而言，平等对待和尊重权利等方面的程序正当性更能增加个体的司法信任以及对判决结果的接纳度。[2] 庭审程序的独立性和及时性也与美国居民的司法信任正相关。[3] 国内相关研究也越来越强调程序正义在树立司法权威方面所扮演的重要角色。陈瑞华认为，公正的程序能够使利害关系人从内心接受裁判，吸纳被定罪判刑当事人的抵抗情绪，从而催生社会公众对司法制度的认同感和普遍信任感。[4] 苏新建基于对浙江、江西和四川等地的调查研究发现，主观程序正义显著地增加了居民的司法信任。[5]

---

1 Tom R. Tyler, *Public Trust and Confidence in Legal Authorities: What Do Majority and Minority Group Members Want from the Law and Legal Institutions*, *Behavioral Sciences and the Law*, Vol. 19, No. 2, 2001, pp. 215 – 235.

2 Tom R. Tyler & Kenneth Rasinski, *Procedural Justice, Institutional Legitimacy, and the Acceptances of Unpopular U. S. Supreme Court Decisions: A Reply to Gibson*, *Law and Society Review*, Vol. 25, No. 3, 1991, pp. 621 – 630.

3 Ivan Y. Sun & Yuning Wu, *Citizens' Perceptions of the Courts: The Impact of Race, Gender and Recent Experience*", *Journal of Criminal Justice*, Vol. 34, No. 5, 2006, pp. 457 – 467.

4 陈瑞华：《程序正义理论》，中国法制出版社 2010 年版，第 117 页。

5 苏新建：《程序正义对司法信任的影响——基于主观程序正义的实证研究》，载《环球法律评论》2014 年第 5 期，第 21 页。

不过，现有研究在讨论程序正义时并未考虑法官因素。严格来说，法官因素确实不包含在程序正义的基本内涵之中。但“徒法不足以自行”，案件的审理过程是由法官引导和完成的。而法治文化的缺失和官员腐败的媒体报道等使得人的因素对中国语境下的司法信任可能有特殊意义。换言之，法官的品德表现和专业素质等可能与当事人的程序正义认知密切相关。因而本章将考察五个维度的程序正义变量：平等对待、审判独立、审判效率、法官品德和法官专业素质。

3. 社会文化论

20 世纪 60 年代以来，政治信任在欧美国家的持续下降趋势引起学界广泛关注。学者试图从不同角度去解释政治信任危机的成因，由此形成了两种主要的理论阵营：制度论和文化论。[1] 与关注系统自身输出绩效的制度论不同，文化论强调系统所“嵌入”的社会文化背景对制度信任所带来的影响。自阿尔蒙德和维伯在《公民文化》中对政治文化进行详细剖析后，政治信任的文化解释迅速兴起并成为制度论强有力的批判工具。[2] 目前学界普遍认为，威权主义、一般信任和特殊信任等文化变量对中国居民的政治信任具有显著影响。比如，马得勇对亚洲 8 个国家和地区的比较研究发现，威权主义价值观是增进东亚居民政府信任的重要文化因素；[3] 周怡和周立民基于全国性调查数据的分析发现，居民的一般信任和“家本位—特殊信

---

1 William Mishler & Richard Rose, *What are the Origins of Political Trust? Testing Institutional and Cultural Theories in Post-communist Societies*, *Comparative Political Studies*, Vol. 34, No. 1, 2001, pp. 30 – 62.

2 加布里埃尔·阿尔蒙德、西德尼·维伯：《公民文化——五个国家的政治态度和民主制》，徐湘林译，华夏出版社 1989 年版。

3 马得勇：《政治信任及其起源：对亚洲 8 个国家和地区的比较研究》，载《经济社会体制比较》2007 年第 5 期，第 81 页。

任”对民众的基层政府信任具有显著影响。[1]

国内学者也对社会文化与司法信任的关系进行了初步的理论探讨。有学者认为，无讼文化所塑造的“息讼”和“厌讼”倾向已成为困扰当代中国法制现代化的重要现实问题。[2] 无讼文化也可能对中国居民的法律认同兼具积极和消极的双重影响[3]。此外，重视关系作为中国人日常生活中的一种显著的社会取向，对居民的政治态度和行为具有深刻影响[4]；而有调查研究发现，这种影响对司法信任而言是腐蚀性的[5]。

综上所述，现有研究主要从程序正义和社会文化两个理论视角来解释居民的司法信任问题。不过相对而言，法律社会学实证研究主要考察了司法信任的程序正义维度，而对社会文化所带来的影响重视不够。有鉴于此，本章基于已有文献和生活经验总结了可能影响诉讼经历者司法信任的10种程序正义和社会文化变量（图7），并基于社会调查数据检验中国语境下当事人司法信任的具体影响因素。

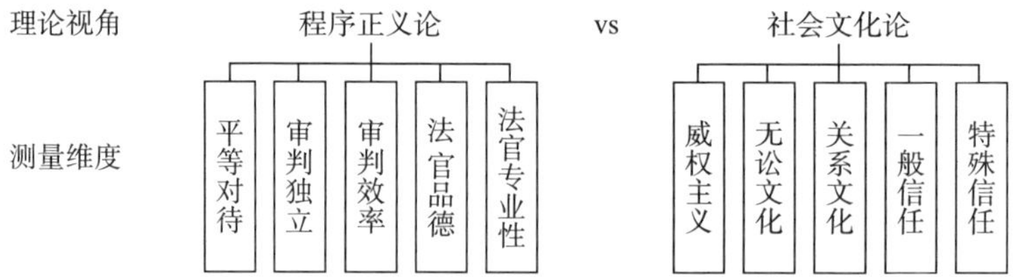

图7　诉讼经历者司法信任的影响因素

1 周怡、周立民：《中国农民的观念差异与基层政府信任》，载《社会科学研究》2015年第4期。

2 于语和：《试论“无讼”法律传统产生的历史根源和消极影响》，载《法学家》2000年第1期。

3 李春明、张玉梅：《“无讼”法律文化与中国公众的法律认同》，载《法学论坛》2007年第4期。

4 边燕杰、张磊：《论关系文化与关系社会资本》，载《人文杂志》2013年第1期。

5 周立民：《诉讼经历与城市居民的司法信任——以上海为例的调查分析》，《环球法律评论》2019年第3期，第104页。

研究设计

1. 案例来源

本章所用数据来源于华东政法大学社会发展学院于2011年在上海市进行的“上海市居民法律认知与行为调查”。该调查依据“区/县—乡/镇/街道—居委会/村委会”进行三段随机抽样，并以Kish表入户采集问卷。调查范围覆盖了上海市18个区/县和104个乡/镇/街道，最终获得有效问卷2240份，有效回收率大于90%。依据问卷设计，受访者要求对“您曾经是否有过打官司行为（原告或被告）”做出应答，答案分为“有过一次”“不止一次”“没有过”。本章把有过“打官司”经历的个体编码为1，代表诉讼经历者；其他编码为0，代表非诉讼经历者。调查数据包含了87名诉讼经历者，约占总样本量的3.88%。由于是随机抽样调查，所以这87名当事人比基于一般访谈而选择的案例更具代表性。

2. 分析策略

基于以下两方面考虑，本章采取多元线性回归和模糊集定性比较分析相结合的分析策略。第一，由于诉讼经历者的样本量偏小，基于多元线性回归的统计推断难以提供有效的分析结论。按照拉金的建议，研究选用模糊集定性比较分析策略。[1] 之所以不采用清晰集定性比较分析，是因为无论是当事人的司法信任还是程序正义评价都很难简化为明确的二分变量。第二，QCA分析中每增加一个条件变量，则解释结果出现与否的组合性因素将呈几何倍数增长，从而

1 Charles C. Ragin, *Redesigning Social Inquiry*, Chicago: University of Chicago Press, 2008.

使分析结果变得复杂而难以解释。因此，大部分学者认为中等样本的定性比较分析最好把条件解释变量确定为 4 至 7 个。不巧的是，现有研究对哪些因素可能同时影响当事人的司法信任并未达成共识。如果把理论框架部分的 10 个变量都纳入分析的话，结果会过于复杂。因而笔者首先运用多元线性回归来甄别与司法信任具有显著相关性的影响因素，再将其用于进一步的 QCA 分析。

QCA 对中小规模样本的多案例比较具有独特优势。这种优势主要表现在：一方面，司法信任、程序正义和文化观念的测量皆为 5 分赋值的定序变量，而已有相关文献中的多元线性回归分析把这些定序变量当作定距变量来分析显得不够严谨。模糊集得分则可为 0 至 1 之间的任何数值，能有效避免数据转换过程中的信息损失，更准确地反映案例的实际情况[1]。另一方面，与统计推断侧重考察两个变量之间的相关性不同，QCA 通过运用集合理论来评估解释变量和司法信任之间的必要关系和充分关系，从而揭示导致司法信任或司法不信任的条件组合或多重并发条件。

定性比较分析的两个核心指标为一致性和覆盖率。一致性主要考察不同变量之间的必要性和充分性关系；而覆盖率则描述条件变量对结果变量的解释力。通常而言，如果条件 X 是结果 Y 的必要条件，那么 Y 对应的集合是 X 对应集合的一个子集。当必要性指标大于 0. 9 时，表示有 90% 以上的案例符合一致性条件，可以认为集合之间存在必要关系。类似地，如果条件 X 是 Y 的充分条件，那么 X 对应的集合是 Y 对应的集合的一个子集。当充分性一致性指标接近或大于 0. 8 时可以认为集合之间存在充分关系。两种一致性的计算公式分别如下：

---

1 黄荣贵、郑雯、桂勇：《多渠道强干预、框架与抗争结果——对 40 个拆迁抗争案例的模糊集定性比较分析》，载《社会学研究》2015 年第 5 期，第 98 页。

$$\text{必要性一致性：Consistency}(Y_i \leqslant X_i) = \sum[\min(X_i, Y_i)] / \sum Y_i$$

$$\text{充分性一致性：Consistency}(X_i \leqslant Y_i) = \sum[\min(X_i, Y_i)] / \sum X_i$$

随着定性比较分析法的广泛运用，目前已有多种软件能实现相关分析，比如fs/QCA、Tosmana、Stata的fuzzy命令以及基于R语言的程序包QCA和ASRR等。本章主要采用目前较为流行的stata软件（stata13.1）和fs/QCA（3.0）软件进行数据分析。

3. 变量测量

基层司法信任

参照已有研究，此处把司法信任操作化为居民对法院的信任。问卷要求调查对象对不同级别的法院做出信任评价，答案从“非常不信任”至“非常信任”分为五个层次，分别赋值1至5分，得分越高表示司法信任程度越高。需要说明的是，由于国内特殊的诉讼级别管辖制度，中级及以上级别法院的立案门槛较高，因而大部分当事人在诉讼中主要接触的是基层法院，所以这里选用当事人的基层法院信任度来测量其司法信任水平。

程序正义

本章从平等对待、审判独立、审判效率、法官品德和法官专业性五个方面来测量当事人的主观程序正义。具体的测量题目分别是“原告和被告不论有钱无钱，有权无权，法官都能一视同仁”“法院判决受到太多政治和经济利益的影响”“法院审判效率太低”“大盖帽两边靠，吃了原告吃被告”“某些法官的法治意识不高”。每个题目的答案从“非常不同意”至“非常同意”分别赋值1至5分。由于对后四个问题的回答得分高反而意味着相应的程序正义评价低，因此需对原始数据进行倒序编码处理。

社会文化

本章关注五种文化观念的司法信任后果：威权主义、无讼文化、关系文化、一般信任和特殊信任。首先，威权取向是中国人最重要的心理和行为特征之一，其形成与封建父权家长制度密切相关。在父权制背景下，具有绝对权威的“一家之长”往往实行经济专制和思想专制，从而为个人打上了深深的威权烙印；这种特征很容易概化到领导和政府机构，地方官和君主只是更大级别的“家长”。[1] 因而学界一般采用“政府首脑就像一家之长”作为测量个体威权观念的基本指标，本章借鉴此做法。其次，“无讼”文化主要反映了居民的“恶讼”“息讼”和“畏讼”心理，因而本章用“被人告到法院总是不太光彩的事情”来测量居民的无讼观念。再次，关系取向的测量题目是“打官司就是打关系”。上述每个题目的答案从“非常不同意”到“非常同意”分别赋值 1 至 5 分。最后，对一般信任和特殊信任的测量则采用标准化的因子得分。本章对家庭成员、一般朋友和陌生人等八种信任对象进行了主成分因子分析，并对因子负荷进行正交旋转后提取出“一般信任因子”和“特殊信任因子”。从表 18 可以看出，两个因子的累计贡献率达到了 58%。为了直观考察居民的信任状况，我们对两个因子的因子得分标准化为 1 至 100 之间的取值。[2]

---

1 杨国枢：《中国人的心理与行为：本土化研究》，中国人民大学出版社 2004 年版，第 106 页。

2 转换公式：转换后的因子值 = （因子值 + B） × A。其中，A = 99/（因子最大值 − 因子最小值），B = (1/A) − 因子最小值。

表 18　居民信任倾向的因子分析

信任对象	一般信任因子	特殊信任因子
家庭成员	—	0.803
直系亲属	—	0.839
其他亲属	—	0.578
邻居	0.630	—
一般熟人	0.849	—
一般朋友	0.838	—
亲密朋友	—	0.500
第一次见面的人	0.624	—
因子特征值	2.520	2.085
累积贡献率	31.50%	57.56%

分析结果

1. 描述性发现

表 19 呈现了诉讼经历者与非诉讼经历者的基层司法信任状况，其中以下三点值得注意：第一，诉讼经历者与非诉讼经历者中选择“比较信任”和“非常信任”的比例分别为 67.81% 和 86.72% 。这表明上海居民总体上具有较高的司法信任，并无学界所担忧的普遍化的司法信任危机。

表 19　两类居民的基层法院信任度比较

	A. 诉讼经历者(%)	B. 非诉讼经历者(%)	A 减 B 的差值(%)
非常不信任	5.75	0.28	5.47
不太信任	18.39	7.48	10.91
说不清	8.05	5.53	2.52
比较信任	51.72	66.28	-14.56
非常信任	16.09	20.44	-4.35

第二，与非诉讼经历者相比，诉讼经历者不信任司法的人数比例大幅增加。当事人中选择“非常不信任”和“非常信任”者的比例为24.14%，而其他一般居民对应的比例仅为7.76%，两者相差16.38%；同时诉讼经历者中明确表示比较信任司法者的比例较之非诉讼经历者减少了18.91%。这表明总体上诉讼经历者比非诉讼经历者具有更低的司法信任。

第三，约有6%的当事人选择了“完全不信任”，而该比例在非诉讼经历者中仅为0.28%。可见，部分当事人确实对法院持有非常低的信任度，这可能构成了他们涉诉上访及辱骂殴打法官等过激行为的心理基础。

表20报告了诉讼经历者与非诉讼经历者在各变量上的均值及其差异显著性。(1)从表20可以看出，受访者总体上具有较高的司法

表20　两类居民在主要变量上的描述性信息

	诉讼经历者		非诉讼经历者		差值及显著性
	均　值	标准差	均　值	标准差	—
因变量					
基层司法信任	3.540	1.139	3.991	0.764	0.451***
程序正义					
平等对待	3.310	1.288	3.542	1.148	0.230**
审判独立	2.299	1.152	2.714	1.088	0.415**
审判效率	2.483	1.088	2.964	1.116	0.481**
法官品德	2.872	1.300	3.186	1.092	0.314**
法官专业性	2.247	1.119	2.865	1.134	0.618*
社会文化					
威权主义	3.839	1.170	4.021	1.011	0.182
无讼取向	2.966	1.368	3.019	1.254	0.053
关系取向	3.310	1.232	3.107	1.145	0.203
一般信任	51.083	20.424	53.810	18.212	2.727
特殊信任	77.799	14.248	79.436	13.179	1.637

注：一般信任和特殊信任取值为标准化的因子得分，取值在1至100之间；差值显著性的检验方法为单因素方差分析；* $p<0.05$，** $p<0.01$，*** $p<0.001$。

信任，两类居民的司法信任均值在 1 至 5 分之间分别达到 3. 54 分和 3. 99 分。但诉讼经历者的司法信任比非诉讼经历者约低 0. 45 分，方差分析显示这种差异的显著性水平为 0. 001。(2) 诉讼经历者在程序正义变量上的取值皆低于非诉讼经历者，即当事人具有明显更低的主观程序正义。(3) 两类居民的文化观念差异并不显著。初步的数据分析显示，程序正义变量可能比社会文化变量更能对当事人的司法信任产生直接影响。

2. 多元线性回归：对诉讼经历者司法信任成因的初步诊断

从表 21 可以看出，性别、年龄、收入等社会人口学变量对居民的司法信任并无显著影响；程序正义和社会文化能一定程度上解释居民的司法信任，但两类变量与司法信任的相关性在诉讼经历者和非诉讼经历者之间存在显著差异。对非诉讼经历者而言，平等对待、审判效率和法官品德皆与其司法信任显著相关；除了无讼文化之外，其他文化变量与他们的司法信任也显著相关。可见，原告或被告司法信任的影响因素有其特殊性，而现有研究对这种特殊性重视不够。总体而言，关于当事人的司法信任以下两点值得强调。

程序正义与诉讼经历者的司法信任

从表 21 模型 1 可以看出，在控制了性别、年龄、收入和政治面貌等社会人口学变量之后，程序正义仍然与当事人的司法信任显著相关。但与非诉讼经历者不同，仅平等对待体验和法官品德评价的相关系数具有显著性。其他条件一致情况下，当事人的平等对待和法官品德评价每增加一个单位，则他们的司法信任分别提升 41% 和 30% 。标准回归系数显示，平等对待体验比法官品德评价更能增加当事人的司法信任。R^2 为 0. 39 表明模型的拟合度较好。

社会文化与诉讼经历者的司法信任

社会文化对当事人司法信任的影响也呈现出明显的独特性。第

表21　两类居民司法信任的影响因素（OLS）

	诉讼经历者			非诉讼经历者
	模型1	模型2	模型3	模型4
程序正义				
平等对待	0.409***		0.345**	0.117***
审判独立	0.084		0.095	0.033
审判效率	-0.019		-0.068	0.060**
法官品德	0.303*		0.242*	0.105**
法官专业化	0.033		0.061	0.030
社会文化				
威权主义		0.247*	0.111	0.080***
关系文化		-0.363**	-0.146	-0.063*
无讼文化		-0.085	-0.022	-0.015
一般信任		0.160	0.143	0.196***
特殊信任		0.055	0.080	0.114***
控制变量				
性别(男=1)	-0.062	-0.077	-0.065	-0.016
年龄	0.133	0.114	0.154	0.008
收入等级	0.010	-0.003	0.024	0.035
政治面貌(党员=1)	0.065	0.077	-0.042	0.000
R^2	0.394	0.286	0.435	0.162
样本量	87	87	87	2153

注：因变量为基层司法信任；标准回归系数：* $p<0.05$，** $p<0.01$，*** $p<0.001$。

一，从表21模型2可以看出，五种现有研究所关注的文化观念中，仅威权主义和关系取向与当事人的司法信任显著相关；其中，威权主义正相关，关系文化负相关。其他条件一致的情况下，当事人的关系取向每增加一个单位，则其司法信任降低36%。第二，无讼文化、一般信任和特殊信任都不能影响当事人的司法信任，这与现有的理论预期明显不一致。比如，李春明认为无讼文化是消解法律认同的重要文化变量，而本章研究表明该结论可能需要进一步的实证检验。同时，已有文献普遍认为中国社会的特殊信任文化会对政治信任产生显著影响。但数据分析发现，对其他一般居民而言，这种影响是存在的；但对诉讼经历者而言，无论是一般信任还是特殊信任都与其司法信任无显著相关性。第三，从表21模型3可以看出，当把所有程序正义和社会文化变量同时纳入模型分析时，威权主义及关系取向与当事人司法信任的相关系数变得不再显著。这意味着威权主义和关系文化很大程度上是通过影响当事人的程序正义体验而对其司法信任产生间接影响。

3. 模糊集定性比较分析：决定诉讼经历者司法信任的因素组合

基于多元线性回归分析发现，本章研究理论模型所关注的十个解释变量中，仅四个与诉讼经历者的司法信任显著相关，即平等对待、法官品德、威权主义和关系文化。接下来的部分主要针对这四个解释条件进行fsQCA分析。

fsQCA要求把变量转化为取值在0至1之间的隶属度，并依据隶属度将某个诉讼经历者归为特定的集合。按照拉金等学者的建议，研究者可以根据已有理论和生活经验采用“四值”“五值”“六值”或“八值”等模糊化赋值方式。[1] 为了对应原始调查数据，本节分析暂时采取的是“五值”方案，下文再对该分析结果进行稳健性检验。比如对基层司法信任，我们把“很不信任”编码为0，表示当事人完全隶属于低度司法信任的集合；“不太信任”编码为0.18，表示当事人隶属于比较不信任集合；“说不清”编码为0.50，表示当事人处于“不太信任”和“比较信任”之间；“比较信任”编码为0.82，表示当事人隶属于高度司法信任的集合；“非常信任”编码为1，表示当事人隶属于完全信任的集合。模糊化处理后隶属度均值为0.65，表明隶属于“比较信任”及以上集合的当事人占多数；

1 伯努瓦·里豪克斯、查尔斯·拉金：《QCA设计原理与应用——超越定性与定量研究的新方法》，杜运周等译，机械工业出版社2017年版，第80页。

而表3中当事人的司法信任均值在1至5分之间为3.54。两种结果的相似性表明对数据的赋值方案较为合理。研究中对四个解释变量的模糊集转化采用了与司法信任一致的赋值方案。篇幅原因，这里不做详细介绍。

单因素必要性和充分性分析

本章首先考察了单个解释变量是否构成当事人司法信任的必要条件和充分条件。从表22可以看出，四个变量的必要一致性指标都未达到0.9，因而不能认为是司法信任的必要条件。但是平等对待和法官品德的充分一致性指标分别达到了0.88和0.90（大于0.8），因此这两个变量构成了当事人司法信任的充分条件。同时，威权主义的充分一致性为0.78，可以看作是近似的充分条件。总体来看，平等对待、法官品德和威权主义三个变量对当事人的司法信任有较大影响，而关系文化的充分一致性相对稍弱。不过，没有一个变量能够单独导致高司法信任，这就需要对它们的共同作用进行分析。

表22 单因素的必要性和充分性分析

理论维度	变量名	必要一致性	充分一致性
程序正义	平等对待	0.79	0.88
	法官品德	0.65	0.90
社会文化	威权主义	0.85	0.78
	关系文化	0.64	0.71

影响诉讼经历者司法信任的组合因素

从表23可以看出，上述条件的组合能较好解释当事人的司法信任何以形成的问题。研究发现，主要有四种组合条件促成了当事人的司法信任；组合条件的方案一致性为0.98（接近于1的理想状态），且能解释约62%的案例。具体来说，在以下四种组合条件下当事人能够形成较高的司法信任：

表23　当事人司法信任得以形成的组合条件

组合条件或因果路径	原生覆盖率	唯一覆盖率	一致性
1. 威权主义 * ～关系取向 * 平等对待	0.49	0.04	1.00
2. 威权主义 * ～关系取向 * 法官品德	0.47	0.02	1.00
3. ～关系取向 * 平等对待 * 法官品德	0.46	0.01	1.00
4. 威权主义 * 平等对待 * 法官品德	0.55	0.10	0.98
方案覆盖率（solution coverage）		0.62	
方案一致性（solution consistency）		0.98	

注：（1）分析中软件输出了复杂解、简化解和折中解，三种方案的区别仅在于各自包含了多少逻辑余项，学界主流做法是报告折中解。（2）“ * ”表示“和”，“～”表示“非”，即某个案例具有相反的集合隶属度。比如某个案例在关系变量上的隶属度为0.82，则“～关系取向”=1－0.82=0.18。

较高司法信任=威权主义 * ～关系取向 * 平等对待（路径1）+威权主义 * ～关系取向 * 法官品德（路径2）+～关系取向 * 平等对待 * 法官品德（路径3）+威权主义 * 平等对待 * 法官品德（路径4）

其中，路径1和路径4具有相对更强的解释力。路径1表明，那些同时隶属于强威权主义集合、弱关系取向集合和强平等对待集合的当事人具有较高司法信任。原生覆盖率显示该路径能够解释49%案例；而唯一覆盖率表明有4%案例只能由该路径来解释。路径4表明，同时隶属于强威权主义集合、强平等对待集合和强法官品德集合的当事人可形成高度司法信任；该路径能解释55%案例，且10%案例只能由该路径解释。

总体来看，平等对待和法官品德两个程序正义变量对当事人的司法信任具有重要影响，而威权主义和关系文化则通过调节当事人的程序正义认知而间接作用于司法信任。对照多元线性回归分析结果可以发现，威权主义能够增加当事人的主观程序正义，而关系文化的效果则相反。无论如何，社会文化论和程序正义论有助于解释当事人司法信任，但在具体影响变量上不同于其他一般居民。

4. 模糊集分析结果的稳健性检验

模糊集定性比较分析对变量的赋值方案具有一定的敏感性，[1] 因而接下来进一步对研究结果进行稳健性检验。具体有两种检验方法：第一，在变量赋值上采用新的“五值”方案（0、0.2、0.4、0.6、1），并基于 fsQCA 软件重复上文的分析步骤。第二，基于 stata 软件的 fuzzy 命令对变量进行标准化的模糊集转换。[2] 标准化转化的依据是每个变量的数据结构，因此每个变量的赋值方案都有所不同。在此基础上进一步检验四个条件变量及其组合与司法信任的必要充分关系。结果表明，尽管方案一致性和方案覆盖率两个指标存在微小变化，但关于变量的充分性和变量组合的因果路径基本一致。换言之，不同的分析方法都表明平等对待、法官品德和威权主义构成了当事人司法信任的充分条件，而且表 23 呈现的四种因果路径也能较好解释当事人司法信任的形成过程。

结论与讨论

诉讼经历者偏低的司法信任是引发其抗拒执行、涉诉上访及辱骂殴打法官等过激行为的心理基础。探究当事人司法信任的制约因素及其应对策略兼具理论和实践意义。不过，国内法学界尚未对该主题开展系统的实证研究。本章综合运用多元线性回归和模糊集定性比较分析方法探究当事人司法信任的形成条件，既是对已有信任

---

1 Svend-Erik Skaaning, *Assessing the Robustness of Crisp Set and Fuzzy Set QCA Results*, *Sociological Methods and Research*, Vol. 40, No. 2, 2011, pp. 391 – 408.

2 Stata 软件 fuzzy 命令的使用说明可参考：Kyle C. Longest and Stephen Vaisey, *Fuzzy: A program for Performing Qualitative Comparative Analyses (QCA) in Stata*", *The Stata Journal*, Vol. 8, No. 1, 2008, pp. 79 – 104.

理论之补充，也对以审判为中心的诉讼制度改革提供了有益启示。

1. 主要结论

研究表明，总体上城市居民具有较高的司法信任，并不存在普遍化的司法信任危机，其中威权主义在其中发挥了重要作用；但诉讼经历者的司法信任显著低于其他一般居民。研究还发现，我们并不能直接引用现有的政府信任或法律信任理论来解释诉讼经历者的司法信任问题，而是需要给予该群体特殊的理论关照。

因为特殊的制度和文化背景下，中国诉讼经历者司法信任的制约因素既不同于国外的经验发现，也与国内其他一般居民存在显著差异。（1）在程序正义方面，仅平等对待和法官品德能够对当事人的司法信任产生显著效果，而审判独立、审判效率和法官专业性等皆无显著相关性。换言之，当事人在诉讼中最关心的问题是法院是否平等对待自己以及法官是否具有良好道德水平；而审判独立、审判效率和法官专业性并非大部分当事人所关心的因素。（2）在社会文化方面，威权主义有利于维持当事人的司法信任，关系取向则具有显著的负面效果；但学界所关注的无讼文化、一般信任和特殊信任皆不能显著影响当事人的司法信任。（3）威权主义和关系文化并非直接影响诉讼经历者的司法信任，而是通过调节当事人的平等对待体验和法官品德认知而对司法信任产生间接影响。模糊集定性比较分析发现，强威权主义和弱关系取向同时存在能有效提升当事人的主观程序正义和司法信任。

该结论对现有理论的拓展之处在于：社会成员的司法信任“嵌入”于特定的文化背景之中，只有重视文化效应才能充分理解居民的司法信任问题。

2. 经验启示之一：理解转型期诉讼经历者偏低的司法信任

基于上述结论可以进一步讨论当前中国部分诉讼经历者何以具有偏低的司法信任。究其原因，主要包含转型期不够完善的司法制度和多种复杂的文化效应两方面。具体而言，可做出以下推论性解释。

首先，执行难、涉诉上访及辱骂殴打法官等过激行为的产生与社会转型期不够完善的司法制度有关，尤其体现为庭审程序正义方面的缺陷。一方面，尽管审判效率和审判独立性有明显改善，但是司法机关在平等对待当事人方面的表现仍有提升空间。平等对待表现不够直接导致了部分诉讼经历者产生了偏低的平等对待体验及司法信任。另一方面，转型期的法官品德可能还存在参差不齐状况。法官是审判程序的引导者，其廉洁状况及中立性表现也是程序正义的重要内容之一。而现实中少数法官不能恪守中立原则使得当事人的法官品德评价偏低，从而弱化了他们的司法信任。总之，平等对待和法官品德是解释诉讼经历者司法信任不足的两个重要程序性制度变量。

其次，司法信任度偏低与威权主义式微及权利意识兴起密切相关。已有研究表明，威权主义能够显著增加个体对政治输出失败的容忍度。然而，法治政府建设使得政府部门对民众日常生活的直接干涉越来越少，居民对政府的依赖已大不如计划经济时代；同时居民权利意识的快速崛起也对威权主义带来了明显的消解效果。一方面是权利意识增加了居民对司法公正的需求和预期，另一方面是威权主义对司法信任的维持效果减弱。这个双重的“文化过程”对司法信任带来了新的挑战。

再次，传统文化中的关系文化一定程度上弱化了诉讼经历者的主观程序正义和司法信任。著名文化社会学家安·斯威德勒认为，在和平稳定时期，文化不是通过向人们提供终极价值观，而是通过塑造一套囊括了习惯、技能和风格等要素的“工具箱”来影响行动。[1] 正是在这层意义上，关系文化型塑了一种独特的“关系归责”思维，即当己方没有关系时，往往下意识地将不利结果归结为对方“找了关系”，而法官则可能因为“关系”而偏袒了自己的对手。正如研究结论所显示，关系取向越明显的当事人越倾向于怀疑庭审的平等对待和法官品德，从而呈现出更低的司法信任。

最后，尽管本章数据分析部分暂未涉及，但不得不提的是，司法信任不足也可能与媒体报道有关。制度信任作为一种社会建构性事实，它与个体的社会化过程密不可分。诸多研究表明，网络新媒体显著腐蚀了中国居民的政治信任。[2] 相似地，媒体使用已成为居民接触和了解司法制度的重要社会化渠道。而当前网络新媒体普遍存在一种“轰动效应”的报道导向，即为了强调或增加新闻的轰动性，媒体往往传播一些“歪曲事实”和对司法的误导性评论，从而对诉讼经历者乃至其他一般居民的主观程序正义和司法信任产生“感染性”腐蚀效果。

3. 经验启示之二：提升诉讼经历者司法信任的可行策略

本章所做研究对思考如何增加诉讼经历者的司法信任提供了有益的启示。除了“坚持党的领导”的基本原则之外，还可以做出如下努力。

第一，着重提升庭审程序的平等对待表现，避免过分追求审判效率和审判独立的误区。平等对待体现了法律能够尊重权利并保持客观中立，因而被西方学者认为是程序正义的最重要内容。研究发

---

1 Ann Swidler, *Culture in Action*: *Symbols and Strategies*, *American Sociological Review*, Vol. 51, No. 2, 1986, pp. 273 - 286.

2 周立民：《“双重文化路径”：媒体使用影响政治信任的中介机制》，载《中国研究》2017 年第 1 期。

现，诉讼经历者的司法信任与平等对待有关，而与审判效率和审判独立无关；而关系文化弱化了当事人的平等对待体验。这些发现启示我们，以审判为中心的诉讼制度改革需要注重提升当事人的平等对待体验，而过于偏重审判独立和审判效率并不一定带来良好的司法效果。尤其是当下如火如荼的智慧司法建设在提升审判效率和审判独立方面发挥了重要作用，但如果不注意增加诉讼经历者的平等对待体验，可能并不一定有利于司法信任的建构。同时，可继续深化司法制度改革，杜绝人情关系对司法审判的干扰，从生活经验上改变社会公众的“关系归责”思维对法庭平等对待的腐蚀效果。

第二，强化法官形象宣传和司法透明度，抵消法官品德误解和关系文化对司法信任的消极效果。研究发现，有相当比例的当事人乃至社会公众认为法官是“大盖帽，两边靠，吃了原告吃被告”。实际上，在上海这样的一线大城市中法官普遍具有较高的政治道德和业务能力；而且人工智能运用和发达的媒体监督使得法官腐败行为受到了极大限制。“吃了原告吃被告”更大程度上是一种认知偏差；而宣传力度不够和司法透明度不足为这种认知偏差提供了滋生土壤。相关部门可以运用“互联网+”思维加强对法官的正面形象宣传并强化司法公开，以消除公众误解，提升司法权威。另一方面，增加司法透明度可以抑制关系文化对司法信任的腐蚀效果。关系文化之所以对司法信任产生消极影响，一个重要原因是信息不对称问题。由于诉讼经历者对庭审幕前幕后工作缺乏了解和控制，因而日常社会化中形成的关系思维会增加其对审判的“暗箱操作”疑虑。对此，最有效的策略可能在于全面推进司法公开。尤其是不仅需要公开裁判结果和文书，更需要公开从立案到判决的整个审判程序。

第三，综合运用各种媒体加强司法公关工作，消除诉讼经历者在社会化过程中形成的“司法不公”偏见。司法宣传并不等同于司法公关，前者是一种积极的预防策略，而后者强调对可能引发司法信任危机的已发生的重大案件的舆论回应。生活经验告诉我们，媒体对某些司法案件的误导性报道也是司法信任的腐蚀因素。由于受媒体负面信息的影响，当事人在诉讼参与中常带着“司法不公”的主观偏见。这不仅增加了他们对法院平等对待和法官品德的疑虑，而且使他们对庭审中的不合理表现更为敏感。对此相关部门可以运用“互联网+”思维做好司法公关工作，对重大案件引发的舆论猜测及时回应。遗憾的是，面对公众误解或质疑，目前司法部门更多地倾向于选择“无为而治”，错失了法治教育良机。正如有学者所指出，新媒体时代政府部门应对各种舆论热点问题或突发事件的最佳策略就是开诚布公、积极回应，用公开透明的信息和积极回应的态度赢得民众的信任和支持。[1]

第四，引导居民形成正确的权利观，抑制威权主义式微背景下“权利泛化”现象带来的消极影响。威权主义在维持政治合法性方面发挥着重要作用，但其政治功能已经或正在衰退；而导致这种衰退的一个重要因素在于居民的权利意识觉醒。权利意识一方面有利于加快中国的民主法治进程，但另一方面不合理的权利观所引发的“权利泛化”现象也对司法制度带来了巨大压力。[2]“权利泛化”是指一些本不属于法律保护的权利（如“亲吻权”“视觉卫生权”“相思权”等）被认为是个体的基本权利并通过诉讼要求法院维权。[3]由于缺乏法律依据，被泛化的权利通常无法得到法律保护，这就引发了部分当事人对法院的不满和批评。这种负面效应还可能通过人际交往和媒体使用等社会化途径而被放大。因此，引导居民形成正确的权利观可有效缓解司法信任危机。

---

1 马得勇、孙梦欣：《新媒体时代政府公信力的决定因素——透明性、回应性抑或公关技巧》，载《公共管理学报》2014 年第 1 期，第 112 页。

2 唐先锋：《试析国内“权利泛化现象”》，载《人大研究》2004 年第 7 期。

3 陈林林：《反思中国法治进程中的权利泛化》，《法学研究》2014 年第 1 期。

第 14 章

"丰巢收费事件"与新时代基层法治建设

2020 年"丰巢收费事件"受到全社会关注和热议。本章所称的"丰巢收费事件"，是指从丰巢智能快递柜收取超时保管费引发社会舆论抵制，到丰巢公司及相关监管部门不得不做出回应并调整规则的整个社会事件，而非单纯指"收费"环节。对该事件可有多种解读，但值得重视的是其所映射出的新时代基层法治建设和社会治理所面临的新环境和新要求。目前国内学界对究竟哪些新社会变量可能制约法治进程仍缺乏充分研究。本章试图以"丰巢收费事件"为观察窗口，结合网络舆论内容和少量访谈资料，对上述问题做一个抛砖引玉的分析和探讨。实际上，一个看似简单的市场行为之所以引起轩然大波，有其深刻的法理根源。而依据这些法理基础可以预见，在全面依法治国的新形势下，类似事件难以避免，严重者甚至可能对政治社会秩序造成局部冲击。因此，剖析"丰巢收费事件"类现象的法理机制及法治意涵，进而思考其对基层法治建设及基层社会治理工作之启示，兼具理论和现实意义。

“丰巢收费事件”：道德问题抑或法律问题？

针对丰巢智能快递柜的“擅自存管”及超时费问题，不少网民做出“无良商家”的道德谴责，但亦不乏“侵犯消费者权益”的法律拷问。那么，“丰巢收费事件”究竟是道德问题还是法律问题呢？事件定性对后续思考具有关键意义。因为道德问题属于思想范畴，短时期内难以通过变更规则或制度建设来解决，且道德事件分析对法治建设的指导意义相对有限。但若为法律问题，则值得进一步思考该事件赖以发生的法理机制、所体现的法治意涵、对新时代基层法治的经验启示等问题。

笔者认为，“丰巢收费事件”这个看似简单的市场行为，之所以引发强烈社会抵制，是因为它并非单纯的道德问题，更是一个与公民权利保障密切相关的法律问题。首先，它涉及消费者权益保护问题。《中华人民共和国消费者权益保护法》第八条和第九条分别规定了消费者依法享有的知情权和选择权。此外，交通运输部公布的《智能快件箱寄递服务管理办法》第二十二条规定：“智能快件箱使用企业使用智能快件箱投递快件，应当征得收件人同意；收件人不同意使用智能快件箱投递快件的，智能快件箱使用企业应当按照快递服务合同约定的名址提供投递服务。寄件人交寄物品时指定智能快件箱作为投递地址的除外。”未征得消费者同意而将快递转存智能柜，正是社会舆论质疑丰巢收费合理性的重要方面。

其次，它涉及服务协议效力和违约金给付问题。快递托管所收取的“超时费”本质上属于违约金性质。不过，违约金给付的前提是存在具备违约金条款的服务协议或服务合同。而服务协议的生效需以消费者的签字同意未前提。在“丰巢收费事件”中，不少居民表示对“收取快递超时保管费的约定”并不知情，因而对协议效力表示质疑。无论孰是孰非，都已经涉及典型的法律问题。

最后，它还涉及法理层面的规则合法性问题。法理学的重要使命之一在于提供各种法律的合法性判准。比如德沃金的权利哲学致力于论证，权利能否得到“认真对待”是法律的合法性之基本来源，人们甚至有“善良违法”权利。[1] 而罗尔斯通过“原初状态”与“无知之幕”来推演法律的正义基础：“某些法律和制度，不管它们如何有效率和有条理，只要它们非正义，就必须加以改造或废除”。[2] 回到“丰巢收费事件”中，丰巢制定的各种服务规则，其效力并非来源于“公司制定”，而是受到“规则制定前是否广泛听取社会意见并充分调查相关情况”“规则是否向所有服务对象公布并经同意”“规则是否违反法律强制性规定”等因素制约。显然，即使在法理层面，“丰巢收费事件”亦可归为法律问题。

对“丰巢收费事件”的法律定性一定程度上折射出，在全面依法治国时代背景下，社会问题法律化的概率不断增大，很多传统思维中的道德问题可能已经转化为与权利保障密切相关的法律问题，法律越来越成为当代中国最有效的社会治理手段。因此，全面推进基层法治建设对做好新时代的社会治理工作具有关键意义。

对“丰巢收费事件”成因的法理解读

既然“丰巢收费事件”是法律问题而非单纯的道德问题。那么，值得进一步思考的是，该事件发生的法理机制是什么？回答此问题有助于我们进一步明晰该事件的法治意涵及其经验启示。笔者认为，从法理层面看，“丰巢收费事件”至少需具备四个不可或缺的生成条件。

---

1 德沃金：《认真对待权利》，信春鹰、吴玉章译，中国大百科全书出版社 1998 年版，第 271 页。

2 罗尔斯：《正义论》，何怀宏等译，中国社会科学出版社 2009 年版，第 1 页。

1. **法律与职业伦理缺位导致的局部失范**

社会变迁过程中，旧社会规范失效和新规范未形成极易导致社会失范问题。快递智能柜不合理的收费行为是“丰巢收费事件”的导火索，而“规范缺失”则是这种不合理行为得以产生的现实背景。首先，快递托管是一种新经济业态，尤其是在新冠状肺炎疫情期间才快速兴起。因此，尽管有交通运输部公布的《智能快件箱寄递服务管理办法》等规范性文件，但总体而言，针对该行业的法律法规仍不够完善。其次，虽然我国已经初步建立了各种快递协会，但其组织功能仍待完善，尤其是未形成统一规范的行业服务标准或职业伦理。在“局部失范”状态下，快递公司及其工作人员具有较大的行为自主性。在服务过程中，“效率至上”可能远胜于“权利关怀”。

2. **程序正义不彰导致的弱规则合法性**

泰勒基于对美国居民的调查研究显示，程序正义对规则合法性及居民的遵从意愿具有显著的强化效果。即使是错误的规则，人们如果感受到它的制定程序正当，仍会乐于遵守。他在《人们为什么遵守法律》中宣称，“要让人们觉得程序是公正的，非常重要的一点就是要使涉入这项程序的各方当事人相信他们有充分的机会参与裁决做出的过程。这包括他们有机会提出自己的意见，以及裁决者认真听取和充分采纳了他们的意见”。[1] 在“丰巢收费事件”中，尽管丰巢制定了相应的延时收费规则，但公众普遍不认可其效力。批评不仅在于快递服务提供方没有充分履行告知义务，更在于这些规则本身被认为是“不合理的”。进一步分析可以发现，丰巢收费规则的

1 泰勒：《人们为什么遵守法律》，黄永译，中国法制出版社 2015 年版，第 281 页。

弱合法性主要源于其制定及适用的程序正当性未获得公众认可。

3. 法律意识强化了居民的权利保障诉求

丰巢收费之所以遭受强烈的社会抵制，也与居民日益增强的法律意识和权利保障诉求密切相关。近年来，随着依法治国进程加快，我国民众的法律意识和法治理念日益增强，相伴而生的是不断强化的权利保障诉求。有学者认为当下中国甚至出现了“权利泛化”现象，即一些本不属于法律保护的权利（如“亲吻权”“视觉卫生权”“相思权”等）被认为是个体的基本权利并要求相关部门提供充分保护。[1] 快递托管收费本身是一个简单的市场行为，但强烈的法律意识和权利诉求促使社会公众将其编码为侵犯合法权益的“恶性事件”，进而引发广泛的舆论谴责。可以说，“不能容忍权利被侵犯”是该事件发生的重要社会心理基础。

4. 新媒体提供了便捷的社会动员场域

新媒体所创造的便捷的社会动员情景也是“丰巢收费事件”发生的必要条件之一。中国互联网络信息中心（CNNIC）发布第43次《中国互联网络发展状况统计报告》显示，截至2018年12月，我国网民规模达8.29亿，全年新增网民5653万，互联网普及率为59.6%。媒体尤其是网络新媒体已成为中国居民最重要的意见表达场域。而新媒体的便捷性、匿名性、超时空性及传播快速性等特征，使其成为社会动员的有效渠道。此亦为针对“丰巢收费”的批评舆论能够迅速形成强大社会压力之重要因素。

---

1 陈林林：《反思中国法治进程中的权利泛化》，载《法学研究》2014年第1期。

“丰巢收费事件”类现象的法治意涵

在全面依法治国背景下，像“丰巢收费事件”这样具有相似法理动因的社会事件可能随时发生。因此，总结“丰巢收费事件”类现象的法治意涵有益于反思调整新时代基层法治的建设策略。

1. 法治建设与人民美好生活需要更加相关

人类历史进程中，主要存在三种社会控制手段：宗教、道德与法律。在低社会分工和低人口流动性的社会中，宗教和道德或许是有效的统治手段；但在法治成为一种“全球理想”的新形势下，社会治理越来越倚靠于法律运用。细心观察可以发现，在“丰巢收费事件”中，更多居民倾向于对快递超时费做出法律质疑，而非道德谴责；而针对丰巢收费行为的强烈社会抵制与快递服务行业的法律制度不完善及职业伦理缺失密切相关。因此，“丰巢收费事件”类现象正折射出这样一种社会事实：法律在中国居民日常生活中的作用越来越重要，人民美好生活需要能否得到有效满足与法治建设进程更加密切相关。此背景下，人们不再简单满足于法治（律）之“有无”问题，而是呼求更高质量的法治秩序。从“丰巢收费事件”可以得到些许启示，即高质量法治至少应该包含以下特征：

第一，以满足人们日益增长的美好生活需要为目标。习近平总书记在十九大报告中指出，中国特色社会主义进入新时代，我国社会主要矛盾已经转化为人民日益增长的美好生活需要和不平衡不充分的发展之间的矛盾。随着人民美好生活需要日益广泛，新时代社会治理的最终目标是不断提升人民的获得感、幸福感和安全感。同样地，法治作为当前社会治理的最有效手段，其目标不再局限于保障基本的物质文化需要，而应调整为努力满足人们对美好生活的需要和向往。

第二，以建设充分保障新兴权利的“回应型法”为理念。“丰巢收费事件”一定程度上折射出，当前诸多社会冲突与新兴权利得不到及时保障有关。这就要求法律制度增加对社会成员不断涌现出的合法新需求的“回应性”。实际上，20 世纪 70 年代以来，“形式法治”对爆炸式增长的社会问题的应对乏力引发了西方国家的正统性危机。基于此，西方学者在批判“自治型法”的基础上提出了建构“回应型法”的法治新主张。[1] “回应型法”对当前中国法治建设实践亦有重要借鉴意义。

第三，以注重发挥诸如职业伦理等“软法”功能为补充。西方法治史表明，即使法治社会中的法律也不是万能的，市场经济转型中不可避免地伴随各种越轨行为。社会学家涂尔干认为，商业领域之所以比其他社会领域更可能出现“社会失范”，很重要的原因在于法团组织发育不良而导致的职业伦理缺失。[2] 实际上，法律的相对稳定性或者可以说是滞后性，使其难以及时应对各种新涌现的社会问题。而随着市场化程度增加，职业伦理将成为日常生活中应用广泛的“软法”，因而高品质法治应重视发挥其对国家法律的补充功能。

2. 从“消极守法”转向注重规则合法性的“积极守法”

“丰巢收费事件”还折射出如下社会趋势：在全面依法治国的新时代背景下，居民可能不再是法律的消极遵从者，而是逐渐转向注重法律合法性的“积极守法”。本章将两种不同的法律遵从倾向称为“消极守法”和“积极守法”。其中，“消极守法”是指对于法律只看重其强制性和威慑性而消极地选择遵守的行为倾向。相反，“积

---

1 诺内特、塞尔兹尼克：《转变中的法律与社会：迈向回应型法》，张志铭译，中国政法大学出版社 2004 年版。

2 涂尔干：《职业伦理与公民道德》，渠东、付德根译，上海人民出版社 2000 年版。

极守法”是指人们在决定遵守某项法律规则之前先思考其合理性，不合理则不遵守或提出抗议的行为倾向。对此可以从以下三方面进行理解。

其一，西方法治国家与非西方“后法治化”国家中的守法行为特征比较。法治之所以被推崇根源于它在西方国家治理中所取得的巨大成功。但西方法治有文艺复兴、宗教改革、启蒙运动（俗称 3R 运动）等法治精神的社会化基础，相应地，“积极守法”已成为西方法治国中最重要的行为特征。最明显的证据莫过于自然法学派对“恶法非法”孜孜不倦之坚守。此外，其他法学流派的“承认规则说”（哈特）、“基础规范说”（凯尔森）及“社会利益说”（庞德）等，皆致力于反思评判法律的合法性来源问题。但“后法治化”国家中的守法行为却是另一幅图景。以中国为例，在漫长的封建社会史中，法律主要发挥镇压反抗及维持统治的功能。这样的文化背景下，社会大众对法律的最直观认知是“强制性”和“威慑性”，从而塑造了普遍存在的“消极守法”现象。不过，“丰巢收费事件”类现象折射出，随着中国法治化进程加快，居民守法行为中的“积极元素”不断增加，并将对中国法治建设和社会治理体系变革带来深远影响。

其二，法治理念增强和权利意识觉醒时代中国民众的良法善治需求。法治理念增强和权利意识觉醒是当代中国最明显的新文化现象之一。有学者认为，用观念史的方法来考察中国社会思潮的演进，可以粗略地概括为一个民主法治意识觉醒和个人权利意识增长的过程。[1] 还有学者用“中国社会的个体化”来概括这种变化趋势。无论如何，法治理念和权利意识促使中国民众越来越认可亚里士多德

---

1 赵修义：《主体觉醒与个人权利意识的增长——当代中国社会思潮的观念史考察》，载《华东师范大学学报（哲学社会科学版）》2003 年第 3 期。

的经典名言："所谓法治，应该包含两重意义，已成立的法律获得普遍的服从，而大家所服从的法律又应该是本身制定得良好的法律。"[1] 可以说，良法善治已逐渐成为中国普通民众的一种现实需求。

其三，良法善治需求将使"积极守法"成为法治新常态。如上文所述，随着法治建设与人民的美好生活需要更加紧密相关，全社会的良法善治需求也与日俱增。此背景下，"恶法非法"不仅是一个法理问题，更是居民思考法律是否值得遵守的基本思维方式。这也是"丰巢收费事件"所带来的启示之一。事实上，丰巢公司对超时收费制定有明文规定。不过，社会舆论并不认可这些"收费规则"的合法性，甚至提出强烈抵制。实际上，从笔者访谈资料来看，大部分居民并非在乎微额快递费本身，而是对丰巢不尊重消费者权利的做法感到"气不过"。细节分析可以发现，"规则是否合理"与居民的遵守意愿密切相关。如此看来，"积极守法"时代来临将会成为中国法治建设必须面对的新挑战。

3. 程序正义与协商民主成为基层法治新要求

依靠法治仅是基层社会治理的基本手段，其最终目的应在于满足人民日益增长的美好生活需要，提升人民的获得感、幸福感和安全感。而"丰巢收费事件"从侧面反映出，程序正义有利于维持民众对基层治理规则的合法性认同，而基层协商民主是让程序正义需求嵌入基层法治治理体系的有效制度化渠道。

一方面，程序正义已成新时代法律合法性评判和社会治理体系变革的社会心理基础。"丰巢收费事件"与相关环节的程序正义缺位密切相关。比如，部分舆论主张让丰巢智能快递柜"滚出小区"。笔

---

1 亚里士多德：《政治学》，吴寿彭译，商务印书馆 1983 年版，第 199 页。

者访谈发现，“丰巢进入小区我们不知情”是支持上述主张的重要理由。从程序正义角度看，允许智能快递柜进入社区的决策过程缺乏公众参与是“丰巢收费事件”产生的重要现实逻辑之一。相似地，丰巢制定的超时收费规则并未广泛征求公众意见，快递从“送到家门口”到“存入快递箱”也未征求服务对象同意。正是这些看似简单却体现程序正义的细节，在“丰巢收费事件”发生过程中起着关键性影响。引申而言，社会治理规则和法律制度是否符合程序正义是其能否赢得公众支持的重要制约因素，因而新时代的法治建设必须充分考虑社会公众日益增强的程序正义需求。

另一方面，协商民主是让程序正义需求嵌入基层法治的时代新要求。党的十九届四中全会通过的《中共中央关于坚持和完善中国特色社会主义制度　推进国家治理体系和治理能力现代化若干重大问题的决定》（简称《决定》）强调“构建程序合理、环节完整的协商民主体系，完善协商于决策之前和决策实施之中的落实机制，丰富有事好商量、众人的事情由众人商量的制度化实践”；同时亦作出“构建基层社会治理新格局”的战略部署。可以说，在程序正义日益成为人民美好生活需要不可或缺组成部分的新时代背景下，基层法治需要充分保障多样化的协商民主。

“丰巢收费事件”的新时代基层法治启示

研究分析“丰巢收费事件”的最终目的在于透过此类现象探寻新时代基层法治建设的些许启示。基于对该事件法理成因及法治意涵的分析结果，笔者认为新时代的基层法治建设至少需要重视以下四方面工作。

1. 强化基层党委领导，树立“回应型法”理念

无论是基于对西方法治理论的借鉴，还是对中国民众现实的良法善治需求，新时代的基层法治建设需要重视树立“回应型法”理念。在诺内特和塞尔兹尼克看来，“回应型法”之所以优于“自治型法”，很大程度上依赖于它的两个突出特征，即“目的的支配地位”和“生活问题导向”。其中，前者是指法治建设要始终有一个明确的社会目标或价值取向；后者是指法律的制定和运行要及时依据社会成员遇到的生活问题而调整，避免形式主义僵化死板之窠臼。回到中国语境，随着全社会法治理念和权利意识的增强，“生活问题的法律化”变得越来越普遍。如果法律制度不能及时应付各种与权利保障密切相关的复杂社会问题，那么法律权威和法律认同就难以形成。因此，“回应型法”是新时代基层法治建设的科学理念支撑。而建构“回应型法”则需要强化基层党委领导。一方面，无论何种法治都必须服务于中国特色社会主义道路的总体部署，这就需要坚持“党的领导”原则；另一方面，强化基层党委的作用有利于增加法律的及时回应性。

2. 重视权利保障和程序正义，增强法律合法性

“法律不被信仰，它就形同虚设。”[1] 可以说，较高的法律认同或法律合法性是任何法治秩序之社会基础。而随着中国民众的权利意识和程序正义观念不断增强，法律的合法性建构需要摆脱“压制型法”或“自治型法”的旧有思路，更加侧重法律制度的权利保障性和程序正义性。这并非理论预测，而是已经被西方法治实践所验证。以美国为例，20 世纪中后期以来，民众持续增强的权利意识对

1 伯尔曼：《法律与宗教》，梁治平译，中国政法大学出版社 2002 年版，第 3 页。

其法治传统带来了巨大挑战。正是基于这样的历史背景，德沃金的《认真对待权利》应时而生。他认为，“认真对待权利”是法律合法性的唯一来源，人们甚至有“善良违法”的权利。而“丰巢收费事件”类现象亦启示我们，基层社会是矛盾重灾区，基层法治建设得好不好直接关乎社会稳定。但在发挥法治的基层治理功能时，需要重视从权利保障和程序正义维度去增强法律合法性，从而培养全社会的法律信仰，为全面实现依法治国夯实精神基础。

3．推进基层协商民主，建构冲突预防长效机制

基层协商民主是程序正义理念的制度实践，也是打造“共建共治共享”社会治理新格局的客观需要。诸多研究表明，政治认同对国家稳定有显著的正向作用，而政治参与和政治沟通因素对提升居民的政治认同感有决定性意义。实际上，大部分社会矛盾集中在基层治理领域，而这些矛盾多少与社会治理过程的参与性不足有关。协商民主不仅能够保障居民的治理参与权，也有利于增加其政治认同和法律认同，从而能够有效预防或化解社会冲突。正因如此，协商民主被认为是政治参与和政治沟通的最有效形式之一。党的十九届四中全会通过的《决定》也强调了中国特色社会主义协商民主的独特优势，并作出强化基层协商民主制度建设的总体部署。

4．规范新行业组织建设，发展良性职业伦理

法律的调整对象是人的行为，而无法控制人的思想；同时，社会转型期旧有道德与法律秩序瓦解，新规范体系又未形成或完善。因而在某些“道德真空”领域极易产生社会失范，这也正是法治的局限之一。如涂尔干所指出，今天人们的生活大部分被纳入了商业和经济领域，但职业伦理的缺失使人们的道德引向越来越淡，成为社会生活去道德化的根源。正因如此。不少学者认识到法治建设需

要“认真对待软法”。而基于商业在现代生活体系中的重要地位，职业伦理显然是最值得重视的“软法”之一。不过，职业伦理仅适用于部分特殊群体，而非适用于全社会成员，因而需要各种经济组织将其纳入特定的道德规范体系之中。总之，规范新行业组织建设并发展良性职业伦理对当代基层法治有重要的补充作用。

结　语

基层治理是国家治理的重要基石。在当代中国，法治建设与人民美好生活需要的联系日益增强。在这一意义上，基层法治建设状况深刻制约着国家的基层治理绩效和社会和谐稳定。然而，全面推进基层法治建设必须充分考虑新时代不一样的文化环境和公众需求。但目前学界针对此议题的研究尤其是经验研究仍较少见。本章尝试以“丰巢收费事件”为切入点，对新时代基层法治建设所应重视的理念基础、原则遵循和制度路径等做了初步探讨，其中提到的“美好生活需要”“良法善治需求”“积极守法”“程序正义”“协商民主”“回应型法”“职业伦理”等关键词，对新时代基层法治建设和基层社会治理有一定启发意义。不过，充分揭示新时代基层法治和社会治理的现实制约因素有赖于更大规模的社会调查——这也是未来需要努力的方向。

图书在版编目（CIP）数据

法律社会学：经典理论与经验研究 / 周立民著. --上海：同济大学出版社，2022.8
ISBN 978-7-5608-9885-8

I. ①法… II. ①周… III. ①法律社会学 IV. ①D90-052

中国版本图书馆CIP数据核字（2021）第173669号

法律社会学：经典理论与经验研究

周立民　著

责任编辑　张　翠
责任校对　徐春莲
装帧设计　张　微　董　缨

出版发行　同济大学出版社 www.tongjipress.com.cn
地　　址　上海市四平路1239号　邮编 200092　电话 021-65985622
经　　销　全国新华书店
印　　刷　常熟市华顺印刷有限公司
开　　本　710mm × 960mm　1/16
印　　张　16.5
字　　数　330 000
版　　次　2022年8月第1版
印　　次　2022年8月第1次印刷
书　　号　ISBN 978-7-5608-9885-8
定　　价　78.00元